笠間書院

島内景二
Shimauchi Keiji

心訳《しんやく》・『鳥《とり》の空音《そらね》』

元禄の女性思想家、飯塚染子、禅に挑む

目次

『無門関』――『鳥の空音』細目

はじめに

本書は、忘れられた文学者にして思想家である飯塚染子《いいづかそめこ》の再発見を目指している。飯塚染子は、江戸時代の中期、元禄の頃を生きた女性である。彼女は、現在の千葉県東金市に生まれた。縁あって、徳川五代将軍綱吉の側近であり、国家を舵取りした大名・柳沢吉保《やなぎさわよしやす》の側室となった。そして、彼の跡取りである柳沢吉里《よしさと》を生んだ。

だが、吉里を生んだ前後で、四人の子どもを次々と夭折させた哀しみから、彼女は生きる意味を見失った。自分には本当に、この世に生きる意味があるのだろうか。この絶望の中から、彼女は禅の書物である『無門関《むもんかん》』と出会った。そして、『無門関』が問いかけてくる、生と死の根源に関する四十八の難問の一つ一つに、渾身の力で挑み、自分なりの思索をぶつけた。

飯塚染子は、『源氏物語』などの日本の古典に習熟していた。夫の柳沢吉保は、『源氏物語』の第一人者である北村季吟《きたむらきぎん》と親しかった。しかも、染子は儒学にも詳しかった。柳沢家には、大儒・荻生徂徠《おぎゅうそらい》が仕官していた。彼女は、『源氏物語』や儒学の教養を総動員して、禅の「無」の思想と真向かった。それが、生きる意味の発見に繋がったのである。

これが、『鳥《とり》の空音《そらね》』という書物の原型である。染子は「智月」という仮の名前で、思索を書き記している。やがて、時は流れ、飯塚染子は亡くなる。だが、彼女の曾孫に当たる大和郡山藩

龍興寺にある飯塚染子と子どもの墓（東京都中野区）

主の柳沢保光《やすみつ》が、彼の尊敬する宗教者・慈雲尊者《じうんそんじゃ》に、この『鳥の空音』を見せたことから、不思議な因縁が生まれた。独創的な思想家として知られる慈雲尊者は、飯塚染子が書き残していた『鳥の空音』に、自分自身の思索を書き加え、彼女の作品に手を入れたのである。

ここに、二人の男女の、時代を超えた深遠な「対話劇」が、実現することとなった。そして、『鳥の空音』が、現在、見られるような形で完成したのである。それは、文学者と思想家の対話でもあり、男女の思想家同士の対話でもあった。

だが、この写本の優れた価値は、忘れ去られた。本書は、伊豆の名刹・修禅寺に残る『鳥の空音』の写本に基づいて、その現代語訳と解説、そして校訂本文を提供するものである。ここに、忘れられた元禄の女性文学者にして女性思想家である飯塚染子の復権が目指される。

「I　心訳『鳥の空音』」の部分は、いわゆる「逐語訳」ではない。飯塚染子という女性の魂の叫び、そしてそれに触発された慈雲尊者の思想を明らかにするために、小説のようなかたちで現代語訳を試みた。読者は、老碩学と成熟した女性との往復書簡を読むような感じで、読み進めていただきたい。ただし上巻では、染子のモノローグがほとんどであるが。

江戸時代に、ここまで優れた文学者、思想家、哲学者、エッセイストがいたという事実に、読者は驚きを禁じ得ないだろう。そして、彼女が求めて止まなかった「わたくしが生きること」の意味を、現代を生きる私たちもまた求め続けていることにも気づかされるだろう。

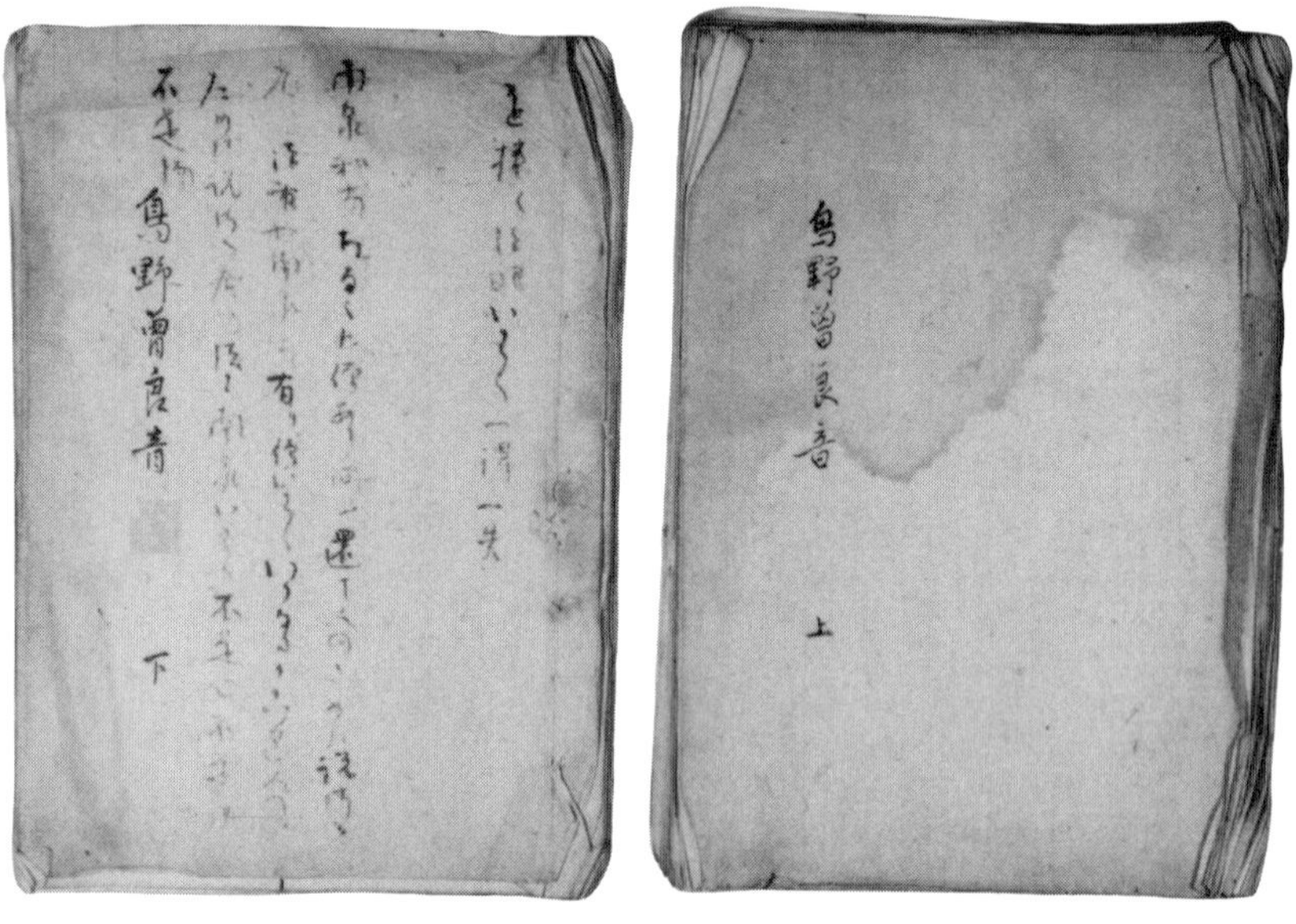

修禅寺蔵『鳥の空音』の上巻と下巻の表紙

「II　解説――『鳥の空音』の発見」は、この運命の書物がたどった数奇な歴史を発掘するプロセスを、書き綴ったものである。一種のミステリー仕立てになっている。それでもなお、たくさんの「謎」が残った。この書物の真価は、今もなお発見されていない。これからの新発見が待たれる。

「III　『鳥の空音』校訂本文」は、修禅寺蔵本に基づいた本文を提供する。これが、今後の研究の出発点になるであろうと思われる。

それでは、文学史と思想史の永い眠りから覚めた飯塚染子が、現代人に向かって語りかける静謐で激越な言葉の数々に、耳を傾けるとしよう。

I

心訳《しんやく》『鳥《とり》の空音《そらね》』

——元禄の女性思想家、禅に挑む

原著・飯塚染子《いいづかそめこ》（一六六五〜一七〇五）
補筆・慈雲尊者《じうんそんじゃ》（一七一八〜一八〇四）
訳者・島内景二

凡例

・膨大な加除修正の痕跡の残る修禅寺《しゅぜんじ》蔵『鳥の空音』の写本から読み取れる染子の原文と、慈雲尊者の修正とを交響させることを心がけた。そのため、慈雲尊者の手によって最終的に完成した形態である「Ⅲ『鳥の空音』校訂本文」とは、異なっている。
・『無門関』は、全部で四十八の公案から成る。最初に、それぞれの公案の現代語訳を掲げた。それに引き続き、染子が「智月」という仮の名前で書き記した思索を口語訳した。最後に、慈雲尊者の推敲から読み取れる、彼の感想を書き加えた。
・慈雲尊者の推敲部分は、染子の思索部分と書体を変えて区別した。
・これを「心訳」と呼ぶのは、原文の直訳・逐語訳ではなく、染子の心の中の思いを最大限に汲み取ることを意図したからである。
・「心訳」の中の表記に関しては、我が国の古典作品や和歌については「歴史的かなづかい」で表記したが、漢籍や経典は「現代かなづかい」で表記した。
・和歌が置かれている場所では、その和歌がどのように『無門関』と関わるのかを明らかにすべく、その和歌を現代詩に翻案した。これもまた「心訳」の試みである。

【上巻】

1　趙州狗子《じょうしゅうくし》

『無門関《むもんかん》』第一則

一人の僧が、趙州和尚《じょうしゅうおしょう》に問うた。「犬には仏性《ぶっしょう》、つまり、仏となる可能性が有《あ》るでしょうか。それとも無《な》いでしょうか」。

趙州和尚は、このように答えた。「無い」。

この『無門関』には、全部で四十八の公案《こうあん》、すなわち、人間が真理に至るために解決しなければならない難問が、書かれている。これから、わたくし飯塚染子《いいづかそめこ》は智月《ちげつ》という名前で、一つずつ、それぞれの公案について、拙い頭脳で考えたことを書き記していきたい。

さて、最初の公案について、わたくし、智月こと飯塚染子は、次のように考える。『涅槃経《ねはんきょう》』には、「一切衆生《いっさいしゅじょう》、悉皆有仏性《しっかいうぶっしょう》」とあり、すべての人間には仏となる可能性があると説かれている。また、「山川草木《さんせんそうもく》、悉皆成仏《しっかいじょうぶつ》」という言葉もある。だから、この世に生きとし生けるものは、人間であるか人間でないかの区別を問わず、尊《とうと》い仏様になる可能性を持っていることが明らかである。

この世界が誕生し、生命がこの宇宙に芽生えた太古の昔から、小さな、あまりにも小さな生き物の「心」の中には、仏様になるための種がしっかり存在していたのだ。一つ一つの生命体は、それぞれが不足のない、完璧な功徳《くどく》の集合体なのであろう。

そう考えてはじめて、動物が登場する平安時代の二つのエピソードも、納得できるだろう。最初のエピソードは、『源氏物語』に登場する異色のヒロインで、鼻の赤いことで有名な末摘花《すえつむはな》のお話。彼女のお兄さんに、「醍醐寺の阿闍梨《だいごじ あじゃり》」と呼ばれているお坊様がいる。このお坊様も、末摘花と同じく常陸宮《ひたちのみや》様のお子様なので、ご先祖の天皇から見たら孫に当たる高貴な生まれなのだが、貧しいうえに寒がりであった。そのため、妹の末摘花から、「黒貂の皮衣《ふるき かわごろも》」、つまり「黒貂《くろてん》」の毛皮を譲り受け、それを着て、冬の寒さをしのいでおられたという。黒貂も生き物であるからには、「仏性《ぶっしょう》」が備わっている。だから、この毛皮も、仏様になる可能性を中に包み込み、仏性を蓄えていた袋であると考えてよいだろう。だからこそ、阿闍梨という高僧が、身につけるのにふさわしかったのだ。

二つ目のエピソードは、『栄花物語《えいがものがたり》』や『古本説話集《こほんせつわしゅう》』などに記された牛の話である。『小倉百人一首』の「これやこの行くも帰るも別れては知るも知らぬも逢坂の関《あふさか せき》」という和歌で有名な逢《おう》坂山《さかやま》には、かつて関寺《せきでら》というお寺があった。その関寺で、建築用の資材を運んでいる白い牛が仏様の化身《けしん》であるということがわかって、大評判となったことがあった。平安時代の昔である。多くの人々が都から逢坂まで出かけていって、この牛を額衝《ぬかづ》いて拝んだと記されている。牛が仏様の生まれ変わりであるとは、まさに「すべての生き物には仏性が備わっている」という教えの、確実な証拠だと言えるだろう。

『妙法蓮華経《みょうほうれんげきょう》』のシンボルである芬陀梨《ふんだり》の花とは、白い蓮華のことである。花が咲くと同時に実が生《な》ると言われ、森羅万象《しんらばんしょう》に内在する絶対の真理を象徴しているのが、この花である。とまあ、そうは聞くけれども、真理というものは、人間の目にはっきりとは見えないものだ。毎年、春になると花が開き、かぐわしい香りを発散する梅の木も、枝の中を割《わ》ってその中を詳しく調べて見たとしても、「よい匂いの正体」を発見できるわけではない。

紀貫之《きのつらゆき》が書いた『古今和歌集』の仮名序《かなじょ》は名文として知られるが、「富士の煙《けぶり》に比《よそ》へて人を恋ひ」と書いてある。恋をしている人間の胸の中では、富士山の噴煙のような炎が熱く、そして高々と燃え上がっているというのだが、恋ゆえに煙を出している人間など、わたくしは実際に見たことがない。『拾遺《しゅうい》和歌集』に、「我が恋の露《あら》はに見ゆる物ならば都の富士と言はれなましを」という古歌がある通りで、恋の炎は目には見えないのだ。

わたくしが愛する『源氏物語』には、六条御息所《ろくじょうのみやすどころ》をはじめとして、恐ろしい「心の鬼」に苦しめられ、生霊《いきりょう》や死霊《しりょう》などの「物《もの》の怪《け》」になってしまう人が登場する。その「心の鬼」というものにしても、角《つの》が生《は》えているとか、ぎらぎらと目が光っているとか、世間ではまことしやかに言われるけれども、目《ま》の当たりに、その姿をしかと見届けた人は誰もいない。

このように、香りも、恋心も、良心の呵責《かしゃく》も、実態がないものである。ここで、『無門関』の第一則に話を戻せば、この公案がテーマとしている「仏性」もまた、人間の目に見えないものを扱っている。いったい、この「仏性」というものは、わたくしたちが勤行《ごんぎょう》をする時に手にしている数珠《じゅず》の「浄妙《じょうみょう》の玉《たま》」のように、人間の煩悩《ぼんのう》や無明《むみょう》の汚れに汚染されず、どこまでも透明に、美しく照り輝き続けるという、先天的な心の可能性なのだろうか。

あるいは、「仏性」とは、汚いものを斥けて清浄さを保つためのものではなく、綺麗な物も汚い物もいっさい区別せずに受け入れ、凡人も聖人も分け隔てせず、すべての存在物は仏の前に平等であると考える理屈のことなのだろうか。

あるいは、「仏性」とは、一人一人の人間の小さな心の中に存在し、厳しい修行を勤めるにつれて少しずつ具体的な姿を現し、各人にとっての真理を悟らない愚かさから免れ、それぞれの真理の道を成就させてくれるものなのだろうか。

あるいは、「生死即涅槃《しょうじそくねはん》」という言葉があるように、生死の迷いと涅槃の悟りの違いなど乗り越えて、明瞭かつ明白に、生と死の真実を指し示すものなのだろうか。

かつて、丹霞和尚《たんかおしょう》が言い残された言葉の中には、「真理の見えない一人の人間が、他の大勢の真理に暗い人々を引っ張ってゆき、全員が火の燃えさかっている穴に落ちるようなことが、ないようにしなさい」とあるそうである。ああ、誰か、世界の真理をはっきり見通している立派な師《し》僧《そう》がこの世の中にいてくれて、わたくしのように「仏性」について理解の行き届かない愚かな衆《しゅ》生《じょう》を、正しい悟りの道へと導いてくれないものだろうか。

先ほどわたくしは、わが国の平安時代のエピソードを二つ、紹介した。今度は、「仏性」について考える際にヒントとなる話を、中国から挙げておこう。この話の基《もと》になっている話は、怪異についての話を多く収録した銭陸燦《せんりくさん》の『庚巳編《こうしへん》』に記載があり、わが国の運敞《うんしょう》が、つい最近にまとめた『寂照堂谷響続集《じゃくしょうどうこくきょうぞくしゅう》』にも記述がある。でも、それらの記述は簡潔すぎるので、わたくしは、いささか物語風に、構成脚色して語ることにしよう。

詩人として名高い蘇東坡《そとうば》（＝蘇軾《そしょく》）は、禅にも造詣《ぞうけい》が深かった。これは、その蘇東坡の別荘で起きた出来事である。雨が降って、しめやかな雰囲気が漂っているある日の夕方、この別荘の門を、ほとほとと敲《たた》く者がいた。この別荘の管理をしている男が、門の所まで出て行って、誰が来たのかを確認してみると、たいそう若い女が、ただ一人で立っていた。そして、「今晩、ここに泊めて下さい」と、男に頼むのであった。

男は、この別荘にいるのが自分一人で、ほかに誰もいなかったので、一晩中、若い女性と一緒にいたならば、どんなに悪い噂が立つかと心配して、「泊められません」と断った。この管理人は、とっさの瞬間に、昔、魯《ろ》の国の書生が、若い娘から一晩泊めてくれと頼まれた故事を思い出したのだった。その魯の書生は、「聖人として知られる柳下恵《りゅうかけい》であれば、女性と夜中《よるじゅう》、一緒にいても、男女のあやまちなど起こらなかったと、誰もが信じてくれるだろう。けれども、若い自分だと、実際には何事もなかったとしても、世間ではそう思ってくれない」と言って、断固、娘の宿泊をことわった。そして、その判断を孔子から誉められた、ということである。

しかし、蘇東坡の別荘の管理人の男が、どんなに断っても、女は諦めなかった。「動き始めた岸の舟に向かって、止まれと命令している男の声は耳に聞こえるけれども、実際に、岸の舟がその命令を従順に聞いて止まるなんて、見たことはないわ。岡の上の人間は、動き始めた舟を止められないのよ。女であるわたくしは、さしずめ、その舟。そして、あなたが、舟を止められない男ね」などと言いながら、ずんずん男と一緒に別荘の中に入りこんでしまったではないか。

男は、こうなっては、女を力ずくで外へつまみ出すこともできない。心ならずも、ここで女に一晩を過ごさせることにした。夜が更《ふ》けてくると、女は、「同じ蒲団《ふとん》で寝ましょうよ」などと、大胆なことを言う。男は、予想外の成りゆきに戸惑い、女に押されっぱなしである。「そんなことは、道徳的によくありません」と言って、寄ってくる女を押しとどめ、近くに来ないでくれと向こうに押しやるのだが、女は、ただひたすら、「岸の舟を止めるなんてこと、誰にもできはしないわ」などと言いながら、男の寝室にまで上がり込んできて、男にぴたと体をすり寄せた。

男は、あまりのことに、とうとう腹を立て、女の手をつかんで、激しく敲《たた》いた。すると、敲いたはずの女の手の軽いことといったら、まるで木《こ》の葉《は》のような感触だった。女は、手を強く敲かれても、何度も何度も男に体をすり寄せてくる。

こんなふうに、男と女が二人で争っているうちに、はや、しらしらと夜が明け始め、朝を告げる鐘の音が聞こえてきた。それを恨んだ女が、「どうせなら、わたしの頭を敲いて、粉々《こなごな》にしてちょうだい」などと言う始末。やっとのことで、女が男の部屋から外に出て、庭に生《は》えている芭《ば》蕉《しょう》の木のうしろに向かったと見ているうちに、忽然《こつぜん》と、その姿が消えた。

彼女が、その晩に書き残した詩は、彼女が予言した通り、広く世間に知られることになったということである。

以上、長いエピソードであったが、謡曲の『芭蕉《ばしょう》』を連想された方も多いことだろう。『芭蕉』の舞台も、中国である。芭蕉の精が女に身を変えて、僧の読誦《どくじゅ》を聞くために、夜に訪れ、朝に帰ってゆくという話である。

さて、ここから、『無門関』の公案について考えよう。蘇東坡の別荘を訪れた「女」は、はたして、心を持った生き物なのだろうか。それとも、「山川草木《さんせんそうもく》」のように、心を持たない存在なのだろうか。仮に、この女を「生き物」だと断定したくても、この女は芭蕉の木のうしろに隠れた後で、忽然と姿を消してしまったのだから、生き物であることを確認する手段がまったくない。また、仮に、この女を「心を持たない木や石である」と断定したくても、あれほどまでに男を恋い慕い、彼と結ばれたいと願う深い情欲に駆られていたことや、詩を書き残して、色っぽい世間の話題となったことを、うまく説明できない。

「一切衆生《いっさいしゅじょう》、悉皆有仏性《しっかいうぶっしょう》」とか、「山川草木《さんせんそうもく》、悉皆成仏《しっかいじょうぶつ》」などと説かれる仏の教えは、いったい何を意味しているのだろう。そもそも、人間と山川草木との違いなど、あるのだろうか。

剣の道の達人とされる上泉伊勢守《かみいずみいせのかみ》の残した書に、次のような和歌が記されているという。

有《あ》りの実《み》と無《な》しといふ字は変はれども食《く》ふに二つの味《あぢ》はひは無《な》し

この和歌を例に取って、考えてみよう。「梨《なし》（無し）の実《み》」のことを、「有りの実」とも言う。けれども、もし、「有りの実」と「無し（梨）の実」はまったく同じ果物であって、食べてみても別の味がせず、同じ味がする、と言ったならば、「無し」という不吉な語感を避けて、「有り」という言葉に言い換えた人間世界の真実を、見誤ってしまうことになるのではないか。それでは、豆と麦の区別もできないようなものだ。この歌は「食ふ」と「空《くう》」を懸詞《かけことば》にしており、『涅槃経』の「本来空、色即是空」という教えを詠んでいる。有と空、有形と無形も、「有りの実」と「無しの実」の関係と同じことだろう。

だから、それとまったく同じ理屈で、「心を持った生き物と、心を持たない無生物とは、本来、同じ本質を持っている。それらは平等であり、区別など存在しない」と言ったならば、世界の本質から遠ざかることになってしまうだろう。両者の違いに目をつむれば、悟りのシンボルである清らかな水の流れと、悪業《あくごう》が積もって往生《おうじょう》の障害となった汚れの海とがまったく同じであるという、誤った結論になってしまう。また、姿の美しい山も、悪業が高く積もった塵の堆積物《たいせきぶつ》と同じことになりかねない。どうして、そんなことを認めてよいはずがあろうか。

「有る」とは、どういうことなのか。そして、「無い」とは、どういうことなのか。

このように、昔から、聖人や優れた和尚たちが考え続けても、結論がなかなか見えないのが、世界の真理というものである。人間が仏になり得る可能性についてもまた、結論は見えてこない。人間が仏になる困難さは、険しい山道にも喩《たと》えられる。あちこちの木陰《こかげ》や岩の根元《ねもと》にも、先ほど紹介した蘇東坡の話に出てきた化物《ばけもの》やら、『源氏物語』などに登場する木霊《こだま》のような変化《へんげ》の物《もの》やらが跋扈《ばっこ》して、通行人がこの山を越えて真理に到達する邪魔をしたり、惑わしたりしている。

『無門関』の最初の関《せき》を越えるのは、近年ではとても困難なことになっている、という話である。まことに、何と重大な関所であることか。けれども、『無門関』の第一則に据えられた、この「有る」と「無い」の関を越えなければ、さらにその先に続く四十七の関は越えられない。

ここで『源氏物語』に引用されている古歌が、ふと、わたくしの脳裏に浮かぶ。

桜咲く桜の山の桜花咲く桜あれば散る桜あり

この歌の下《しも》の句は、「咲く」と「散る」を逆転させて、「散る桜あれば咲く桜あり」とされることもある。さて、桜の木がたくさん植えられている「桜の山」の春景色をよく見てみると、散り始めている桜もあれば、やっとほころび始めようとしている花もある。世界の真理に早く気づく人もいれば、自分のように凡愚で、いつまでも悟れない人間がいるのと同じことだ。しかし、この古歌は、生と死、「有る」と「無い」とが入り交じっている世の中の真実を、わかりやすく教えてくれているのではなかろうか。

お釈迦様が、過去の世において修行していたという雪山《せっせん》は、ヒマラヤのことだが、とても寒い所で、春も夏も白い雪が消える時がなかったと言う。この山中で雪山童子《せっせんどうじ》として修行していたお釈迦様は、恐ろしい羅刹《らせつ》（＝鬼）に姿を替えた帝釈天《たいしゃくてん》から、「諸行無常《しょぎょうむじょう》、是生滅法《ぜしょうめっぽう》」という偈《げ》を教えられた。素晴らしい言葉だったので、どうしてもその偈の続きを知りたい一心で、お釈迦様は羅刹に我が身を与えて食べさせることで、「生滅滅已《しょうめつめつい》、寂滅為楽《じゃくめついらく》」という後半の偈を教えてもらったのだと聞く。この瞬間の雪山童子の気持ちを自らの気持ちとして、すべてを賭けて、真理を求めようではないか。

天竺《てんじく》の占波城《せんぱじょう》と摩訶陀国《まかだこく》の境界となっている山の頂上に、どんなに霊力のある神秘的な鈴があったとしても、そこを通過する時に、強い信念があればその響きを鳴りやめることができ、無事に越えられると信じよう。

そのような境地に達することができれば、『無門関』第一則の関を越えて、広い世界を自由に遍歴することができ、三界《さんがい》を独歩することができるようになるだろう。

『臨済録《りんざいろく》』には、「禅の道に達した人間は、どんな着物を着たいと思っても願いは叶《かな》うし、どんなものを食べたいと思っても願いは叶う」と書いてある。また、この『臨済録』には、「聖とか凡などの違いにとらわれず、凡にでも、聖にでも、浄《じょう》にでも、穢《え》にでも、入ってゆかねばならぬ」

とも書いてある。

そういう境地であれば、順序通りに物事を行おうが、通常とは逆の順序で行おうが、天魔《てんま》や外《げ》道《どう》も入り込む隙《すき》など、ありはしないだろう。足を上げたり下ろしたりする、すべての動作が修行であり、悟りにつながっていることがわかる。そうなれば、既に悟りを開いた立派な禅僧からも、叱られることはないだろう。

ああ、わたくしも、そのような境地で、修行の旅に出たいものだ。そのためにも、この最初の関門を、何としても越えなければならない。

ここで、わたくしの和歌を一首。

駒並《な》べて行《ゆ》くも有《あ》らなむ関の戸の名も懐《なつ》かしき逢坂《あふさか》の山

真理への道は、孤独そのもの。
だから、わたくしは一人で、この道をどこまでも進んで行こう。
けれども、馬を並べて、一緒に旅をする人がいたら、どんなに心強いことか。
あっ、真理に至るための、最初の、しかも大きな関所が、近づいてきた。
真理と「出逢《であ》う」という、名前もゆかしい「逢坂」の関だ。
わたくしは、世界の「真理」という同行者と、馬を並べて、この関を越えよう。
そして、どこまでも二人で、行けるところまで思索の旅を続けよう。

この「無《む》」という関所は、有名な函谷関《かんこくかん》のように守りが固くて、ちっとやそっとでは通しても
らえない。針すらも通さない、鉄壁の守りである。どうにかして、わたくしの乗った馬や牛車《ぎっしゃ》を
通す方法がないものか。

かつて孟嘗君《もうしょうくん》は、「鶏鳴狗盗《けいめいくとう》」のことわざで知られているように、まだ暗くて朝にならない時分に、家来に鶏の声の物まねをさせた。すると、朝になったと錯覚した番人が関所を開門したので、無事に函谷関を通過することができたという。

わたくしは、これから『無門関』の一つ一つの公案についてのエッセイを書き綴《つづ》る。それが、わたくしなりの「鶏鳴狗盗」である。

『枕草子』で有名な清少納言《せいしょうなごん》は、『小倉百人一首』にあるように、

　夜《よ》をこめて鳥の空音《そらね》は謀《はか》るとも世《よ》に逢坂《あふさか》の関は許さじ

という和歌を詠んだ。関守《せきもり》に許されて関を越えるのは、それほどむずかしいことである。わたくしの精一杯の「鳥の空音」を聞き届けて、門を通過させてくれるのは、『無門関』に据えられた四十八の関所のうち、いったいいくつあることだろうか。

ここで一言、言葉を添えさせていただきたく存ずる。愚僧は、慈雲《じうん》と申して、大和郡山《やまとこおりやま》藩主である柳沢保光《やなぎさわやすみつ》公から、厚い庇護を蒙《こうむ》っておる学僧でござる。ある日、柳沢保光公から、「読んでほしいものがある」と言われて手渡されたのが、この『鳥の空音』じゃった。「これは、智月《ちげつ》という名の優婆夷《うばい》が書き著したものです。正式の出家もしていない在俗の修行者ですので、いろいろと学問的に行き届かない箇所が多いかと思います。ぜひとも、先生に手を加えていただきたいのです」とおっしゃっただけで、智月という女性の本当の名前や、いつ書かれたものなのか、保光公は詳しくは言われなんだ。何でも、大坂の柏屋《かしわや》の女性で、さる宮様にお仕えしていたのだが、その宮様がお亡くなりになったので世間の無常を知り、仏道と禅の道に入ったというお話じゃった。じゃが、よほど保光公とゆかりの深いお方であろうなと、推測いたした。そのお方が、全身全霊を賭けて挑まれた『無門関』に、愚僧も一緒になって挑みたくなり申した。

時として、大胆な加筆や削除を施した箇所も、ござる。智月殿も、それを喜ばれるであろうし、保光公も、それを望んでおられることと思う。智月殿と愚僧の見解が一つに融合したのが、この『鳥の空音』という決定版でござる。

なお、この第一則では、「十方を自由に遍歴することができ、三界を独歩することができるようになるだろう」から後の部分に、それとなく愚僧の考えを書き足してござる。

月桂寺にある柳沢保光の墓（東京都新宿区）

2　百丈野狐《ひゃくじょうやこ》

『無門関』第二則

百丈和尚《ひゃくじょうおしょう》が法を説かれる時には、一人の老人が常に修行僧たちのうしろに座って、一緒に聴聞《ちょうもん》するのが常であった。百丈和尚の説法が終わって僧たちが退室すれば、この老人もまた一緒に退室するのだった。このようなことが、何年間も続いていた。ところが、ある日、他の修行僧が部屋を出て行った後にも、この老人が和尚の部屋に残っていることがあった。そこで、百丈和尚は問いかけた。「私の前に立っているお前さんは、いったい何者かな」。

老人は、次のような長い答えをした。

「はい。御明察のとおり、私《わたくし》めは人間ではありません。昔、と言っても、まだお釈迦様がこの世に現れず、その前世の迦葉仏《かしょうぶつ》でおわせられた大昔の頃のことです。その頃に、私めはこの百丈山で住職を勤める僧でございました。ある日、弟子の僧が、師である私めに、問うたのです。『厳しい修行を乗り越えて、真理に到達した人が仮にいたとします。そのような人でも、人間である限りは、凡人と同じような因果《いんが》の法則に囚《とら》われ、善《よ》いことをすれば善い報《むく》いがあり、悪いことをすれば悪い報いがあるのでしょうか。それとも、真理に到達した人は、因果の法則から自由になり、その束縛を免れるのでしょうか』。

その時、私めは、このように答えました。『そのような人は、もはや因果の法則に縛られることはない』。

この答えが間違っていたためかどうか、悪い報いを受けた私めは、畜生道《ちくしょうどう》に堕《お》ちました。野狐《のぎつね》の身となったのです。それから五百回死んで、五百回転生《てんしょう》しました。生まれ変わっても生まれ変わっても、まだ野狐の分際《ぶんざい》のままであります。

今、私めは百丈和尚という、禅の道の達人であり、真理に到達したお方と出会う幸運を得ました。お願いです。同じ百丈山の住職という誼《よしみ》もありますので、私めに替わって、あの時、私めが弟子に向かって答えるべきであった、正しい言葉を教えてください。それが、私めの長い間の悩みを解決する転機となる、運命の一語となることでありましょう。和尚の言葉に導かれて、私めは野狐の身を脱したいのです」。

そして、今は野狐である、はるかな過去において高僧であった老人は、五百回、野狐に生まれ、五百回、野狐として死んでゆく間に、悩み続けた疑問を百丈和尚にぶつけて、問うた。

「厳しい修行を乗り越えて、真理に到達した人が仮にいたとします。そのような人でも、人間である限りは、凡人と同じような因果の法則に囚われ、善《よ》いことをすれば善い報《むく》いがあり、悪いことをすれば悪い報いがあるのでしょうか。それとも、真理に到達した人は、因果の法則から自由になり、その束縛を免れるのでしょうか」。

すると百丈和尚は、即座に、このように答えた。

「そのような人は、もはや因果の法則を見失うことはない」。

老人は、この百丈和尚の言葉を聞くや否《いな》や、まことの真理に到達した。そして、百丈和尚にうやうやしく礼拝《らいはい》して、言った。「お陰様で、私めは野狐の身を脱することができました。けれども、魂が今まで入っておりました野狐の死体は、山の後《うし》ろに残ったままです。心から、百丈和尚にお願い申し上げます。その野狐の死体を、僧侶が亡《な》くなった時と同じ作法で、葬ってくださいませ」。

そう言い終わるや、老人は姿を消した。

百丈和尚は、寺の監督をする僧に命じて、白槌《びゃくつい》を打たせて、このように修行僧たちに周知徹底させた。「昼食を食べ終わったら、亡くなった僧がいるので、その葬いをする」。すると、僧たちは不審に思って、口々に言った。「私たちは全員、健勝である。病人が伏《ふ》せる涅槃堂《ねはんどう》にも、今は誰も寝てはいない。どうして、百丈和尚はこのように言われたのだろうか」。

昼食が済むと、百丈和尚は修行僧たちを引き連れて、山の後ろに行き、巌窟《いわむろ》から、杖を用いて一匹の死んだ野狐の死体を引っ張り出した。そして、その死体を、人間の僧が亡くなったのと同じ作法で、火葬に附《ふ》した。

百丈和尚は、その晩、法堂《はっとう》で説法して、野狐の死体を葬るに至った因縁《いんねん》のすべてを話して聞かせた。その時に、説法を聴いていた黄檗《おうばく》和尚が、すぐさま、このように問うた。「その野狐とやらは、迦葉仏《かしょうぶつ》の昔に、誤った言葉を弟子に答えてしまったしくじりのために、五《ご》百生《ひゃくしょう》の間、野狐となり畜生道に堕ちたとのことですが、もし、その昔、野狐がまだ僧であった頃に、弟子たちのどういう問いかけに対しても、あやまたず、正しい答えをしていたとすれば、今頃、その老人はどういうふうになっていたのでしょうか」。

百丈和尚は、このように言った。「ちょっと、近くまで来《こ》い。お前さんに、教えてやろう」。するど黄檗和尚は、百丈和尚の前まで進み出て、いきなり師である百丈和尚の頬《ほお》げたを叩《たた》いた。殴《なぐ》られた百丈和尚は、手を拍《う》って笑った。そして、このように言った。「禅の教えを伝えた達磨大師《だるまだいし》だけが鬚《ひげ》が赤いと思っていたら、ここにもう一人、黄檗という、鬚の赤い奴《やつ》がおったことだわい」。


この長大な公案について、わたくし、智月こと染子は、次のように考える。

狐に関する伝説は、昔からたくさんある。中でも、『玄中記《げんちゅうき》』には、「狐は五十年生きれば、婦人に化けることができるようになる。百年で、美女になったり、美男に化けることができるようになって、人間の男や女と交接する。千年で、天に通じて天狐《てんこ》となる」と書いてある。世間一般でも、「千年間も長生きした狐は、好色な美女となって、人間の男をたぶらかす」と言い伝えている。九尾《きゅうび》の狐の伝説は、その最たるものである。

また、『酉陽雑俎《ゆうようざっそ》』には、「野狐は、夜、尾を敲《たた》くと、火が出る。妖怪となる際には、いつも髑《しゃれ》髏《こうべ》を頭に乗せて、北斗《ほくと》に向かってお辞儀をする。髑髏が下に落ちなければ、人間に化けることができる」と書いてある。この文章に基づいて、先ほどの第一則で、柳の精の物語を書いたのと同じように、わたくしは狐の精の物語を書いてみたい。『酉陽雑俎』は中国の書物なのだが、日本の物語としても読めるように工夫してみた。どんな出来映えになるやら、自分でも楽しみである。

今は昔、一人の高徳の聖《ひじり》がいた、とかいうことである。その聖は、多くの死者が捨てられて風葬《ふうそう》される化野《あだしの》に庵《いおり》を結び、化野の草に朝夕《あさゆう》結ぶ露を友として、日々を過ごしていた。世間の人々の煩わしいなりわいとも没交渉《ぼっこうしょう》で、心やすく暮らしていた。

ある日、聖は、午後八時から九時にかけて行う「初夜《そや》」のお勤めをしていた。やがて、勤行《ごんぎょう》の際に唱える念仏の数も、定められた数に達した。誰も通りかかる人などいないので、鳴き始めた鈴虫の声も、大きくなる一方である。ちょうどその頃、二十日《はつか》過ぎの下弦《かげん》の月が、空の雲間《くもま》から光を差し始めた。聖は、ふと何かの気配を感じて、庵の窓を押し開いて、外の風景を眺めていらっしゃった。

すると、庵のすぐ近くの、一群《ひとむら》繁《しげ》り合っている薄《すすき》の中から、一匹の狐が姿を現した。その狐は、化野《あだしの》に捨ててあるたくさんの亡骸《なきがら》の中から、一つの髑髏を手で拾おうとしているではないか。聖は、不思議なことをする狐だとお思いになって、狐に気づかれないように、声も立てずにそっと狐のすることを見守っていらっしゃった。すると、狐は、髑髏を手にして、自分の首から上の方へと持ち上げようとしたが、うまくゆかず、下に落としてしまった。すると狐は、下に落ちた髑髏は拾うこともなく、そのままにうっちゃっておき、別の新しい髑髏を手にとっては下に落とし、下に落としてはほかの髑髏を手に取っている。そのうちに、とうとう髑髏を自分の頭の上に戴《の》せることに成功した。すると、その狐は、優艶な女性に化けてしまったではないか。

聖はそれを見て、「世間で言っている噂《うわさ》は、本当だったな。『酉陽雑俎』に書いてある通りだ」とお思いになられたが、事の成り行きを見届けようと、ひたすら見守っておられた。しばらくして、そこに、東の方から、清らかな服装をしているので、いかにも高い身分だと一目でわかる男が一人、馬に乗って、このあたりを通り過ぎようとするではないか。

狐の化けた女が、道のかたわらにしゃがみ込んで動かないのを見て、男が、「どうしたのですか」と質問しながら、近くに寄ってきた。女は、いかにも世の中で実際に起こりそうな作り話をでっちあげている。話を聞いている男が、「かわいそうに」とか「悲しい身の上だなあ」とか、「ここに、この女がこんなふうにしているのも、まことにもっともだ」と思うような作り話を、あれやこれやと言い続け、ひたすら泣きじゃくっている。

通りかかった男は、軽薄で浮気っぽい性格の人だったのであろうか、女の話を信じて、とうとう都の自分の屋敷に、彼女を連れて行こうとした。聖は、ここまでは黙って事の成り行きを見ていたが、女に化けた狐のたたりを男が受けるのを心配された。そこで、男を庵の中に呼び入れ、自分が目撃した狐の変身譚《へんしんたん》の一部始終を話して聞かせた。聖は、「あの女は、人間ではない。誤って狐と関わりを持ち、身に災いを招いてはなりませぬぞ」と、強く忠告された。

すると、それを聞いた女も反撃に出て、「このお坊さんこそ、好色な心や猜疑心《さいぎしん》や嫉妬心《しっとしん》の塊《かたまり》で、嘘《うそ》をついているのです。あなた、このお坊さんにだまされてはいけません」、などと言う。女は、「私は、ただ急に頭が痛くなって、動けなくなってしまったので、ここにいただけなのです。私が狐だなんて、とんでもない言いがかりです。早く、私をあなたのお屋敷に連れて行って下さい」と言っては、また泣きじゃくった。

男は、「女の言う通りだろう」と信じているようすで、自分が乗ってきた馬に女を掻《か》き抱《いだ》いて乗せ、同馬して都へと戻っていった。

その後、何年か経《た》って、その男は、原因不明の病気にかかって寝つき、常軌を逸した精神状態に陥り、そのまま死んでしまった。その男の住んでいた屋敷は、立派な造作《ぞうさく》を誇り、彼は周《まわ》りから、一目も二目も置かれていた。けれども、こんな死に方をしたので、親や祖父の昔から、代々蓄えてきた莫大な財産も、あっという間に無くなってしまった。屋敷も、ぞっとするほど恐ろしく荒廃して、曠野《あらの》が原《はら》となってしまったのだとか。

と、ここまで語ってきたのは、『酉陽雑俎』を基《もと》にして、わたくしがいささか創作風に書き記したものであるが、鎌倉時代後期に兼好《けんこう》が書いた『徒然草《つれづれぐさ》』にも、狐の話題が出てくる。亀山天皇が住んでおられた五条の内裏《だいり》は、江戸時代の今ではもう存在しないけれども、都のどのあたりにあったのだろうか。その五条の内裏で、殿上人《てんじょうびと》たちが碁を打っていると、狐が人間のような姿勢で覗《のぞ》いていた。それに気づいた人々が、「狐だ」と騒いだので、あわてて逃げていったという。兼好はこのエピソードを、「未熟な狐が、化けそこねたのだろう」と結んでいる。『徒然草』以外にも、この手の話はたくさん伝えられている。

わたくしの愛読している『源氏物語』には、薄雲《うすぐも》という巻があり、ここで藤壺《ふじつぼ》が逝去する。その前後で、世の中には不吉な兆《きざ》しがたくさんあったことを語る箇所に、「空には、いつもと異なる太陽・月・星の光が見られ、異様《いよう》な雲の流れ方があった。天文学者や陰陽師《おんみょうじ》たちも、世の中であやしいことが起きる予兆だと意見を答申した」とある。

もしかしたら、自分たちの不義によって生まれた冷泉《れいぜい》帝の即位が、凶兆の原因かもしれないと、光源氏と藤壺は恐れおののいたという。まことに、世の末には、日食・月食・流れ星・異様な雲などが現れる、と聞いたことがある。狐が人間に化けたりするのも、こういう乱れた世の中の出来事なのだろう。

今、わたくしが生きている元禄《げんろく》時代は、幸いにも、天下泰平の御代《みよ》である。将軍の徳川綱吉《とくがわつなよし》様と、それを補佐《ほさ》するわたくしの夫・柳沢吉保《やなぎさわよしやす》公のお力で、人々はこのようにめでたく、のどかな暮らしを満喫できている。どんな山の奥や海のかなたまでも平和に治まり、「吹く風も枝を鳴らさない」という言葉がぴったりの平穏な日々である。だから、当然のこととして、このような狐が人を化かしたなどという話を直接に目撃したり、他人から伝え聞いたりする人など、まったく存在しない。

この『無門関』の公案の前提となっている、野狐が人間に化けて現れるという話は、現代ではたとえ誰かが口にしたとしても、とてもそういうことが現実にあったとは信じてもらえまい。それと同じようなことが、この公案の内容にも言える。以前に百丈山で住職を勤めたほどの立派な僧が、誤った教えを口にしたという運命のために、五百生《ごひゃくしょう》もの長い間、極楽とはほど遠い畜生道に堕《お》ちて苦しみ続けなさったのは、どんなに恐れても恐れすぎることのない恐ろしさである。

ところが、野狐に堕した僧が、現在の百丈山の住職である百丈和尚の正しい教えに接し、五百生も野狐の身を受けて悩み続けた心が、突然に悟りとやらを開く運命を手にされた。これは、どんなに尊《とうと》んでも尊みすぎることはない、ありがたさであろう。

けれども、ここで、しっかり考えてみよう。わたくしが今、畜生道に堕ちたのを恐ろしいと思ったり、悟りを開いたのを尊いと思ったりしたこと自体が、五百生も生きてきた野狐に、だまされ、惑わされた結果なのではないだろうか。

白楽天《はくらくてん》は、『古塚狐《こちょうぎつね》』という詩の中で、鋭い警告を発している。「狐の女妖を仮《か》るは、害、猶《なお》浅く、一朝一夕《いっちょういっせき》、人眼を迷はすのみ。女の狐媚《こび》を為《な》すは、害、却《かへ》りて深く、日に増《ま》し、月に長《ちょう》じて、人心《じんしん》を溺《おぼ》れしむ」と述べ、狐が人間に化けた場合よりも、人間が狐のように他人を虜《とりこ》にすることの方が害悪が大きくて恐ろしいことだ、と言い置いている。

そのことを念頭に置けば、この公案の野狐は、本当に狐が人間の姿をして人々の前に現れたのか、それとも、人間が「自分の正体は狐である」と偽っているのか、わかったものではない。先ほど、長々と物語風に語った話の中の登場人物に当てはめれば、「化野《あだしの》」に住んでいる聖だけが、その物の正体が狐なのか人間なのかの区別ができるだろう。狐が人間に化ける瞬間を、わたくしたちは見届けていないから、何とも言えないのである。

この公案の野狐が、「狐の死体を、僧が亡くなった時と同じ作法で葬ってください」と懇願したのは、麝香《じゃこう》が死んでからも強い香りを放ち続けるように、野狐の死骸にも人間を惑わしたりだましたりする力が備わっているからなのかもしれない。

九尾《きゅうび》の狐は、天竺《てんじく》から中国へ渡り、さらに中国から日本へと渡来して、人々の心をたぶらかした。この公案の野狐も、はるかな昔に、薪《たきぎ》が尽きて火が消えるようにして、命を失って死んだはずなのに、『無門関』という書物に書かれることで、今に至るまで中国の禅僧たちの心を翻弄している。あまつさえ、日本という国にも『無門関』の教えと共に飛来して、人々の心を翻弄し続けているのは、まさに前例のないほどに、霊力が積もりに積もった老狐であると言わねばならないだろう。

中国古代の聖人である孔子は、既に周の時代に、怪異現象を信じずに、「怪力乱神《かいりょくらんしん》を語らず」という信念を貫かれた。この教えは、現代のわたくしたちにも通用する、すばらしい教えではないだろうか。野狐などに振り回されてはならない。

ともあれ、野狐の死骸は、僧が亡くなった時と同じ作法で葬られた。その火葬した後の焼け残りの骨は、飢えた山犬の腹の中に入って、綺麗さっぱり無くなったことだろう。野狐の存在のかけらもない、百丈山の禅の世界を思えば、まことにほかの禅寺のある山とは異なった風格がある。

そもそも、野狐に引導を渡した百丈《ひゃくじょう》和尚《おしょう》とは、どういう人物だったのだろうか。彼は、労働と自給自足の大切さを唱えたという。春には、田を鋤《す》き返し、夏には、はびこっている雑草を抜く。農耕には牛が必要だが、牛に唐鋤《からすき》をかけて田を何度も鋤き返すようにして、百丈和尚は弟子の中でも突出していた潙山《いさん》和尚を鍛えあげた。そして、第四十則の「趯倒浄瓶《てきとうじんびん》」で発揮された潙山和尚の力量を見届けて、彼を新しい寺の住持として推薦したのだった。

百丈和尚がお年を召してからも労働を止《や》めないので、心配した弟子たちは、和尚が働けないようにと、農具を隠した。しかし、それでも和尚は働こうとした。どんなに年を取っても、老牛が一畝《ひとうね》か二畝《ふたうね》かは耕せるように、百丈和尚はどんなに年を取っても、まだ働くだけの力が残っていたのである。

百丈和尚は、達磨大師から数えて六番目の六祖《ろくそ》・慧能《えのう》の流れを汲んでいる。その慧能の源流から、百丈和尚は禅の教えの水を引いて、水田を満たす苗代水《なわしろみず》とした。だから、同じく六祖・慧能の流れを引く石頭《せきとう》和尚の教えとも、百丈和尚の禅の道はつながっている。ただし、「石頭路滑《せきとうろかつ》」という禅の公案が示しているように、石頭山への道はすべりやすく、石頭和尚の教えは弟子にとって、ともすれば理解を誤りやすいものだった。

また、百丈和尚と南泉《なんせん》和尚は、古くから親しい仲であった。その南泉和尚にも、農作業のエピソードが残っている。「南泉鎌子《けんす》」という公案が、それである。南泉和尚が三十文《もん》で買った鎌は、使い勝手がきわめてよかった。百丈和尚は、この南泉和尚が三十文《もん》で買い求めた安い鎌を時には借りて、みずからの禅の境地を颯爽と切り開いたことだろう。南泉和尚が使い込んで、よく切れるようにしてくれた鎌で、百草も千草もの草をたくさん刈り取って、水田の肥料になさったことだろう。また、南泉和尚は、自分が死んだら牛に生まれ変わって、耕作したいと述べたこともあったそうだ。

春から夏にかけての厳しい労働の成果が現れる季節が、秋である。秋の田を夕べの稲妻が鋭く照らす頃に、収穫となる。「稲妻」の語源が、「稲の夫《つま》」であることも、なるほどとうなずかれる。春に植えたものが、秋に万倍にも増えているかどうかなどという、うるさい問答などなく、ひたすら労働と収穫の喜びを感じておられたことだろう。

百丈和尚は、「一日働かなかったとすれば、自分は、その日は何も食べない」ということを信条としておられた。自分たちの食べ物は自分たちで作るという教えは、すばらしい。牛頭山《ごずさん》の法《ほう》融《ゆう》和尚には、三百人の弟子の食料をまかなうために、毎日、八十里《り》の山道を、一石《こく》八斗《と》の米を背負って渾身の力で登ったというエピソードが残っている。けれども、わたくしにはその法融和尚よりも、百丈和尚の教えがかえって頼もしく感じられる。

百丈和尚は、秋に刈り取ったたくさんの稲を、たくさんの米蔵《こめぐら》に収納されたことだろう。冬に入ると、田で落穂《おちぼ》をあさる雀も滅多に来なくなり、田に水を引くために土の中を通す樋《とい》も、氷結する。そして、次に訪れる労働の春の到来を、待ち受けるのである。

ここで、わたくしの和歌を一首。

夜《よ》と共に落つる木《こ》の葉《は》を時雨《しぐれ》かと聞きしも文無《あやな》冬の山里

夜に、ふと目を覚ますと、冷たい時雨《しぐれ》が降っている音が聞こえた。
いや、それは、夜もすがら、木の葉が屋根に降りしきっている音だったのだ。
冬の山中では、それほど二つの音は間違いやすい。
同じように、真実と誤謬、現実と妖異も混同しやすい。
けれども、百丈和尚ほどの禅僧が、野狐の話を信じたということには、
どういう深い意味があるだろうか。

『源氏物語』の夕顔《ゆうがお》の巻に、「たそがれ時《どき》の空目《そらめ》」という言葉が出てくるように、夕暮れ時は、しばしば物事を見誤る。

『伊勢物語』第二十三段は、文学に心を寄せる人の中では知らぬ人がない、「筒井筒《つついづつ》」の話である。そこには、「風吹けば沖《おき》つ白浪龍田山夜半《しらなみたつたやまよは》にや君が一人《ひとり》越ゆらむ」という、有名な和歌が挿入されている。自分を捨てて、ほかの女に逢《あ》いにゆこうとしている男を心配して、女が歌を詠《よ》む。「風がこんなにも激しく吹く夜更《よふ》けに、あの人は一人で、危険な山を越えてゆくのだろうか」。そのしおらしい女の姿を、「たそがれ時の空目」でちょっとだけ見て、男は女の心を立派だと思い込み、浮気を止《や》めて、その女のもとへ引き返した。

まったくもって、男と女の愛情は、錯覚に基づいているものであろう。女が自分を愛してくれ

ていると、『伊勢物語』の男は信じた。そして、女が嫉妬をこらえている心がけが健気《けなげ》だと、『伊勢物語』の男は感動した。これも、女に化けた狐が男をだまして破滅させた話と、同じなのかもしれないではないか。『源氏物語』の夕顔の巻で、光源氏が夕顔という妖しい美女にたぶらかされ、すんでのところで命を失いかけたのと同じように。

わたくしたちの夫婦生活や恋愛生活、つまり人間の生活は、誤解のうえに成り立っている。夜だけでなく昼間も、荒い波風が立っているのだ。その真贋《しんがん》を見分ける「化野《あだしの》の聖《ひじり》の目」を手に入れるには、どうしたらよいのだろう。百丈和尚が信条とした、「一日働かなかったとすれば、自分はその日、何も食べない」という当たり前の日々を生きるしかないのだろうか。

ここで、それがし慈雲の感想を述べるとしよう。智月殿は長々と書いておられるが、公案の最後に登場する黄檗《おうばく》については、何も触れておられないのが不審じゃ。それで、愚詠を一首、掲げておこうかな。この歌は、読めばすぐわかるように、『小倉百人一首』で有名な、「春の夜《よ》の夢ばかりなる手枕《たまくら》にかひなく立たむ名こそ惜《を》しけれ」のパロディーじゃ。

赤鬚胡《しゃくしゅこ》が擡《もた》げし腕のかひなくて末の世までの名こそ惜しけれ

黄檗は、師である百丈和尚の頬げたを、思いっきり引っぱたいた。

これには、深いわけがあるのじゃが、

師匠を殴った不埒《ふらち》な男という悪い評判だけが、後世にまで残ったのは、
まことに残念なことではある。
達磨人形に腕《かいな》が無いのと同じで、甲斐《かい》なきことであった。

3 倶胝竪指《ぐていじゅし》

『無門関』第三則

倶胝和尚《ぐていおしょう》は、何か尋ねられた時には、常の振る舞いとして、ただ、一本の指を突き立てた。

この倶胝和尚に仕える、ある小僧がいた。その小僧が、外出中に人から問われた。「お前さんの師匠の倶胝和尚は、ふだん、どんなふうに法を説いているのかね」。すると小僧は、倶胝和尚の真似をして、指を突き立てた。

このやり取りを聞いた倶胝和尚は、とうとう刃物で、小僧が突き立てた指を切り落としてしまった。小僧は、その痛みに耐えきれず、大声で泣き叫びながら、倶胝和尚の部屋を出ようとした。

その時、倶胝和尚は、小僧にもう一度戻るように呼んだ。小僧は、後ろを振り返った。す

ると、倶胝和尚は、指を突き立てた。それを見た瞬間、指を切られて失った小僧は、突如として悟るところがあった。

さて、この倶胝和尚が、まさに命を終えようとした。その時、彼は門弟たちに、このように言った。「私は、師である天龍《てんりゅう》和尚が一本の指を突き立てて禅の真実を示したのに学び、それを身に付けて、これまで生きてきた。一生使っても、使い切れないほどに深い教えだった」。そう言い終わるや、亡《な》くなった。

この公案について、わたくし、智月こと染子は、次のように考える。倶胝和尚と、その師である天龍和尚の二人は、まことに深い因縁で結ばれていたのだと思う。その「因縁」という言葉からわたくしが連想するのは、『源氏物語』の世界である。

『源氏物語』に登場する明石中宮《あかしちゅうぐう》は、光源氏の娘である。成長して、天皇のお后となり、女性として最高の地位に輝いた。けれども、彼女の母親である明石の君は、「前《さき》の播磨《はりま》の国《くに》の国司《こくし》・明石入道」の娘という低い身分であった。

明石中宮は、播磨の国の明石という、須磨の関所の向こう側、つまり畿外《きがい》の地で、低い身分の母から生まれた。にもかかわらず、都に上って、国母《こくも》となったのである。

その中宮が、自らの出生の秘密を知った時に詠んだ歌がある。明石の地に残っていた祖父が、都に上った妻（明石の尼君）に宛《あ》てて書いた手紙を見せられて、もらい泣きしたのである。

潮垂《しほた》るるあまを波路《なみぢ》のしるべにて尋ねも見ばや浜の苫屋《とまや》を
尼姿のお祖母様《ばあさま》が、お祖父様《じいさま》の辞世が記された手紙を読んで、
袖をびっしょり濡らして、泣いていらっしゃる。
まるで海女《あま》の袖が、いつも海水で濡れているかのように。
お祖母様が私に初めてお話しされたのは、私が生まれたという、
明石とかいう、はるかな海辺の土地での物語。
ああ、私は、私の生まれたという海辺を訪れ、
お祖母様と一所に、私が生まれた家をこの目で見てみたいものだ。

明石中宮は、この時、夫である東宮《とうぐう》の男皇子《おとこみこ》を出産するために、父親である光源氏のお屋敷に里帰りしていた。そして、自分の母方の祖母である明石の尼君が、祖父に当たる明石入道が明石の地から送ってきた手紙を読んで涙に暮れているところに、たまたま居合わせたのである。

明石入道は、自分の孫娘が東宮の男皇子を無事に出産し、自分の曾孫《ひまご》が日本という国の天皇になることが確実になったことを喜んで、永訣の手紙を出したのである。入道は手紙の中で、「自分はもう、この世に思い残すことは何もない」と述べ、すぐに奥山に入って、あの世へと旅立つ潔い覚悟を告げていた。

この明石入道は、若い頃に、須弥山《しゅみせん》の左右を太陽と月が照らす夢を見て、自分の子孫が皇位に就《つ》く未来を信じたのだった。彼は、その確信を一生持ち続けた。そして、都から明石に左遷されてやってきた光源氏に我が娘を娶《めあわ》せて、夢の実現を願った。

若い頃から、命を終える最晩年まで、ひたすら夢を信じ続けた明石入道の心の持ち方は、称賛すべきである。そして、夢を信じた甲斐《かい》があったという祖父の手紙に感動して、涙をこらえきれず、都には存在しない貝がたくさん棲息しているふるさとの海辺を見てみたいと思った中宮の心も、すばらしい。これが、まさに「因縁」というものではないだろうか。

明石入道が見た夢の中に登場した須弥山は、帝釈天がいらっしゃる所であるから、仏教にたいそうゆかりが深い。まさに、すべては「仏縁」なのである。

わたくし染子が、上総《かずさ》の国の名もない郷士の娘に生まれながら、光源氏のように栄華を極める柳沢吉保公の側室となり、甲斐の国十五万石の後継者である柳沢吉里《よしさと》様をお生みしたのも、仏縁なのだろう。わたくしは、『源氏物語』で姫君を生んだ「明石の君」の立場に置かれている。そして、わたくしが今『無門関』に挑んでいるのも、仏縁に違いない。

『古今和歌集』に、読み人知らずの古歌がある。その歌が、まさに今のわたくしの願いを代弁してくれているかのようだ。

　打《う》ち侘《わ》びて呼ばはむ声に山彦《やまびこ》の答《こた》へぬ山はあらじとぞ思ふ

心の底から、強く求めるものがあって、
その強く求める心を叫び声にして、山にぶつけたならば、
必ず山彦が谺《こだま》を返してくれる。返事は、必ず戻ってくるのだ。
わたくしが、恋心のように激しく求めている禅の真実。
きっと、仏様はわたくしの疑問に対する答えを、谺のように返してくれるだろう。
それは外部からではなく、わたくしの心の内部から聞こえてくるのではないか。
その声を聞き届けて、何とか悟りを開きたい。
でも、はたしてそういう因縁が、わたくしにはあるのだろうか。

真理が実在することを信じ、心から真理を求めれば、きっと報われる。そして、真理を強く求める人間には、良師との運命の出会いがもたらされるのだ。それが、倶胝和尚にとっては、天龍和尚の「一本の指を立てる禅」なのだった。良師との出会いは、必ずしも珍しいことではないけれども、倶胝和尚と天龍和尚のような師弟関係はまことに稀である。

実は倶胝和尚も、明石入道と同じように、夢のお告げによって天龍和尚と出会ったのである。倶胝和尚がまだ若くて修行僧だった頃、笠をかぶったままの尼僧から、「あなたがもしも、真理を伝える一語を口にできたならば、この笠を脱ぎましょう」と言われたが、正しい言葉を口にできなかった。自分の未熟さを痛感した倶胝和尚は、夢を見た。杭州《こうしゅう》の天龍和尚に教えを請《こ》え、と

いう夢である。明石入道が夢を信じたように、倶胝和尚もこの夢を信じた。そして、現実に出会った天龍和尚から、「一本の指を立てる禅」を示され、悟りを開いたのである。こんなにも濃密な師弟関係が、人の世にはあるのだ。

いくつもの山を登ったり、高い丘に上ったりすると、そこよりもさらに高い天の存在に気づかされるが、その「天」という言葉を持つ「天龍和尚」は、紛《まぎ》れようもないほどに悟りの境地が高かった。

くだくだと饒舌《じょうぜつ》に理屈を述べ立てるのではなく、無言でただ一本の指を立てるだけの禅の教えは、天龍和尚から倶胝和尚へと伝えられた。そして、言葉の力に頼って説明するのではなくて、一本の指を立てるのみで、倶胝和尚の物まねをするだけだった小僧すらをも、悟りの道に導いたのである。そして、倶胝和尚は臨終の時までも、「一生使っても、使い切れないほどに深い教えだった」と、この指の教えを信じ続けた。何と深遠で、高邁《こうまい》な教えであることだろうか。

けれども、わたくし以外の人も、そのように考えるかと思いきや、不思議なことに、ある本には、倶胝和尚のやったことはいんちきで出鱈目《でたらめ》だと、曹山《そうざん》和尚が批判しているという。さらには、無是公《むぜこう》さん（そんな人はいないのだが）は、「倶胝和尚をいんちきだと言った曹山和尚こそ、うさんくさい」と批判している。こうなると、何が真実なのか。わからなくなる。

ここで、一首。

己《おのれ》だにあらぬ姿を分《わ》きもせで人差指《ひとさしゆび》の面《つら》の憎さよ
いかにも偉そうな顔をしている人差指が、何と憎たらしいこと。
自分が一体何物《なにもの》であるかが、この人差指には、わかっているのだろうか。
自分が何物でもないことを、この人差し指はわかっているのだろうか。
もし、それがわかっているのであれば、
この人差指は、悟りのシンボルとなりうるだろうに。

と、このように、わたくしの思索を『鳥の空音』に書き記して、この公案について書き終わるはずだったのだが、その晩、わたくしは不思議な夢を見た。そのことを、ここにどうしても書き記しておきたい。

明石入道は、須弥山の夢を見て、夢がはかないものだと知りながらも、それを深く信じて、子孫の幸福を手に入れた。倶胝和尚も、夢を見て、天龍和尚との出会いを運命的なものだと確信した。それでは、わたくしが見た夢は、いったいどういう因縁を指し示しているのだろうか。

夢の中で、わたくしは寝ていた。すると、東の方角から、物音がした。そして、寝室の襖《ふすま》を、すっと押し開けて入ってくる人の気配を感じた。ここで、わたくしがまだ若くて、『源氏物語』に登場するヒロインのような深窓の姫君だったのならば、「誰か、来て。ここに、男の人がいます」と叫ぶところである。近くにいる女房が聞きつけて、助けに来てくれるのを願って。

夢の中のわたくしの口からも、「誰か、来て」と、年甲斐《としがい》もなく助けを求める声が漏れていた。しかし、『源氏物語』でも、年取った女房たちは、宵のうちからいぎたなく熟睡して、当てにならないものである。わたくしに仕える女房たちも、例に漏れず老齢で、少しばかり呼んだくらいでは起きてきてくれなかった。

もはや自分自身で、突然の夜の闖入者《ちんにゅうしゃ》と対決するしかない。そう覚悟して、体に懸けていた蒲団を押しやって、部屋の中に入ってきた人と正対すると、羅漢仏《らかんぶつ》と辟支仏《びゃくしぶつ》かと思われるような、立派な高僧が、二人並んで立っているではないか。二人は、立派な装いをした少年を引き連れていた。羅漢仏と辟支仏とおぼしき二人は、口を揃《そろ》えて、わたくしに次のように迫った。「お前は、倶胝和尚と天龍和尚の話を、どのように理解しているのか。正しいと思っているのか、いんちきだと思っているか。さあ、答えよ」。

跳ね起きたわたくしは、枕を手にとって、次のように答えた。

田子《たご》の浦に打《う》ち出《い》でて見れば白妙《しろたへ》の富士の高嶺《たかね》に雪は降りつつ

『万葉集』の山部赤人《やまべのあかひと》の歌だが、『新古今和歌集』や藤原定家卿の『小倉百人一首』の方の本文がとっさに口をついて出てきたのである。日本で一番高い富士の山に、遠くからもはっきりそれとわかる白雪が降り積もっている。わたくしは、倶胝和尚と天龍和尚の偉大さを信じます。その評価を迷うことはありませんん、という返事のつもりだった。

するとと、ここで突然にわたくしは目覚めた。すべては、夢だったのだろうか。明け方の空にかかっている有明《ありあけ》の月の光が、まさに西の山に沈もうとする時分のようだ。沈む直前の光が西の窓に指して、ほのかに明るんでいる。屋敷への闖入者を察知してか、家を守る犬の鳴き声が、けたたましく響いている。とするならば、誰かが実際にわたくしの寝室まで入ってきて、出ていったのかもしれない。

わたくしが信じるのは、夢なのか。それとも、禅の教えなのか。禅の教えが、たとえ夢のようなものであるとしても、わたくしはそれをどこまでも信じようではないか。明石入道と倶胝和尚のように。

4　胡子無鬚《こすむしゅ》

『無門関』第四則
或庵和尚《わくあんおしょう》は、このように問いかけた。「西方のインドから、中国に禅の教えを伝えにやってきた外国人である達磨《だるま》大師は、絵に描かれる時は必ず鬚《ひげ》もじゃである。だが本当のところは、彼には鬚がない。それでは、改めて聞こう。達磨には鬚が無《な》いと、なぜ言えるのか」。

この公案について、わたくし、智月こと染子は、次のように考える。

インドから中国に伝わった達磨大師の禅の教えは、我が国にも伝わってきた。その我が国の吉《よし》野山《のやま》は、名所や歌枕がたくさんある中で、昔から今にいたるまで、漢詩人たちが多くの漢詩を詠み、歌人たちが膨大な和歌を詠んできたという、極めつきの名所である。

わたくしの夫である柳沢吉保公が駒込《こまごめ》の山里にお作りになった六義園《りくぎえん》は、天下の名所を八十八も集めたものだが、桜の花をたくさん植えた吉野山のエリアがある。わたくしは、この吉野山をめぐって、真理とイメージの関係について考えてみたいのである。それが、「達磨大師」と「鬚」の関係を解く鍵だと思うからだ。

いったい、花の季節の吉野は、花見客で大賑《おおにぎ》わいを見せる。『徒然草《つれづれぐさ》』の第百三十七段に、「もののあはれ」を理解しない俗人たちが花見する様子を、「花の下《もと》には、捩《ね》ぢ寄り、立ち寄り、あからめもせず目守《まも》りて、酒飲み、連歌《れんが》して、果《は》ては、大きなる枝、心無《こころな》く折り取りぬ」と、批判たっぷりに書いてある。まさにその通りの光景が、春の吉野でも再現される。そこかしこの花の木の下で物を食い、そこかしこの岩間で酒を飲む。彼らは、花を見ているのではなく、花のイメージに酔っているだけなのである。

同じ『徒然草』の第百七十五段には、酒に酔った人々の醜態が列挙してあるが、それもまた、春の吉野山では再現されることになる。酒に酔って眠りこけ、あたりが暗くなったことも知らない人。自分では歩けないほどに酔い、他人に体を支えられてやっとのことで山から下りてくる人。大声で歌って、周りの人に迷惑をかけている人。そのような、花を見ていない輩《やから》が、どれほど多いことか。

一方では、花見の喧噪《けんそう》を避け、満開の桜の花を見ようともせず、庵《いおり》の柴《しば》の戸をしっかり閉じて、家の中にひたすら籠《こ》もって、静謐な思索にふける人もいる。そのような人が心の目で見ている桜の花は、花のイメージではなく、むしろ真実の花に近いことだろう。

また、吉野に住む山人《やまびと》たちは、毎年少しずつ、桜の木をほかの山から吉野山に移植することを生業《なりわい》としている。花と接することで、生計も立てられるし、心も豊かになるのだ。この山人たちは、美しい花のイメージに踊らされて酒を飲んでいるのでもなく、花をあえて見ずに心の中で思索しているのでもなく、ごく自然に花そのものと接している。この場合も、山人が見ている花は、真実の桜の花に近かろう。

旧暦三月の中旬ともなれば、吉野は峰の頂《いただき》も、麓《ふもと》の谷も、春一色に染め上げられる。麓から見上げれば、まさに「高嶺《たかね》の花」そのものだし、高い場所から麓を見下ろせば、落花は谷に積もった雪かと見まがわれる。また、花びらが風で一斉に散ると、空の月がまるで雲にさえぎられるようにも見える。陳腐な喩《たと》えかもしれないが、満山の桜は木々の姿を覆《おお》い隠す霞のようにも見える。だが、禅の心で眺めると、それとはまた別の真実が見えてくるのだ。

禅に造詣の深かった蘇東坡《そとうば》は、「渓声《けいせい》、則《すなわ》ち是《これ》、広長舌《こうちょうぜつ》。山色《さんしょく》、豈《あ》に清浄心《しょうじょうしん》あらざらんや」という漢詩を詠んだ。吉野の全山は、まさに清浄そのもの。真実の色も、真実の香りもある。また、谷から聞こえてくる響きには、形も音もある。この「色・香・音・形」こそが、真実の桜の花であると言えるだろう。すなわち、吉野山の桜は、仏様のお姿そのものであり、妙なる法《のり》を説かれるお声である。これが、禅の心で見た場合の吉野の春の真実である。

そのことが見えないうち、聞こえないうちは、鬚もじゃの達磨大師の絵を見ても「鬚がない」などと見間違えてしまうのだ。あるいは、達磨大師には鬚があると思い込み、鬚がなくても達磨大師であるという真実が、見えなくなっているのだ。

ここで、わたくしの歌を一首。

吉野山雲居《くもゐ》に紛《まが》ふ桜花《さくらばな》余所《よそ》ならでのみ見るよしもがな

桜の花は桜の花であって、ほかの何物でもない。

詩歌の世界では、満開の花が白雲に喩《たと》えられることもある。けれども、桜の花は、雲ではない。

桜の名所として知られるこの吉野山で、とくと本物の桜の花を眺めた人は、それを雲だなどと見間違えないようにしてほしい。

さて、無門《むもん》和尚は、この公案について、次のように言っている。「禅に志す者が為《な》すことは、すべて真実でなければならない。参禅するならば、真実の参禅でなければならないし、悟るとしたら、真実の悟りでなければならない」、と。

そこで、再び、わたくしの一首。

なべて世《よ》の花なるものを御吉野《みよしの》の雲居《くもゐ》と人のいかで見るらむ

春に吉野山を白く染《そ》めるのは、すべて桜の花。

それは、決して白雲ではない。

でも、花を雲だと見間違える人は、昔から、後《あと》を絶たない。

どうして、世間の人は、花の真実を見分ける目を持たないのだろうか。

無門和尚は、このようにも言っている。「達磨大師に鬚があるか無いかは、一度、ご本人と真っ正面から向かい合わなくては、わかるはずがあるまい」。達磨大師は既にこの世の人ではなくなっているので、この対面は、おそらく不可能であろう。いつ、どのようにして、この対面が叶《かな》うのだろうか。

そこで、わたくしの歌を三度《みたび》、一首。

吉野山分《わ》け誘《いざな》はむ道ぞ無《な》きいかに説くべき法《のり》の友どち

吉野山は、全山が花で覆《おお》い尽くされ、また、道もたくさんあるので、どれが正しい登り道なのかが、わかりにくい。

どうすれば、同じ禅の道に志す法《のり》の友に向かって、数ある道の中で唯一の真理に至る、正しい登り道を示すことができ、一緒に吉野山を分け登ろうと、誘《いざな》えるのだろうか。

ここで、朗報がある。この公案で話題になっている達磨大師が、この三年間ばかり、何と、かの吉野山に籠《こ》もっていらっしゃるとかいう話を、わたくしは確かに聞いた。

そこで、四度《よたび》、わたくしの歌を。

山賤《やまがつ》の垣根も春は訪《と》ひぞ寄《よ》る花咲く頃《ころ》の御吉野《みよしの》の里

『源氏物語』の初音《はつね》の巻に、春という季節はどんな大邸宅にも、庶民の家にも、分け隔てなく訪れ、一陽来復《いちようらいふく》の光を平等に降《ふ》り注ぐ、と書いてある。

達磨大師がインドから中国に伝えた禅の道の真髄は、世界中に広まったが、今この瞬間には、日本という国の吉野山の花の中にある。

さあ、吉野山の桜と真っ正面から真向かい、禅の真実を確認しようではないか。

5　香厳上樹《きょうげんじょうじゅ》

『無門関』第五則

香厳和尚《きょうげんおしょう》は、このように問いかけた。

「禅の本質は、人が木の上に登っている時の心境と似ている。その人は、手で木の枝をつかむこともできず、足も木の枝にかけて踏むこともできていない。口だけが木の枝をくわえており、ただそれだけで、木にぶら下がっている。すると、その木の下に人がやってきて、木の上の人に向かって、『達磨大師《だるまだいし》は、何のためにインドからやってきて、禅を伝えたのでしょうか』と尋ねるではないか。もし、この質問に答えなければ、問いかけた人を無視することになる。だが、答えれば自分が木から落ちて、全身を打って命を失うことになる。このような時、木の上の人間はどう答えたらよいのだろうか」。

この公案について、わたくし、智月こと染子は、次のように考える。

人間は、誰しも危険には近づかないようにする本能を持っている。だから、できるならば安全な自分の家の中にいて、安心して暮らしたいと思っているものだ。

もし安全な家を建てたいのなら、大工の世界では名人と言われる「飛騨《ひだ》の匠《たくみ》」に作ってもらうのがよい。また、どうせ住むのなら、広くて大きな家で暮らしたいものだ。催馬楽《さいばら》の「この殿《との》」という曲に、「この殿は　むべも　むべも富《と》みけり　三枝《さきくさ》の　あはれ　三枝《さきくさ》の　はれ　三枝《さきくさ》の　三端四端《みつばよつば》の中に　殿作《とのづく》りせりや　殿作《とのづく》りせりや」と歌われているような、棟《むね》が三つも四つも並んでいる大豪邸で暮らせば、危険など近寄ってこられないだろう。

　けれども、どんな名人が建てた、どんな豪邸であったとしても、高い楼閣《ろうかく》の上に登ったならば、下界を見た時には、思わずぞっとしてしまうに違いない。家の一部である楼閣ですら恐ろしいのだから、庭や山の高い木などには登らないで済ませるのが、よいのではないか。

　この公案に出てくる人は、高い木の上に登っているとされるのだが、いったいなぜ、その人はそんな危険な木の上に登ってしまったのだろうか。誰に、そこまで登るようにと命じられたのだろうか。なぜ、手も足も枝に触れず、口で枝をくわえるだけで木にぶら下がるという、信じられないほどの辛《つら》い目に遭《あ》っているのだろうか。

　無門和尚《むもんおしょう》は、この公案に関して、「真理を悟っている人には、死んでいた人を蘇らせ、生きている人を殺してしまうほどの力がある」、と語っている。死から生への道、そして生から死への道。この二つの道を、わたくしたちは歩むしかないのだろうか。

　この道をどこまでも歩いてゆくしかないのならば、たどり着くのは、常緑樹がたくさん生えている常磐山《ときわやま》のような美しい場所であってほしい。今はまだ春になったばかりで、霞も立つか立たないかの、ほやほやなのだけれども、常緑樹ははっきりと目にわかるほどに鮮やかである。その緑の色こそ、わたくしが求める真理なのだろう。
ここで、一首。

春立てば猶一入《なほひとしほ》の色添《そ》ひて千代《ちよ》の声《こゑ》有《あ》る松の鶯《うぐひす》

常磐山には、四季いつでも、緑色の松の木がたくさん生《は》えている。
でも、春になったら、松の緑がいっそうみどりみどりして、美しく映《は》える。
その松の枝には、今は春なので、鶯《うぐいす》までが飛んで来て止まっている。
そして、「千代の春」をことほいで、真《ま》緑色《みどりいろ》の声で鳴いている。

この鶯は、しっかりと足で枝に止まっている。また、いざとなったら空を飛べるので、高い木から下に落ちる心配もない。その声の、何と幸せに満ちていることか。
どうせ木に登るのなら、この公案で香厳和尚が言われたような危険な木登りではなく、安心して松の枝で鳴く春の鶯になりたいものだ。

6 世尊拈華《せそんねんげ》

『無門関』第六則

昔、釈迦如来《しゃかにょらい》が人間世界で生きておられた頃、霊鷲山《りょうじゅせん》で教えを説く会を開かれた。その時、釈迦如来は花を手に取って、その場にいた全員に示された。この時、皆はその行為の意味がわからずに、ただ黙っているだけだった。けれども、迦葉尊者《かしょうそんじゃ》だけはこれを見て、まさに花が開くように、顔をほころばせてにっこり微笑《ほほえ》んだ。

その時、釈迦如来は、このように言われた。「私には、正法眼蔵《しょうぼうげんぞう》・涅槃妙心《ねはんみょうしん》・実相無相《じっそうむそう》という、優れた教えがある。この奥義《おうぎ》を、不立文字《ふりゅうもんじ》、教外別伝《きょうげべつでん》という方法で、今まさに、優れた弟子である迦葉尊者に伝え終わったところだ」。

この公案について、わたくし、智月こと染子は、次のように考える。

お釈迦様は、蓮の花に託して、禅の真理を迦葉尊者に伝えられたという。一体に、花というものは、それを眺めている人間の心に深く、そして強く訴える力を秘めているものである。

昔から、春は曙《あけぼの》が、秋は夕暮れが、ことに心に沁《し》みる時間帯だと言われている。霞が立ちこめていて、山の姿もはっきりとはわからない春の曙。たくさんの種類の花が露に濡れそぼっている秋の夕暮れは、なるほど、わたくしたちの心に、深い「あはれ」を感じさせてくれるものだ。

そのように、どんな花でも人々から愛《め》でられるものだが、周敦頤《しゅうとんい》の『愛蓮説《あいれんせつ》』には、菊の花が「隠逸《いんいつ》」なるものの代表で、俗世間を離れた悟りの境地のシンボルだと称えられている。

晋《しん》の時代の隠者として知られる陶淵明《とうえんめい》も、この菊の花を愛したことで知られる。彼は、わずかの俸禄《ほうろく》のために宮仕《みやづか》えして、齷齪《あくせく》しながら苦しむのを厭《いと》って官《かん》を辞《じ》した。その顚末《てんまつ》を、『帰去来《ききょらい》の辞《じ》』で歌っている。彼は、故郷の家に戻り、邸内にわずかに三つの道しかない庵で、心静かな隠遁生活に入った。

この「三つの道」については、『源氏物語』の蓬生《よもぎう》の巻が参考になる。貧しい末摘花《すえつむはな》の屋敷には、どんなに荒れ果てていても三つの道だけは残っていた、という。わたくしは、夫・柳沢吉保《やなぎさわよしやす》公の御縁で、『源氏物語』の第一人者である北村季吟《きたむらきぎん》先生の教えを親しく受ける幸運に浴したが、この三つとは、「門に行く道」、「井戸へ行く道」、「厠《かわや》へ行く道」であると教わった。その三つの道しかない質素な屋敷で、陶淵明は隠遁の日々を過ごしたのだが、東の垣根の下には、周敦頤から「花の隠逸なるもの」とされた菊の花を植え、それを鑑賞するのを老後の日々のこよなき楽しみとした。

このように、菊の花は王侯《おうこう》貴族の住む宮殿だけでなく、庶民の家でも、同じように芳しく香って、人々の心を慰めてくれる。

菊の次に、思い浮かぶ花といえば、牡丹《ぼたん》。周敦頤の『愛蓮説』には、牡丹の花は、「富貴《ふうき》」なるものの代表であるとされている。俳諧《はいかい》の世界でも、牡丹のことを「富貴草《ふうきぐさ》」と言っている。中国では、唐の時代に王侯貴族たちがこぞって、この牡丹の花を愛した。玄宗《げんそう》皇帝との悲恋で名高い楊貴妃《ようきひ》も、沈香亭《じんこうてい》という建物を作って、牡丹の花を眺めては、結ぼほれた心の悩みを解きほぐしたとされる。李白《りはく》が『清平調《せいへいちょう》』という詩で、「春風《しゅんぷう》、無限の恨みを解釈《かいしゃく》して、沈香亭の北、闌干《らんかん》に倚《よ》る」と詠《よ》んだのは、この楊貴妃のことである。まことに牡丹は、豪奢な宮殿にふさわしい花である。

周敦頤が、『愛蓮説』で「君子」に喩えたのが、蓮の花。すなわち、この第六則の公案の眼目である「蓮華《れんげ》」である。この蓮の花に話題を移す前に、そのほかの花についても述べておこうか。

梅の花は、いささか上品に過ぎるきらいがあるけれども、まだ雪も消えやらぬ早春に、ほかの花にさきがけ、いちはやく花を開いてくれる。その芳香が、窓から部屋の中へと入ってくるのを嗅ぐと、昔、深く愛し合った恋人の面影が心に浮かぶと、昔から言われている。「三十六歌仙」の一人である藤原定頼《さだより》に、「梅の花折《を》りつる袖の移《うつ》り香《が》にあやな昔の人ぞ恋しき」という和歌がある通りである。また、『伊勢物語』の第四段では、在原業平《ありわらのなりひら》が満開の梅の花を見ながら、一年前に失った恋人である二条の后《きさき》のことを思い出して、涙にむせぶ名場面がある。

桃の花は、はなはだ俗っぽい感じがして、わたくしはあまり好まない。だが、水辺の向こう岸に植えられている桃の花の影が、水に映っているのを見ると、桃の花が流れてくる水をさかのぼって、桃源郷《とうげんきょう》にたどり着いたという『桃花源記《とうかげんき》』のエピソードが思い出される。その桃源郷には、秦《しん》の時代に戦乱を避けた人々が暮らしていたという。この『桃花源記』は、先ほど名前を出した隠者・陶淵明の作品である。俗世間ではないユートピアに、人間が逃れるという高潔さを、この桃の花は象徴している。その思いを、秦の時代から千年以上も経《た》った現在でも、わたくしたちは桃の花によって偲《しの》ぶことができる。

そのほかで思い浮かぶ、花のある情景を列挙してみよう。藤の花房が垂れて、汀《みぎわ》に寄りかかっているように見える情景。「五月《さつき》待つ花橘《はなたちばな》の香《か》を嗅げば昔の人の袖の香ぞする」と古歌に詠まれ、梅の花と同じように、あるいは梅の花以上に、昔の人を思い出させる喚起力を持った橘の花の香りが、庭から簾《すだれ》の内側まで漂ってくる情景。「宮城野《みやぎの》のもとあらの小萩《こはぎ》露を重み風を待つごと君をこそ待て」と歌われたように、露がびっしりと置いて、いかにも重そうな萩の花の下で、萩の花を妻としている牡鹿《おじか》が悲しそうに鳴いている情景。「秋の野に艶《なま》めき立てる女郎花《をみなへし》あなかしかまし花も一時《ひととき》」と詠まれたように艶めかしい女郎花《おみなえし》の花が、夕霧の中に見え隠れしている情景。「主《ぬし》知らぬ香《か》こそ匂《にほ》へれ秋の野に誰《た》が脱ぎ掛《か》けし藤袴《ふぢばかま》ぞも」と詠まれた藤袴《ふじばかま》が、いったい誰《だれ》が乱雑に脱ぎ捨てたものか、乱れたように岩陰に脱ぎかけてあるように見える情景。山吹《やまぶき》の花は、山吹の名所として知られる井手《いで》の玉川で清らかな水に姿を映し、その花びらが露で濡れているように見える情景。

これらの花々の情景は、それぞれの季節で折に触れてすばらしく思われるので、どの花が最も趣《おもむきぶか》深いかということは、一概に決められない。

さて、これまでは、四季折々に咲く花について述べてきたけれども、仏教の世界にもさまざまの花がある。それらは、現実界の花々よりも、高い精神性が感じられる。『法華経《ほけきょう》』の薬王喩品《やくおうゆぼん》には、悟りを開いた境地を意味する「無漏地《むろじ》」に咲くという「三草二木《さんそうにもく》」の教えがある。上草・中草・下草・大樹・小樹は、植物ながらも仏の教えを受けて、悟りを開くことができるのだ。

そして、『法華経』の正式名称『妙法蓮華経《みょうほうれんげきょう》』の基《もと》になっている蓮華の花を忘れてはならない。蓮華は、花と実が同時に生じることから、原因と結果が別々でなく同じであるという「因果同時《いんがどうじ》」の教えのシンボルとされる。『華厳経《けごんきょう》』は、正式には『大方広仏華厳経《だいほうこうぶつ》』と言い、ありとあらゆる花で仏様を荘厳《しょうごん》する、という意味である。その『華厳経』の教えでは、「主伴具足《しゅばんぐそく》」と言って、世界のありとあらゆる存在は、部分の中に全体が宿り、全体に中に部分が宿るとされている。さらに『華厳経』では、香水海《こうすいかい》という巨大な海の上に、これまた巨大な蓮華の花が咲いて浮かんでいるという。その花の色の、何という深さであろうか。

わたくしの夫である柳沢吉保公が駒込の山里に造営された六義園《りくぎえん》には、「八十八境《はちじゅうはっきょう》」と言って八十八もの名所がちりばめられているが、その中に、「水香江《すいこうのえ》」がある。ここが、まさに蓮華の花が浮かんでいる、『華厳経』の大いなる海をイメージしているのである。夏に蓮の花が盛りになると、わたくしはこの水香江で、瞑想に耽ったものだ。水香江を見下ろす岡の上には、あつらえたように「坐禅石《ざぜんせき》」が置かれている。

お釈迦様が教えを説かれた祇園精舎《ぎおんしょうじゃ》の門の外で、お釈迦様の叔母にして養母である摩訶波闍《まかはじゃ》

六義園の八十八境の一つ「水香江《すいこうのえ》」（東京都文京区）

六義園の八十八境の一つ「坐禅石」（東京都文京区）

波提《ばだい》が、釈迦族の五百人の女性たちと共に、女性にも出家を認めてほしいと懇願したエピソードがある。彼女は、蘇摩那華蔓《そまなけまん》（チャンパカの花）、婆師華蔓《ばしけまん》（ヴァールシカの花）、瞻蔔華蔓《せんぶけまん》（青い蓮の花）を頂受《ちょうじゅ》して、出家を果たした。この話は、同じ女性の身を受けたわたくしにとって、まことにありがたく、かつ、うれしく思われる。

『法華経』の序品《じょぼん》には、仏を供養する時に起きる不思議な現象の数々が、「此土《しど》の六瑞《ろくずい》」「他土《たど》の六瑞《ろくずい》」として挙げられているが、その一つに、空から花びらが降ってくる「雨華瑞《うげずい》」がある。霊鷲山《りょうじゅせん》の頂《いただき》で、まさに雨華瑞として、曼荼羅華《まんだらけ》、摩訶曼荼羅華《まかまんだらけ》が雨のように降ったとされるのも、めでたいことである。

お釈迦様の誕生と死去にも、花が深く関わっている。母親である摩耶夫人《まやぶにん》が、藍毘尼国《らんびにこく》の園で、無憂華《むうげ》の花が美しく咲いているのを見て、思わず手を差しのばした時に、その右の腋《わき》の下から、お釈迦様がこの世に生まれなさったのである。そして、お釈迦様は、跋提河《ばつだいが》のほとりの娑羅双樹《さらそうじゅ》の木の下で、入滅《にゅうめつ》された。この時、娑羅双樹の花は、白くなって枯れたと伝えられる。

お釈迦様の十大弟子の一人で、「多聞第一《たもんだいいち》」とされた阿難尊者《あなんそんじゃ》は、お釈迦様の入滅後に、記憶の糸をたどって、お釈迦様から直接に聞いた教えのすべてを経典《きょうてん》として書き記したほどの記憶力の持ち主だった。けれども、仏の教えは、まことに膨大である。天台宗においては、お釈迦様の教えを時期的に区分した「五時教《ごじきょう》」と、形式によって区分した「四教《しきょう》」、内容によって区分した「四教《しきょう》」があり、これを合わせて「五時八教《ごじはっきょう》」と言う。華厳宗においては、教えをその深浅・難易によって区分して、「五教十宗《ごきょうじっしゅう》」と言う。まことに、仏の教えは複雑であり、浅い教えから深い教えまで多岐にわたっている。

けれども、細かなことまで述べ尽くしていない経典をどんなに精読しても、その素晴らしさを悟ることは、まことに困難なことである。「門前の小僧、習わぬ経《きょう》を読む」ということわざもあるが、幼い小僧たちは、仏の教えに関する議論を大人の学僧たちがしているのを普段から耳にしているので、自分では何となくわかっているつもりでいる。けれども実のところは、小僧たちにはまったく理解できていないのである。わたくしたちの仏教の理解も、その小僧たちと五十歩百歩であろう。

だからこそ、『無門関』の「世尊拈華《せそんねんげ》」の公案が、大きな意味を持ってくる。お釈迦様は迦葉《かしょう》尊者《そんじゃ》に教えを伝えられた際に、文字で書き記された経典ではなく、蓮華の花に託して「心」を伝えられた。記憶力抜群の阿難尊者の書き記した経典にも、限界があるのだ。「教外別伝《きょうげべつでん》」「不立文字《ふりゅうもんじ》」という禅の教えの根本が、この点に存在する。

この公案は、お釈迦様が霊鷲山にまだいらっしゃって教えを説かれていた頃、大梵天王《だいぼんてんおう》が金波羅華《こんばらげ》という金色《こんじき》の蓮の花を、うやうやしく献じられた時の出来事である。お釈迦様はそれを、何気《なにげ》なく手にとって、皆に示された。それを見た迦葉尊者が、花のようににっこりと破顔一笑されたので、お釈迦様から迦葉尊者へと真理の教えが伝わったのである。その契機となった金色の蓮の花こそ、まさに禅の教えのシンボルであろう。どんなにか匂いやかで、美しい色をしていたことであろう。そして、その教えの花を、禅の道に志すわたくしもまた、手にしたいと心から願っている。

次に記すのは、有名な『小倉百人一首』の歌である。

古《いにしへ》の奈良の都の八重桜《やへざくら》今日《けふ》九重《ここのへ》に匂《にほ》ひぬるかな

この伊勢大輔《いせのたゆう》の歌は、わたくしの祈りと願いを代弁しているかのように思われる。昔、奈良の都で咲いていた八重桜の花が、今日、平安京で美しく匂っている、という意味である。ああ、はるかな昔、霊鷲山でお釈迦様が無言で迦葉尊者に示された「蓮の花の教え」が、今、この日本の江戸で生きているわたくしの心の中に、しっかり根付《ねづ》き、美しい花を咲かせ、高い精神性を感じさせる香りを放っていると、言える日が来《こ》ないものだろうか。いや、来てほしい。

そこで、わたくしの和歌を一首、披瀝《ひれき》させていただきたい。

花ならば花ならましを桜花《さくらばな》花の色香《いろか》を花に任《まか》せて

『一遍上人絵伝《いっぺんしょうにんえでん》』には、「花のことは花に問《と》へ」とある。

花の心は、花にしかわからない。

桜の花がどんな色に染《そ》まるか、どんな香りで匂うかは、鑑賞者である人間ではなく、桜自体が決めるべきことである。

だから、わたくしは花の心を理解するために、花そのものになりきろう。

「花の心」が理解できた時に、わたくしは花と一体化できる。「仏の心」をわがものとするには、お釈迦様が手にされた蓮の花そのものになりきるしかない。

その花を、霊鷲山にいた八万人もの大衆は、誰一人として理解できずに、ただ傍観し、看過しているのみだった。けれども、ただ一人、迦葉尊者がにっこりと微笑まれて、花に託したお釈迦様の心を我《わ》がものとされた。

教えを伝え終わったお釈迦様は、「私には、正法眼蔵《しょうぼうげんぞう》・涅槃妙心《ねはんみょうしん》・実相無相《じっそうむそう》という、優れた教えがある。この奥義《おうぎ》を、不立文字《ふりゅうもんじ》、教外別伝《きょうげべつでん》という方法で、今まさに、優れた弟子である迦葉尊者に伝え終わったところだ」と述べて、満足の意を表されたという。

わたくしも、花になろう。そして花の心を、我がものとしよう。

さて、この公案について語り始めたわたくしの文章の冒頭に戻るとしようか。「昔から、春は曙が、秋は夕暮れが、ことに心に沁《し》みる時間帯だと言われている。霞が立ちこめていて、山の姿もはっきりとはわからない春の曙。たくさんの種類の花が露に濡れそぼっている秋の夕暮れは、なるほど、わたくしたちの心に深い『あはれ』を感じさせてくれる」。

さあて、わたくしは、どの花を眺めながら、どんな花の心に浸《ひた》りきるべきなのだろうか。

7 趙州洗鉢《じょうしゅうせんぱつ》

『無門関』第七則

趙州和尚《じょうしゅうおしょう》に、ある僧が問うた。「私は、禅の道に入ったばかりの新参《しんざん》です。先生、禅の本質について、どうかよろしく教えてください」。

趙州和尚は、このように答えた。「朝飯《あさめし》の粥《かゆ》は食べ終わったか。それとも、まだか」。

新参の僧は、言った。「食べました」。

すると趙州和尚は、このように言った。「ならば、粥《かゆ》の入っていた鉢《はち》を、よく洗っておくがいい」。

この瞬間、新参の僧は、にわかに悟るところがあった。

この公案について、わたくし、智月こと染子は、次のように考える。

この公案で、修行僧は、「私は、禅の道に入ったばかりの新参《しんざん》です」と言って、趙州和尚のもとにやって来た。そして、わずかな問答の後に悟りを開いた。新参にして悟りを開きえたのは、趙州和尚との問答の力によるのだろうか。

趙州和尚は、『碧巌録《へきがんろく》』の「趙州四門《じょうしゅうしもん》」の頌《しょう》にあるように、正面からそのものずばりを衝《つ》く言葉を口にする人だった。ならば、師である彼の感化力が大きかったのだろうか。それとも、同じ『碧巌録』の「睦州掠虚頭漢《ぼくしゅうりゃくきょとうかん》」の話にあるような、空しいイメージを追い求めている愚か者でなかったから、弟子である修行僧にはもともと悟る能力があったのだろうか。あるいは、その両方の相乗効果なのだろうか。

　儒教の聖典である『中庸《ちゅうよう》』に、「天之所レ覆《てんのおおうところ》、地之所レ載《ちののするところ》」、略して「天覆地載《てんぷくちさい》」という表現がある。これは、天がその下に限りなく広いものを覆《おお》い、地がその上に限りなく多いものを載《の》せているように、人格がひろびろとしていて無限大であるという意味である。この趙州和尚も、まさに「天覆地載」の典型であるような、偉大な人格者だった。自分と他を比較してあれこれと考えたり、さかしらな思慮分別で物事をあれこれ考えることが、まったくない。

　また、得をしたとか損をしたとか、正しいか間違いかなどにも、こだわらない。人為的に何かをなそうとか、意図的に何かを仕組むということもない。広大な大地にすべてを取り入れて、どっしりと構えている。そして、口にすることは、「朝飯《あさめし》の粥《かゆ》は食べ終わったか。それとも、まだか」という、鷹揚《おうよう》な言葉のみ。

　この趙州和尚の度量の大きさは、想像することすらできない。『荘子《そうし》』の「逍遙遊篇《しょうようゆうへん》」には、鯤《こん》という大魚の話が出てくる。大きさが幾千里《いくせんり》あるかわからない、途方もない大魚である。その鯤ですらも、広大な大地の中に包まれていて、自分がその中にいることに気づかないという。この趙州和尚の器量も、鯤を包んでいる大地のように無限に広くて大きい。そして、修行僧が鯤に当たるのだ。

『荘子』によれば、この鯤という大魚は、やがて羽が生《は》えて、大鵬《たいほう》という大きな鳥となる。翼が三千里もあり、一飛びで九万里を飛ぶという。それが、すべて大地に包まれていたし、それが趙州和尚の心の大きさなのだ。

修行僧が趙州和尚に答えて言ったことには、「食べました」。師が師ならば、弟子も弟子である。この修行僧もおっとりとしていて、まことに器量が大きい。これまた『荘子』に書いてあることだが、大地から吐き出される息が、風である。大きな風を「扶揺《ふよう》」というが、大鵬が一飛びで九万里を飛翔する時に巻き起こる風が、この扶揺である。修行僧は、まさにこの扶揺を巻き起こしながら、悟りの天空へと飛び立とうとしている。

そこで、趙州和尚は再び口を開いて、無雑作に言った。「ならば、粥《かゆ》の入っていた鉢《はち》を、よく洗っておくがいい」。この瞬間に、鯤が大鵬となり、大きな風を巻き起こしながら空へ飛び上がったのも、わたくしにはよく理解できる。修行僧は、趙州和尚に包まれ、自力でそこから離陸したのである。

この趙州和尚には、名僧だけあって、さまざまなエピソードが伝えられている。『碧巌録』に書かれていることだが、和尚はふだんから、言葉を用いて弟子を指導することをモットーとしており、棒を用いて叱責《しっせき》することはなかった。

また、以前に趙州和尚を訪れたことのある者に対して、このように言ったことがあった。「お茶は飲み終わったか」。そして、初めて訪れた者に対しても、まったく同じ問いを発した。「お茶は飲み終わったか」。

また、ある人が、趙州和尚が掃除をしているのを見て、問うた。「老師は名僧でいらっしゃるのに、なぜあなたの所に、汚い塵《ちり》があるのですか」。趙州和尚は、このように答えた。「わしの心の中から出たのではなく、お前さんが外から持ってきたのじゃろうて」。

ある人が問うた。「天台山の石橋《しゃっきょう》とは、どういうものですか」。趙州和尚は、答えた。「ロバや馬を渡すものじゃ」。また、問われた。「道とは何ですか」。すると、答えた。「垣根の外を通っているものじゃ」。質問者が、この答えに納得せず、むきになって問い返した。「そういう道路のことではなくて、真理の道、すなわち大道のことを尋ねているのです」。趙州和尚は、平然と答えた。「大きな道ならば、きっと都である長安へと通じていることじゃろうて」。

また、ある人から問われた。「すべての法は、一つのことに帰《き》すと言いますが、その一つ、つまり窮極の一とは、どういうことなのでしょうか」。趙州和尚は、このように答えた。「わしはかつて青州《せいしゅう》にいた時に、一枚の布で衣服を作ったが、その重さは七斤《きん》もあった」。

ある人が、趙州和尚に問うた。「和尚は、南泉《なんせん》和尚に会われたそうですね」。趙州和尚は、このように答えた。「南泉和尚のいる鎮州《ちんしゅう》は、大きな大根が名産のようじゃ」。

趙州和尚の人となりは、これらのエピソードが伝えている通りのものだった。

この公案で、わたくしが感動するのは、趙州和尚の「朝飯《あさめし》の粥《かゆ》は食べ終わったか」という言葉が、大いなる可能性を秘めていた修行僧を、悟りに導いた点である。あたかも、鯤が大鵬へと姿を変えたように、人間は大きく変わることがある。そして、人間を大きく変える場所がある。人間を変える言葉もある。わたくしが慣れ親しんだ『源氏物語』でも、同じようなことが起こっている。この物語は、荒唐無稽《こうとうむけい》な恋愛譚《たん》ではない。禅の十牛図《じゅうぎゅうず》にも通じる「心の旅路」であり、「魂の書」なのだ。

光源氏の生き方を、見てほしい。都の豪華な邸宅で暮らしていた光源氏は、庭に人工的な山を築き、人工的な川を流し入れて、風流三昧《ふうりゅうざんまい》の日々を楽しんでいた。それらの人工的な山や川も、決して見所《みどころ》がないわけではないが、本物の自然とは比べものにならない。

やがて光源氏は、都での日々に行き詰まって、須磨《すま》へと旅立った。これは、在原業平《ありわらのなりひら》の兄である在原行平《ゆきひら》中納言が、須磨に流されたという故事《こじ》を下敷きにしている。行平が須磨で詠んだ和歌のわびしい心境を、『源氏物語』の主人公・光源氏も、体験したのである。

旅人《たびびと》は袂涼《たもとすず》しくなりにけり関吹《ふ》き越ゆる須磨の浦風

須磨の浦で吹きつける風は、『荘子』の「扶揺《ふよう》」のように、光源氏の人格の変貌をもたらした。須磨の海岸地帯の曲《ま》がっている場所ごとに、空に煙が立ち昇っている。その光景を見ては、「これが、海人《あま》が海水を燃やして塩を作る所なのか」と、光源氏にはもの寂しく思われた。光源氏は、

『伊勢物語』や『古今和歌集』で有名な、「須磨の海人《あま》の塩焼《しほや》く煙《けぶり》風をいたみ思はぬ方《かた》に棚引《たなび》きにけり」という古歌の舞台を、実地に見たことに感慨を催したのだ。人工と自然は、これほどまでに違う。

光源氏は、それまで平安京の外へ出たことがなかった。その彼が初めて見た海の色は青く、空の青と一つに解け合って、区別が付かなかった。まさに、「水天一碧《すいてんいっぺき》」の雄大な自然である。唐の詩人・王勃《おうぼつ》は、「落霞《らっか》、孤鶩《こがん》と斉《ひと》しく飛び、秋水《しゅうすい》、長天《ちょうてん》と共に一色《いっしょく》」という美しい漢詩を残している。光源氏は、まさに、このような自然を眺め、自然に抱かれて、大鵬となって飛翔することを願ったのだ。

光源氏は、まもなく明石へと移る。須磨の浦から明石《あかし》の浦までは、ほんの少しの距離である。紫式部が「這《は》ひ渡る」と書いているように、乗物に乗らなくても歩いて行けるほどの近さである。この明石の浦で、光源氏は再生と飛翔への手がかりをつかんだ。

ただし、その変貌と飛翔の前に、永い光源氏の苦しみと嘆きがあったことを忘れてはならない。趙州和尚に導かれて悟りを開いた修行僧にも、長い悩みの時期があったからこそ、飛翔できたのだ。須磨の浦で孤独に苦しむ光源氏の耳には、打ち寄せる波の音も、舟の櫓《ろ》が鳴る音も、どちらもが秋の空を飛んでゆく雁の鳴き声と同じようにもの悲しく聞こえたという。それは、須磨の浦を通り過ぎてゆく寂しい浦風の音とも、似ていた。

この場所でずっと暮らしてきた海人《あま》たちですら、この風の音は身に沁《し》みてつらく感じられる。

だから、都からやって来た光源氏は、この須磨の浦風にはげしく心を刺激されたのである。『続《しょく》千載《せんざい》和歌集』に、宗尊親王《むねたかしんのう》の詠んだ古歌がある。

藻塩《もしほ》焼く煙《けぶり》を雲の便《たよ》りにて時雨《しぐれ》を急ぐ須磨の浦風

この須磨から明石へと続く海と空、すなわち大地が、光源氏という鯤を大鵬へと変えたのだ。雁の鳴き声、舟の櫓の音、波の音、風の音が、「朝飯《あさめし》の粥《かゆ》は食べ終わったか」という趙州和尚の言葉だったのだろう。須磨・明石での足かけ三年の日々を終えて都に戻った光源氏は、大鵬そのものとなっていた。

わたくしの魂もまた、いつの日にか、大風を巻き起こしながら、大鵬のように九万里を一《ひと》っ飛《と》びすることができるのだろうか。

8　奚仲造車《けいちゅうぞうしゃ》

『無門関』第八則

月庵和尚《げったんおしょう》は、僧に、このように問いかけた。

「伝説的な車作りの名人だった奚仲《けいちゅう》は、車を百台あまりも作った。けれども、作った後《あと》で、彼は両輪を取りはずし、車軸を取り去って、自分の作った見事な車を解体した。この話は、どんな真実を明らかにするだろうか」。

この公案について、わたくし、智月こと染子は、次のように考える。

『荘子』の外篇《がいへん》に、輪扁《りんぺん》という車大工《くるまだいく》の名人のエピソードがある。彼は、斉《せい》の桓公《かんこう》が古代の聖賢の書を熱心に読んでばかりいるのを批判した。そして、真理は理論ではなく実践であるので、時間を隔てた過去の時代の書物を読むのではなく、実践的な教えを直接に師から弟子へと伝えなければならないと説いた。

そして、輪扁は、このようにも言った。「車作りの場合には、車輪の穴の開《あ》け方が微妙であり、困難を極める。そのような車作りのむずかしさは、たとえ直接であっても、他人には伝えがたいものであり、自分の息子にもうまく伝えられない。だから、七十歳を超えた年齢になった今でも、自分一人で車を作っているのだ」。

それに対して、中国の古代、黄帝《こうてい》の時代に、初めて車を作ったという奚仲《けいちゅう》は、輪扁のように車作りの技術上の問題に悩むことはまったくなかった。晩春三月の初めに車の両軸を取り付けたかと思えば、初夏である四月の初めには、せっかく取り付けた両軸を取りはずしてしまったという。

彼の場合は、作るのも、壊すのも、まことにあっけなかった。

輪扁にとっての「車」は、明瞭な形を持ったものであるが、奚仲にとっての「車」は完成した形にはなく、壊したあとで存在していたものであるように思える。

たとえば、初夏の宵《よい》に、室内の燈火《ともしび》を燃やしたまま、うとうとしている状態で、ほととぎすの鳴き声を聞いたとしよう。ここで、一首。


一声《ひとこゑ》はそれかあらぬか時鳥《ほととぎす》小夜《さよ》の枕に訪《おとづ》れて行く

あっ、時鳥の初音《はつね》だ。
そう聞いたのは、現実だったのか。それとも、幻聴だったのか。
わたくしが寝ている枕の上まで、
時鳥がやって来てくれて、やがて通り過ぎていった。

これは、『新葉《しんよう》和歌集』に入っている新宜陽門院《しんぎようもんいん》の「一声《ひとこゑ》はそれかあらぬか時鳥《ほととぎす》同じ寝覚《ねざ》めの人に問はばや」という和歌をヒントに詠んだ、わたくしの歌である。

夢うつつの状態で、ほととぎすの声を聞いた。本当に聞いたのか、聞いたように思っただけなのか、真理は定かではない。また、確かに聞いたとしても、聞いたのはほととぎすの声だけである。ほととぎすの姿を、目の当《ま》たりに見たわけではない。でも、わたくしをはじめとして、多くの人はほととぎすの声を聞いただけで満足してしまう。とするならば、「ほととぎす」という鳥は、姿や形ではなく、「声」という目に見えないものとして実在しているのだとも考えられる。

奚仲は、車を作っても、自分の脳裏にある理想の車とは一致しなかった。だから、車を解体した。その時、彼の脳裏にだけある「理想の車」がはっきりと浮かび出てくる。それが、奚仲にとっての「車」の実在だったのである。

9　大通智勝《だいつうちしょう》

『無門関』第九則

興陽山《こうようさん》の清譲和尚《せいじょうおしょう》に、ある僧が問うた。「はるかな昔に出現して、『法華経《ほけきょう》』の教えを説いた、大通智勝《だいつうちしょう》という偉大な仏は、悟りを開くまで大変に苦労されたと聞いています。十劫《じっこう》もの長い間、道場で坐禅したけれども悟りを得られず、仏法も現れなかったし、仏道も成就《じょうじゅ》できなかった、と言われます。これは、どういうことなのでしょうか」。

清譲和尚は、このように答えた。「お前の疑問は、とても重要な点を捉えておる」。

この答えでは理解できなかった僧が、重ねて清譲和尚に問うた。「大通智勝は、後に『法華経』を説かれるほどのお方です。そのお方が、長い間、道場で坐禅しているというのに、なぜ、簡単には悟りを開けなかったのでしょうか」。

するとと、清譲和尚は、このように答えた。「大通智勝本人が、悟りを開かなかったからじゃ」。

この公案について、わたくし、智月こと染子は、次のように考える。

この公案の眼目は、大通智勝仏が、みずからの心の中の玉をいかにして輝かせることができたか、という一点にある。

『法華経』の「五百弟子受記品《ごひゃくでしじゅきほん》」には、「衣《ころも》の裏の玉《たま》」というエピソードがある。眠っている間に高価な如意宝珠《にょいほうじゅ》を自分の着ている衣の衿《えり》の裏に縫《ぬ》い込んでもらっていたのに、目が覚めてからもその事実にまったく気づかず、貧しいままで諸国を放浪した愚かな人物の話である。宝物や仏の真理は、人間誰しも心の中に潜在的に持っているのだが、それに気づき、取り出し、輝かせることは、まことにもってむずかしい。

『史記』や『韓非子《かんぴし》』で有名な「卞和《べんか》の玉《たま》」の故事も、それと同じ教えである。「和氏《かし》の玉」とか「連城《れんじょう》の璧《たま》」などとも呼ばれるが、まことにたぐいなき宝の玉であった。だが、卞和が発見したその原石を見ても、価値を見抜けなかった楚《そ》の国王は、卞和が嘘を言っていると断じた。卞和は、罰として右足を切られた。新しい国王が即位したので、卞和が再び原石の価値を訴えたが、また偽りだと見なされて、左足を切られた。

やっと三人目の王が、初めて原石を磨かせ、すばらしい玉であることを明らかにしたのである。両足を切られた卞和は、磨けば必ず光る原石が磨かれないまま原石で放置されているのを悲しんで、血の涙を流したと言う。これは、自分の足を切られたことを悲しんだのではなく、美しい玉が価値のない石ころに間違われ、美しい志を持った烈士が世間で認められず雌伏《しふく》せざるを得ない状況を悲しんだのである。

禅の世界でも、悟りを開くことを「玉」の比喩で語ることがある。郁山主《いくざんしゅ》という人は、ある時、驢馬《ろば》に乗っていた。谷川の橋にさしかかったところで、驢馬がつまずいた拍子《ひょうし》に、郁山主は落ちた。その瞬間に、彼は悟りを開いたのである。そして、「我に、明珠一顆《めいしゅいっか》あり。久しく塵労《じんろう》に埋《まい》没《ぼっ》せらる。今朝、塵《ちり》尽きて、光生《しょう》ず。山河、万朶《ばんだ》を照破《しょうは》す」と、その心境を表現し、悟りを開いた喜びを歌っておられる。塵にまみれていた玉が、突然に光を放ち始める。それが、悟りの瞬間なのだ。

また、巌頭和尚《がんとうおしょう》は、盗賊が押し寄せてきた時に、他の僧たちは逃げたけれども、ただ一人留《とど》まって、坐禅していた。そして、盗賊たちに何も金品を渡さなかったので、刺し殺されたと伝えられる。盗賊のことを、「白浪《しらなみ》」とも言う。悟りを開いた巌頭禅師は、まさに価値のある玉のような美しい心を持っていた。だからこそ、その玉の光を隠すことができず、玉が波に砕かれるように、「白浪＝盗賊」から刺し殺されてしまったのだろう。

また、丹霞《たんか》和尚は、「翫珠吟《がんしゅぎん》」という詩を残すほど、玉を愛し、いつも手で翫《もてあそ》び、手がどんなにだるい時でも、玉を手放されなかったという。この玉は、自在な悟りの境地のシンボルであろうか。

まことに、玉のような宝物は、身分の高い人から低い人まで、貴賤を問わず愛されるものである。けれども、「名珠を闇に投ず」ということわざがある。卞和の玉や、明月の夜に海面の上に浮かぶという「明月の玉」などの名玉・名珠であったとしても、それを突然に闇の中で投げつけられた人は、それを宝とは思わず、怪しんで剣に手をかけ、その正体を見抜こうとして睨《にら》み付けずにはいられないものである。

そのように、宝物の価値をわからない愚か者のエピソードは、具体例に事欠かない。『今昔物語集《こんじゃくものがたりしゅう》』には、貞重《さだしげ》という平安時代の人物の体験が書かれている。彼は、唐人から絹六、七千疋《ぴき》を借りていた。伏見《ふしみ》にある「淀《よど》の渡し場」で、貞重に仕える従者が玉を売っている人と会い、自分の着ている古い水干《すいかん》と交換した。すると、その従者が持っていた玉に目をとめた唐人は、その玉一個をくれれば、貞重に借した絹六、七千疋の代金をすべて帳消しにしてもよいと申し出たと言う。それほどの価値のある玉が、着古《きふる》した水干と交換して手に入ったのだ。

この『今昔物語集』の話の元となっていると思われる説話が、中国にもある。『太平広記《たいへいこうき》』には、呉越《ごえつ》の孫妃《そんぴ》が、龍蕊簪という簪《かんざし》を龍興寺に布施《ふせ》として与えたという話がある。この簪は、外見が枯木《かれき》のようにしか見えなかったので、寺の僧たちはそれが価値のある宝物とはまったく気づかなかった。あるとき、シルクロードを通って、胡人《こじん》が寺にやって来た。彼は、その簪を一万二千緡《びん》もの値段で買って、去っていったという。こういう話を聞くと、世間で珍重されている宝というものは、その価値がわかる人にはわかるし、わからない人にはわからないものだということが、よくわかる。

『法華経』の提婆達多品《だいばだったぼん》では、娑竭羅《しゃかつら》龍王《りゅうおう》の八歳になる娘が、『法華経』の教えを説かれる会《え》場《じょう》で、三千大千世界にも匹敵する価値のある、ただ一つの玉をお釈迦様に差し上げた。すると、その功徳で、娘はたちどころに成仏《じょうぶつ》を遂げたというのだ。この龍女《りゅうにょ》は、人間以下の存在なので、成仏するためには、本来ならばまず人間に生まれ変わって功徳《くどく》を積み、その結果として成仏すべきところなのに、龍のままで成仏できた。

しかも、わたくしもそうであるが、女性という存在には、「五障《ごしょう》」というものがあるそうで、成仏するためには、来世で男性に生まれ変わったうえで、さらに功徳を積んで初めて成仏できるとされている。この男性として生まれ変わるプロセスも、この龍女は必要としなかった。それほどの価値を、彼女が献げた一つの玉は持っていたのだ。

それにしても、女性の身で、仏教の悟りを開くことは、まことに容易ではない。女人は、この世で修行に励む際には、先ほども述べた五障に苦しめられる。来世で極楽往生しようとしても、女性の身は「梵天王《ぼんてんおう》・帝釈天《たいしゃくてん》・魔王《まおう》・転輪聖王《てんりんじょうおう》・仏」の五つにはなれないというのである。

女人には、この「五障」のほかにも、「三従《さんじゅう》」という関門が待ち受けている。「いまだ嫁《か》せずして父に従い、既に嫁して夫に従い、夫死して子に従う」というのが、三従の教えである。『伊勢物語』の第二十三段の「筒井筒」にあるような、幼い振分髪《ふりわけがみ》の頃は、親の言うことを聞く。次第に眉のあたりがけぶりはじめ、鮮やかになり、眉をひそめることができる大人の女性になれば、結婚した夫に従う。そして、口つきが醜いまでに広がってしまう老女になれば、子どもの言葉に従う。女としてこの世に生まれたならば、このように一生、自分の体を自分の思うように処することができないのだ。

名僧として知られる源信僧都《げんしんそうず》の『往生要集《おうじょうようしゅう》』には、女の身が穢《けが》れていることは、絵に描いた綺麗な瓶の中に、汚《きたな》らしい排泄物《はいせつぶつ》を入れておくようなものだ、と書いてある。遠山《とおやま》が霞に煙って見える形に似せて、女人が美しい黛《まゆずみ》を引き、梅の花のようにあでやかな装いをしていたとしても、その美しい女体の中には、汚いものをたくさん抱え込んでいるのである。

「女歌《おんなうた》」という言葉もあるが、女人が技巧を凝らした物言いをして男の心を翻弄し、にっこり笑って可愛らしい顔をするのは、自分の心の中の未熟さをごまかすためである。女人というものは、ともすると真実ではなく、見た目の華やかさに目が向き、心地よい音に耳を傾ける。それでいて、ひどく執念深く、他人を妬《ねた》んだり憎んだりする。それが、わたくしを含めた「女」という存在である。

易《えき》に、「金天《きんぷ》を見て躬《み》を有《も》たず」とあるように、女の中には、なまじ金持ちや権力者の夫と結婚したがために、豪奢《ごうしゃ》に耽《ふけ》って、身を滅ぼす者がいる。自分自身の幸福を維持するために、父親を滅ぼした女もいる。だからこそ、すべての衆生《しゅじょう》を、わが子の羅睺羅《らごら》も同然に慈しまれたお釈迦様ですら、いつもは柔らかく温和な言葉を口になされていたのに、女人に対してだけは厳しい言葉を残されたという。「川という川が真っ直ぐに流れることはなく、必ず曲がって流れているように、すべての女は一人になると悪いことばかりをする」とも言われたし、女人を恐ろしい夜叉《やしゃ》や羅刹《らせつ》にも喩えられた。

もし、そのように女人が罪深く、救いがたい存在であるならば、人間ですらない八歳の龍女が、どうして玉を献げた一瞬ののちに、南方無垢世界《なんぼうむくせかい》に生まれ変わり、たくさんの衆生《しゅじょう》を救う側の存在になりえたのだろうか。

救われがたい女人ですら、これほど容易な即身成仏《そくしんじょうぶつ》もあるというのに、この公案の大通智勝《だいつうちしょう》仏《ぶつ》ともあろうお方は、なぜ、悟りを開くことに、これほど苦しまれたのだろうか。大通智勝仏は、出家する前に十六人の王子を持っておられたが、その十六番目の王子こそ、お釈迦様である。また、大通智勝仏は、八万億人を率《ひき》いる転輪聖王の跡取りであられた。それだけ尊い大通智勝仏は、瑕《きず》もなく輝き渡る神珠宝を手に捧げ持ち、その威光は世界の国々の隅々《すみずみ》にまで及んでいる。

その大通智勝仏が、いざ悟りを開こうとして、菩提樹《ぼだいじゅ》の下に趺坐《ふざ》された時、忉利天《とうりてん》の諸仏は、高さが一由旬《いちゆじゅん》もある壮大な獅子座《ししざ》を設置され、大通智勝仏の敷物とした。ここまで見事に荘厳された場所で、一劫《いっこう》もの長い間、結跏趺坐《けっかふざ》されたにもかかわらず、大通智勝仏は悟りを開けず、仏法は顕現しなかった。

それだけではない。皆が今か今かと待っているのに、二劫《にこう》が過ぎても、三劫《さんこう》が過ぎても、そしてとうとう十劫もの時間が経過しても、悟りは開けず、仏法は顕現しなかった。いったい、この大通智勝仏の心のどこが、八歳の龍女の捧げ持っていた玉の光と比べて劣っておられたというのだろうか。

大通智勝仏の悟りを待っている時、大通智勝仏の子である十六王子たち、そしてその祖父に当たる転輪聖王は、どんなにか待ち侘《わ》びておられたことだろう。切利天《とうりてん》の諸仏も、この大通智勝仏が八歳の龍女にはるかに劣っておられることを、どんなに恥ずかしく思い嘆かれたことだろう。

『新古今和歌集』に、「よそにのみ見てや止《や》みなん葛城《かつらぎ》や高間《たかま》の山の峰の白雲」という和歌がある。人間は、遠くにある高間の山の空高く浮かんでいる白雲に、手を触れることができない。それと同じように、大通智勝仏がいたずらに時間を空費している間、父や子や切利天の諸仏は、力添えをすることができず、遠くから眺めるだけで、じりじりとした気持ちで待ち続けるしかなかったことだろう。

けれども、尊い大通智勝仏ですら困難だった悟りを、幼い女人が、しかも龍の身を受けた童女が、たった一つの玉の力で開き、瞬時に成仏できたというエピソードは、どんなにわたくしを勇気づけてくれることか。

『法華経』には「常在霊鷲山《じょうざいりょうじゅせん》」とあり、仏は常にわたくしたちを見守っておられるという。『梁塵秘抄《りょうじんひしょう》』にも、「仏《ほとけ》は常にいませども、現《うつつ》ならぬぞあはれなる。人の音《おと》せぬ暁《あかつき》に、ほのかに夢に見え給《たま》ふ」という今様《いまよう》の歌がある。どうにかして、お釈迦様に、わたくしも自分の手で、玉を献げる方法がないものだろうか。あの八歳の龍女は、いったい、どこから玉を拾って来たのだろうか。お釈迦様は、龍女から献げられた玉を、いったい、どこにしまっておかれたのだろうか。お釈迦様は、「三変土田《さんぺんどでん》」、あるいは「三転土田《さんてんどでん》」と言って、娑婆世界《しゃばせかい》を三度も清めて、仏国土《ぶっこくど》となさった。その神通力が続いているのならば、わたくしの生きているこの国も、そのまま仏国土に転じることもあろう。鳴海潟《なるみがた》の海水は、今ちょうど引き潮で、干潟《ひがた》が新たに出現している。そこから、わたくしの捜している玉が見つかり、それを仏に差し上げることができれば、わたくしが仏国土に生まれ変わることも不可能ではないだろう。むろん、ここで言う「鳴海潟」は、わたくしの心というものの比喩である。

ここで、わたくしが思い出すのは、次の和歌である。

仏《ほとけ》には何か鳴海《なるみ》の潮干潟《しほひがた》ただそのままに沖《おき》つ白波《しらなみ》

仏には、何がなるのだろうか。
鳴海潟では、潮の満ち干《みひ》が繰り返され、海底が陸地になったりする。
でも、沖の方《ほう》では、白波が同じように立っている。
ならば、海に沈んでいようが、海から顔を出していようが、同じことだろう。
人間と仏も、同じことなのかもしれない。

仏《ほとけ》には心鳴海《こころなるみ》の潮干潟《しほひがた》身はそのままに沖つ白波

　仏には、人間の心がなるのだ。
　龍女が、龍女のままで成仏したように、
　人間の女も、女のままにしておいても成仏できるのだ。
　ただし、「心」が問題で、「心」を玉のように輝かさねばならない。

また、一休和尚《いっきゅうおしょう》の歌も、思い合わされる。

　仏には心も成《な》らず身も成《な》らず成《な》らぬ物こそ仏なりけれ
　仏には心も成《な》らず身も成《な》らず成《な》らぬ物こそ成《な》らぬなりけり

一休和尚は、「仏には心も成らず身も成らず」と歌われた。心も身も仏にならないとすれば、いったい何が仏になるのだろうか。何もなれないとしたら、もう、今の自分のままで、わたくしは既に「仏」なのだろうか。何が、わたくしにとっての「玉」なのだろうか。わたくしは、自分の心の深い底から、まことの「玉」を見つけたいものだ。

『源氏物語』にも引用されている古歌に、「音《おと》に聞く松が浦島今日《けふ》ぞ見るむべも心ある海人《あま》は住みけり」がある。風流な海人が、足を波に浸《ひた》して深さを測ったという跡《あと》を慕い、深い海や浅い海の底から、波間に浮き沈みしている藻塩草《もしおぐさ》を掻《か》き集めるように、わたくしも、自分の心の浅い場所や深い場所から、浅い考えや深い考えを探り当て、この『鳥の空音』に言葉として書きつらねよう。それを読み返すうちに、もしかしたら海人が美しい海藻《かいそう》、すなわち玉藻《たまも》を見つけるように、わたくしの心の玉が見つかるかもしれない。

ここで、わたくしの和歌を一首。

君が袖に懸《か》けな留《とど》めそ浦風の涼しく通《かよ》ふ折《をり》は有《あ》るとも

「衣の裏の玉」は、袖の裏に玉を持っていることに気づかず、諸国を放浪した話。
あなたが、もしも真理を求める旅人であると仮定しよう。
どんなに風が涼しく感じられても、あなたは、袖を掻き合わせてはいけない。
そんなことをすれば、玉がいっそう表《おもて》には現れなくなる。
肌寒い時こそ、思い切って、袖を広げようではないか。
そうすれば、隠れていた袖の裏の玉の存在に、はっきりと気づくだろう。
わたくしは自分が女人であることを恥じず、恐れず、女人として生きてゆこう。

10　清税孤貧《せいぜいこひん》

『無門関』第十則

曹山和尚《そうざんおしょう》に、ある僧が問うた。「私は清税《せいぜい》と申しますが、孤独で貧乏です。先生、どうかお願いですから、無一物《むいちもつ》の私に、何か施《ほどこ》しをお願いします」。

曹山和尚は、言った。「おい、清税さんよ」。

清税は思わず、「はい」と返事した。

すると、曹山和尚はこのように言った。「お前さんは、酒の名産地である青原《せいげん》の、旨《うま》いという評判の白家《はっけ》の酒を三杯も飲んでいながら、まだ口がまったく潤《うるお》っていないなどと言い張るのだな」。

この公案について、わたくし、智月こと染子は、次のように考える。

貧しさとは、そして富とは、いったい、何を意味しているのだろうか。

『論語』の里仁篇《りじんへん》で、孔子は、このように言ったそうである。「富と貴とは、世間の人々がほしがり、うらやむものである。それに対して、貧と賤とは、世間の人々が嫌うものである」、と。

これは、孔子が「仁《じん》」の精神の大切さを説く序論の部分なのだが、「貧と賤」を人々が嫌うことは、いつの時代にも変わらない真実である。昔から、王侯貴族ですらも、高すぎる願望が十分に満たされない時には、「貧」を感じて苦しんだとされる。

だから、この公案に登場する税闍梨《ぜいじゃり》が、自らの貧困を嘆き、どうしようもなくなって、曹山和尚に施しを乞《こ》うたのも、道理もっともだと思う。

『史記』の「孝文本紀《こうぶんほんぎ》」によれば、漢の文帝《ぶんてい》は楼閣《ろうかく》を造営しようとしたが、その資金の「百金《ひゃっきん》」が、中流家庭の十軒分の財産に当たることを知って、作るのを断念したという。このエピソードを庶民の側から眺めれば、どうなるだろうか。中流家庭でも、百金の十分の一、つまり「十金」くらいの財産は持っているのだから、この世に生まれて経済的に人並みの暮らしをするのは、そんなに困難なことではないという結論になる。

また、『史記』の「貨殖列伝《かしょくれつでん》」には、安邑《あんゆう》の棗《なつめ》や渭川《いせん》の竹を千本持つ人の富は、千戸《せんこ》の民を支配する王侯に匹敵する、とも書いてある。世の中でこの程度の富を持つ人は、決して少ないとは言えないだろう。

もしも、人が満足することを知っているならば、孔子が『論語』で絶賛した賢者・顔回《がんかい》のように、わずか一椀《いちわん》の飯と一椀の汁の食事ですら、心が満ち足りて幸せに暮らせる。そして、生きる喜びを満喫できる。逆に、『仏説頂生王因縁経《ぶっせつちょうしょうおういんねんきょう》』には、「足《た》るを知る」ことができなかった頂生王のエピソードが書かれている。頂生王は、地上を支配した後に、帝釈天《たいしゃくてん》と三十三天の半分ずつを支配するほどに栄えたが、それでもなお満足できずに、自分一人で三十三天の全部を支配したいという欲望が心にむくむくと湧き起こった。すると、その瞬間に、彼は地に落ちて命を失ったという。

このように考えてくると、春に、「花の開花が遅い」などと、自然に対して不満を口にする人は、たとえ経済的には富んでいても、その心は貧しいのだろう。また、秋に、一点の曇りもない月の光を愛《め》でる喜びを知っている人は、たとえ経済的には貧しくても、その心は豊かなのだろう。

わたくしは、取り立てて何をしなければならないということもない時など、ふと思いついて、古い絵物語を取り出しては眺めることがある。それらの中には、たとえば、秦《しん》の始皇帝《しこうてい》が造営した大宮殿である阿房宮《あぼうきゅう》を描いた豪奢な絵がある。かと思えば、『源氏物語』で光源氏がさすらった須磨の海づらを描いた、わびしい絵もある。はたして、そのどちらが、すばらしい、心にかなう眺めであると言えるのだろうか。

犬猿の仲だった呉越《ごえつ》の戦いに終止符を打った越《えつ》の国の功臣である范蠡《はんれい》は、晩年は陶朱公《とうしゅこう》と名を変えて商人に転じ、巨万の富を築いた。二度までも、山のように積み重ね蓄えた富を、親戚や友人や隣人や郷里の人々に分け隔てなく分配したが、彼の富は無くならなかったという。

また、孔子の門人である子路《しろ》は、家が貧しくて自分は野原に生《は》えている草を食べながらも、母親にはおいしい食事をさせようとした。百里離れたところに住んでいる親戚から米をもらっては、それを背負って持ち帰り、老いた母親に食べさせるほどに、こまやかに孝行を尽くしたという。このことは、「負米養親《ふべいようしん》」ということわざにもなっている。さて、陶朱公と子路との間には、心の豊かさや生きる喜びに、どんな違いがあるのだろうか。と、このように質問しようとしても、陶朱公も子路もどちらもこの世の人ではないので、答えは返ってこない。とするならば、先ほど絵物語の話をしたことの延長で言えば、富も貧困もどちらも絵空事《えそらごと》である、と言うべきなのだろうか。

「足《た》るを知る」ということは、お酒に関しても言えることかもしれない。中国の晋《しん》の時代の「竹林《ちくりん》の七賢人」の一人である劉伯倫《りゅうはくりん》（＝劉伶《りゅうれい》）は、大酒飲みだったが、いつも従者に鍬《くわ》を持たせていた。従者には、「もしも自分が酒を飲みすぎて死んだら、その場所に鍬で穴を掘って埋めてほしい」と、言いつけておいたのである。けれども、これは彼が死を忘れなかったからではなく、酒をどんなに飲んでも満足することができないほどに、自分が死ぬ可能性を忘れていたからだ、と言った方がよいだろう。

杜甫《とほ》は、「人生七十、古来稀《こらいまれ》なり」と歌い、これが七十歳を「古希《こき》」（古稀）と呼ぶことの起源である。この有名な句の直前には、「酒債《しゅさい》は、尋常《じんじょう》、行く処《ところ》に有《あ》り」とある。酒を飲んだツケが、自分がふだん行くいくつもの店にある、というのだ。そんなにツケが溜《た》まるには、杜甫は「尋常」と言ってはいるが、尋常ではない酒屋が酒を勧めたからだろう。ともあれ、従者に鍬をかつがせるのも、「人生七十、古来稀なり」と歌っていられるのも、すべて生きているうちの思い出というものである。

さて、この公案である。施しを乞《こ》う清税に向かって曹山和尚は、「お前さんは、酒の名産地である青原《せいげん》の、旨《うま》いという評判の白家《はっけ》の酒を三杯も飲んでいながら、まだ口がまったく潤《うるお》っていないなどと言い張るのだな」と言われた。清税の、「足るを知らない」乾きを叱られたのである。

道元禅師《どうげんぜんじ》も、「青原白家《せいげんはっけ》、三盞《さんせん》の酒。石頭紅炉《せきとうこうろ》、一点の雪」と言われた。真っ赤に燃えている炉の上に、ひとひらの雪が落ちてくる。そのとたんに、雪は消えてなくなる。そのように、人間の人生は短い。短い人生なのに、人間が物事に満足できないのは、まさにそれが煩悩《ぼんのう》だからである。無の境地からは、いかにもほど遠い。

もしも、酒の名産地である青原の、旨《うま》いという評判の白家の酒を三杯飲んでも満足できず、赤々と燃えさかる炉のあたりで、杯の数を重ね続け、飽きることを知らないとしたら、その酔った者の心境は、彼がどんなにたくさんの言葉で説明したとしても、足ることを知り、真理に覚醒した人にはとうてい理解してもらえないだろう。

無門和尚《むもんおしょう》は、この公案について、次のように述べておられる。「それはそうとして、清税はいったいどこの店で酒を飲んだのか、まあ、当ててみよ」。

ここで、わたくしの和歌を一首。

盃《さかづき》に映《うつ》る真弓《まゆみ》の影ならで露の託言《かごと》に酔《ゑ》ひ臥《ふ》すや何《なに》

『晋書《しんじょ》』の楽広伝《がっこうでん》に、「杯中《はいちゅう》の蛇影《じゃえい》」というエピソードが語られている。盃《さかずき》に弓の影が映っただけなのに、それが蛇に見えて体調を崩した人の話である。

それも愚かしい話だが、どうでもよい恨み言《ごと》を口にしつつ酒に酔い伏すのは、もっと愚かしいことだ。

そして、既に真理に到達していながら、もっと上の真理があるなどと錯覚するのも、悪酔いに似た、愚かしさではなかろうか。

この歌の中の「露の託言《かごと》」という美しい言葉は、『源氏物語』夕顔《ゆうがお》の巻の、「ほのかにも軒端《のきば》の荻《をぎ》を結《むす》ばずは露の託言を何《なに》に懸《か》けまし」という和歌から頂戴している。その『源氏物語』は、恋に飽くことを知らない男と女が、真理を見失うさまを見事に描いている。

それにしても、清税という人物は、真理を求める禅の道に分け入っていながら、真理に満足できずに、真理に酔ってしまうなど、いったいどういう了見なのだろうか。

11　州勘庵主《しゅうかんあんじゅ》

『無門関』第十一則

趙州《じょうしゅう》和尚《おしょう》は、ある庵主《あんじゅ》の所へ出向いて、そこに住んでいる禅僧の悟りの程度を計ろうとして、このように言った。「何か、あるかな」。庵主は、挙《こぶし》をにぎって、ぐっと突き立てた。すると趙州和尚は、このように言った。「ここは水深《すいしん》が浅すぎて、大きな船が停泊することなどはできぬわい」。そして、さっさと庵から出て行った。

この趙州和尚は、また、別の庵主の所へ出向いて、同じように言った。「何か、あるかな」。すると、庵主は、前の庵主と同じように、挙をにぎって、ぐっと突き立てた。すると、趙州和尚は、このように言った。「この庵主は、物事をそのままにもしておけるし、奪うこともできる。また、殺すのも活《い》かすのも、自由自在にできる大人物じゃ」。そして、すぐに恭《うやうや》しく礼拝《らいはい》をした。

この公案について、わたくし、智月こと染子は、次のように考える。

中世の「歌聖」と称えられる藤原定家《ていか》卿の父である藤原俊成《しゅんぜい》に、『無量義経《むりょうぎきょう》』の「船師大船《せんしだいせん》師《し》」を詠んだ和歌がある。

纜《ともづな》は生死《しやうじ》の岸に解《と》き捨てて解脱《げだつ》の風に船装《ふなよそ》ひせよ

人生は、船。

つらい現実から、楽しい極楽へと向かう船。

お釈迦様、お願いですから、私たちの乗った船に、解脱《げだつ》という風を吹かせて、
出航の準備をさせてください。

この歌の詞書《ことばがき》にある「船師《せんし》」は船頭のことなので、釈迦如来を船頭に喩えている歌である。俊成は、衆生《しゅじょう》を船に乗せて、此岸《しがん》から彼岸《ひがん》へと渡してほしいという願いを歌っているのだ。人生、あるいは生命という船は、輪廻転生《りんねてんしょう》を繰り返す生死の纜《ともづな》から解き放たれ、解脱した瞬間に美しく荘厳されて、極楽世界へと向かって進んでゆく。

確かに、わたくしたちの人生は、船のようなものだ。それにしても、この「船」は、いったい誰が船頭となって纜を解き、どこへ向かって出航の準備をしているのだろうか。船頭がいなかったり、目指す目的地がわかっていなかったりすれば、纜を解かれた船は、あちらこちらを行ったり来たりしながら、荒い浦波を受け続けることになる。

さて、趙州和尚の言葉は、出航した船が同じような深さの水に浮かんでいるのに、ある場所では、浅い瀬だからとても船が停泊できないと嫌い、ある場所では、水深がたっぷりとある良い港だと喜んで停泊するようなものである。

『古今和歌集』に、こんな読み人知らずの歌がある。

そゑにとてとすればかかりかくすればあな言ひ知らずあふさきるさに

あっ、そういうわけ。そう思ってそうすれば、うまくいかない。
じゃあ、こういうわけ。
そう思ってこのようにしても、やはりうまくゆかない。
あれこれと、行ったり来たりしながら考えても、
どうするのが一番よいかは、謎のまま。

この歌のキーワードである「あふさきるさ」は、『源氏物語』や『徒然草《つれづれぐさ》』にも使われている古語である。あれこれ試みても、一つうまくいったら、不都合なことが一つ起こるというように、世界はちぐはぐであり、どうやってもうまくいかないようにできている。なぜこの和歌をここでわたくしが持ち出したかと言えば、先ほどの趙州和尚の振るまいが、まさに「あふさきるさ」だからである。

たとえ浅い瀬であろうが、深い津《つ》であろうが、強い風が吹いてくれれば、船は風に吹かれて流れてゆく。だが、遠くまで流されたとしても、そんなに遠くまではゆかない。唐の詩人である李《り》珣《じゅん》は、「九疑山《きゅうぎさん》　三湘水《さんしょうすい》　蘆花《ろか》の時節《じせつ》　秋風起《しゅうふうた》つ」と歌っている。秋に咲く蘆《あし》の花が流されたと言っても、「瀟湘八景《しょうしょうはっけい》」で有名な洞庭湖《どうていこ》に注ぐ湘水《しょうすい》の流域である「三湘《さんしょう》」の範囲内で流されてゆくだけのことである。船も蘆の花も、「あふさきるさ」に流れてゆくのだ。

ここで、わたくしの歌を一首。

渡《わた》つ海《うみ》の底の藻屑《もくづ》を人問《と》はば有《あ》らぬ海松布《みるめ》と指《さ》して答へよ

深い深い海の底に生《は》えている海藻《かいそう》は、何？

そう聞かれたら、「有《あ》らぬ海松布《みるめ》」と答えなさい。

それは確かに「みるめ」という藻《も》なのだが、誰も「見る目」を持たない。

誰も見た人のいない「海松布《みるめ》」は、もともと存在しないものなのだ。

ある人は、言った。「趙州和尚の船は、人間を救済し、極楽へと運んでくれる乗物である」。また、ある人は、このように言った。「風に任せて、追い風を帆に受けて、どこまでも行けばよい」。深い海底の海松布《みるめ》は、存在するのか存在しないのか、真実はわからない。悟りや極楽も、有るのか無いのか、本当のところはわからない。湘水を風まかせに、あちらこちらと漂い、行きつ戻りつする蘆の花は、そんなに遠いところまでは行かないだろう。けれども、人生を乗せた船は、十万八千里もの無限の距離を、いつまでもさすらうことだろう。解脱《げだつ》の風が吹いているのを、はっきりと感じるまでは。そして、自分という船を、仏様という信頼できる船頭が正しい方向へと導いてくださっているのを確信するまでは、「あふさきるさ」の人生を抜け出せないだろう。

12　巌喚主人《がんかんしゅじん》

『無門関』第十二則

瑞巌《ずいがん》の師彦和尚《しげんおしょう》は、毎日、自分で自分に向かって、「おい、俺の主人公《しゅじんこう》よ。いるか」と呼びかけた。

そして、自分で自分に向かって、「はい。います」と答えるのが常であった。

さて、師彦和尚は、ある時、自分の主人公と、このような会話を交《か》わした。

「意識を、はっきりさせておけよ。ぼんやりするな」。「はい」。

「これからずっと、人に騙《だま》されてはいかんぞ」。「はい。はい」。

この公案について、わたくし、智月こと染子は、次のように考える。

鏡に映っているのは、人間の本当の姿ではなく、影でしかない。だが、その鏡に映った影も、にっこりと笑うことがある。渓谷《けいこく》から聞こえてくる流れの響きも、水そのもの、水本体ではない。けれども、音がするからには、水が存在しないと言うことはできない。

『証道歌《しょうどうか》』の第四に、「六般《ろくはん》の神用《しんよう》、空不空《くうふくう》」とあるように、人間の知覚である「色・声・香・味・触・法」の六境《ろっきょう》は、「眼・耳・鼻・舌・身・意」の六根《ろっこん》が不思議な働きを及ぼしているからこそ、知覚できるのだ。また、『従容録《しょうようろく》』の第三十一則に、「一道の神光、初めより覆蔵《ふくぞう》せず」とあるように、一筋の霊妙な光の前には、すべての物の本質が現れるものなのである。

人間の本質は、目に見える身体ではなく、むしろ目に見えない心の領域にこそある。その心も、見る目を持った人には見え、魂の叫びも、聞く耳を持った人には聞こえるのである。それが、この公案に言うところの「主人公」なのだろう。

「主人公」と言えば、わたくしの夫である柳沢吉保公の人生を、わたくしと同じく側室だった正親町町子《おおぎまちまちこ》様が美しく描き上げた『松陰日記《まつかげにっき》』の「御法《みのり》の誠《まこと》」の巻にも登場している。そこでは、吉保公が起き伏しにつけて、「心の主」について思索をこらしていたと書いてある。これが、この公案の「主人公」のことである。吉保公の勧めで、わたくしも禅の道に入り、わたくし自身の「主人公」について考えているわけである。

さて、中国にも、日本にも、妻が夫を恋い慕う執心《しゅうしん》のあまりに石となったという伝説がある。中国には「望夫石《ぼうふせき》」の伝説があり、古くは李白《りはく》や王建《おうけん》が漢詩に詠んでいるし、『幽明録《ゆうめいろく》』にも石となった女性の話が収められている。我が国の説話集でも、たびたび語られているし、『万葉集』の松浦佐用姫《まつらさよひめ》の伝説もよく知られている。こういう話を耳にすると、人間の本質は身体ではなく、魂だということがよくわかる。人間を支配している主人公とやらは、身体の内部で凝り固《こ》まれば鬱屈《うっくつ》した物思いとなり、身体の外側で凝り固まれば、たとえば石のようなものになってしまうものなのだろう。

昔、インドの国に、数論《すろん》という仙人がいたそうだ。彼は、世界を構成する要素である「二十五諦《たい》」に基づいて解脱《げだつ》を説き、整然と秩序だった理論を構築した。それを後世まで、永遠に残したいという執念が、いつしか凝り固まって石となって、何万年もの歳月が経過した。けれども遂に、仏教論理学を確立した陳那菩薩《じんなぼさつ》の「因明正理門論《いんみょうしょうりもんろん》」とかいう高度な理論に打ち砕かれてしまった。その時、数論仙人は、非常な大声で泣き叫んだというが、石となってまで、理論としての最高の地位に留まりたかった願いが、砕け散ったからだろう。

唐に留学して、新羅《しらぎ》の国に華厳宗《けごんしゅう》を伝えた義湘法師《ぎしょうほうし》が、新羅に帰国するに際して、彼を愛した善妙《ぜんみょう》という娘が、袂《たもと》をからげて海に飛び込み、龍に変身して義湘法師の帰国を守ったというエピソードがある。このことは、『華厳宗祖師絵伝《けごんしゅうそしえでん》』にも描かれており、有名である。この話では、女が男を恋い慕うという仇《あだ》っぽい心が、どうしてここまで尊い運命になり得たのだろうか。我が国の道成寺《どうじょうじ》の安珍《あんちん》と清姫《きよひめ》の説話は、女が蛇になる点では善妙と義湘の話と似ているが、恐ろしい結末は雲泥の差である。

女性の心の中に住んでいる主人公が、一念のあまりに凝り固まるという点では、『源氏物語』の六条《ろくじょうの》御息所《みやすどころ》が思い出されてならない。六条御息所は、賀茂神社《かもじんじゃ》の葵祭《あおいまつり》の日に、愛する光源氏の晴れ姿を一目見ようとして見物に出かけて、光源氏の正妻である葵《あおい》の上《うえ》と、牛車《ぎっしゃ》を止める場所をめぐって争いとなった。葵の上の従者たちの狼藉《ろうぜき》によって、六条御息所の乗った牛車は、長柄《ながえ》が折られるなど、さんざんな目に遭《あ》った。この屈辱を受けたことから、「悔しい、妬《ねた》ましい」と思う六条御息所の一念が、「心の鬼」とかいう物《もの》の怪《け》になって、凝り固まってしまった。優雅で繊細で、なおかつ美しい六条御息所の「主人公」は、恐ろしい生霊《いきりょう》となって、憎い葵の上をたたり殺したのである。

六条御息所の「主人公」は、六条御息所が亡《な》くなり、その身体が滅んでも、死霊《しりょう》となって、猛威を振るい続けた。柏木《かしわぎ》と密通した女三《おんなさん》の宮《みや》の心に取り憑《つ》いて、正常な判断をできなくさせ、若い身空《みそら》で彼女を尼姿《あますがた》に変えてしまったのも、六条御息所の「主人公」のなせるわざだった。

このように、女の嫉妬心は恐ろしいものだが、結果的に女三の宮を仏道に導いたのは、ありがたいことではある。何が善で何が悪なのか、最後の所はよくわからない。葦《よし》と言い、蘆《あし》と言っても、結局は同じ植物である。世の中の事は、難波《なにわ》の浦に生《は》える葦《よし》や蘆《あし》のように、善と悪、「良《よ》し」と「悪《あ》し」が入り乱れている。すべては、この「主人公」とか言う、目も鼻もなく、形もなく姿もない、「女の鬼」が作り出したものであったのだ。

わたくしは幸運にも、柳沢吉保公の跡継ぎである吉里《よしさと》様をお生みした。吉保公の正室である曾《そ》雌《し》定子《さだこ》様は、御自分ではお子様を一人もお生みにはならなかった。でも、六条御息所のように嫉妬心に駆られ、心の鬼という「主人公」に身体を乗っ取られるということが、ついぞない。よほど巧みに、彼女の主人公を操縦しておられるのだろう。あるいは、定子様の主人公が、よほど素晴らしい方なのだろうか。わたくしをはじめとする側室たちと、仲良く笑い合って日々を過ごしておられるのは、驚嘆に値《あたい》する。

龍興寺にある曾雌定子の両親の墓（東京都中野区）

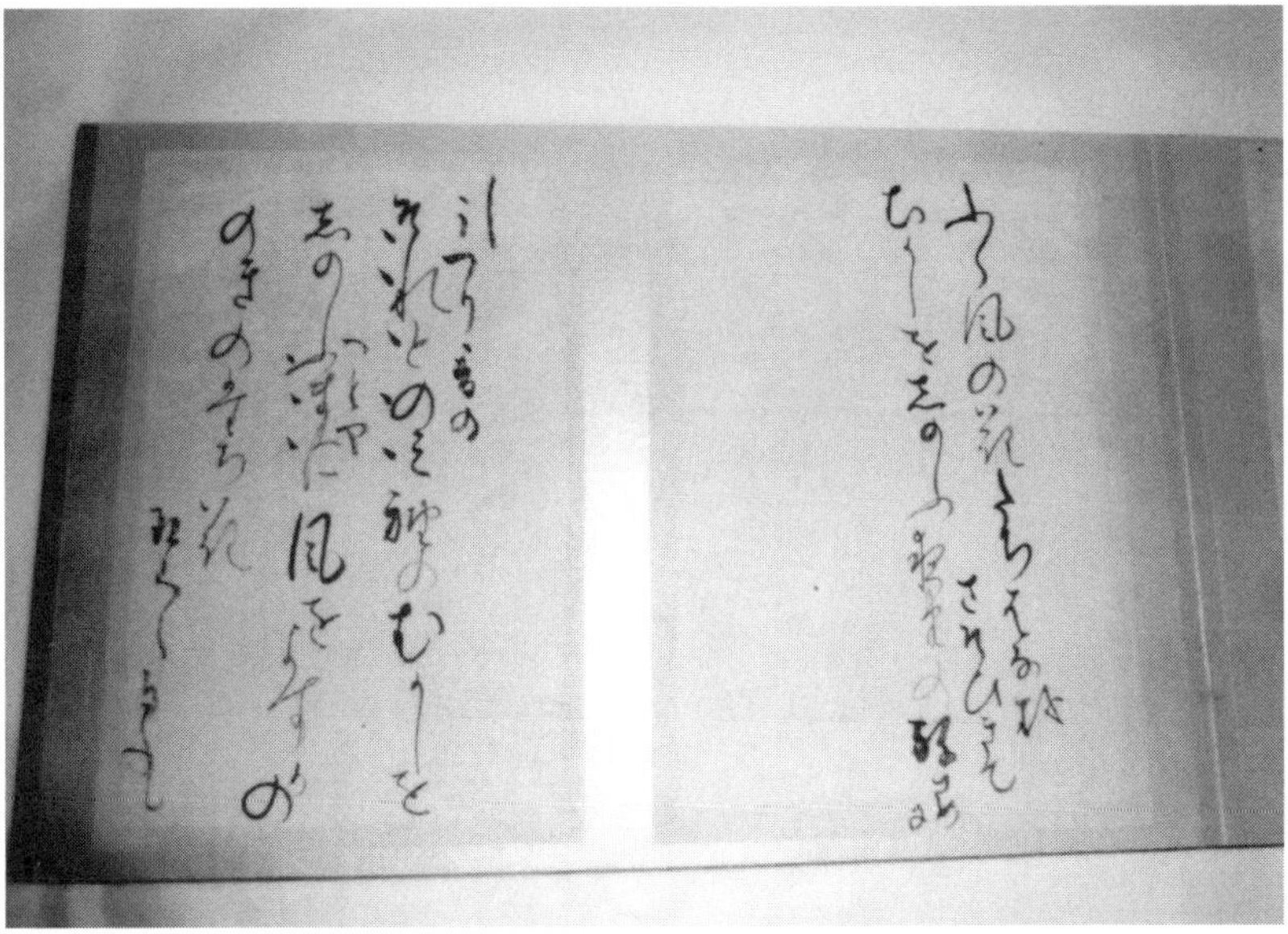

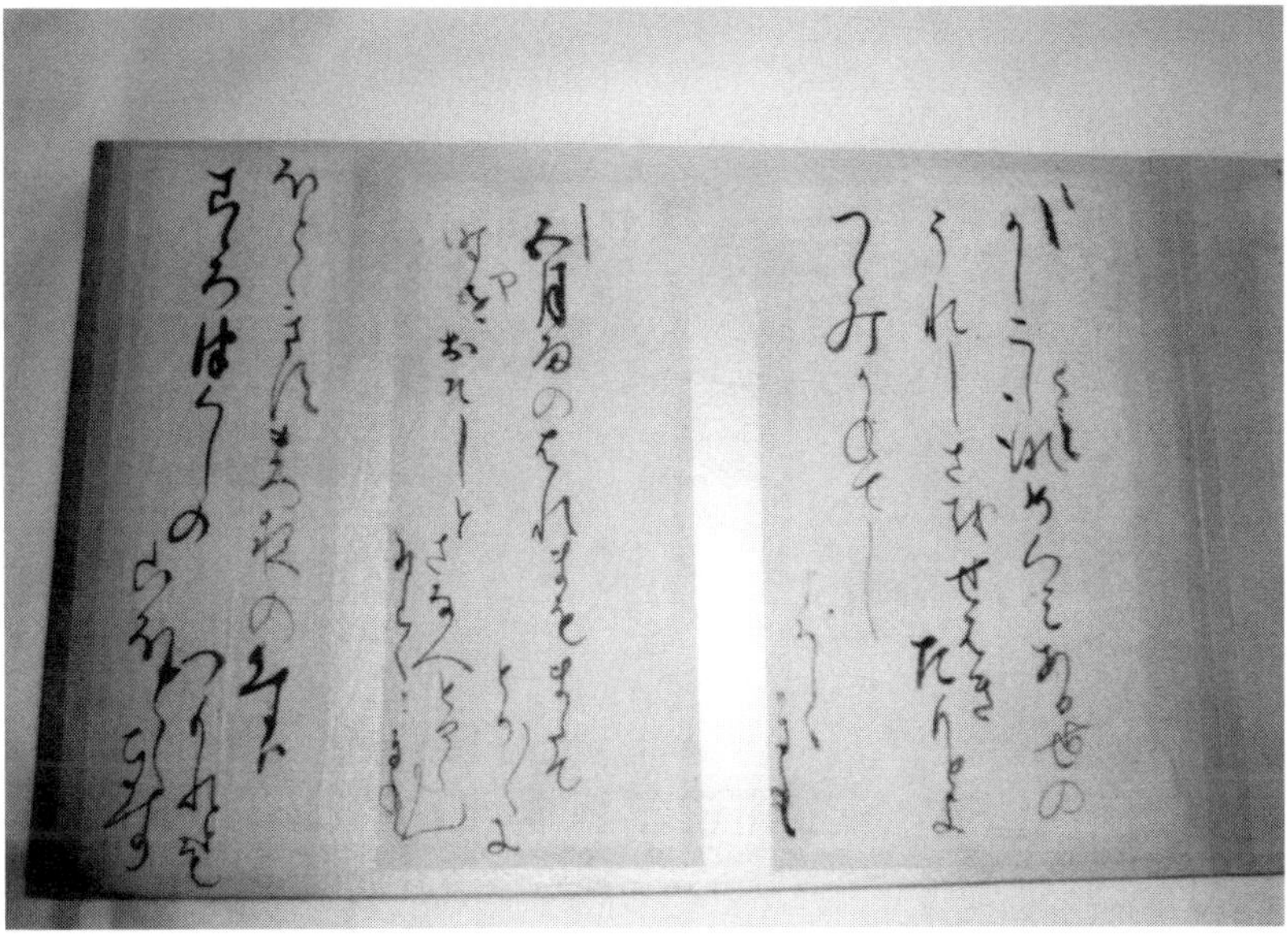

曾雌定子の自筆（柳沢文庫蔵『定子歌集』）

かく言うわたくしは、吉里様をお生みしたのは幸運だったけれども、それ以外にわたくしのお腹から生まれてきた四人の子どもたちは、皆、数えの三歳を超えることなく、夭折してしまった。母親として、苦しむだけ苦しんだ当時のわたくしの心は、まるで六条御息所のようなものだった。それを見かねた柳沢吉保公が、わたくしを禅の道に導き、わたくしの「主人公」と対面させてくださったのである。

さて、『無門関』の公案に話を戻そう。瑞巌《ずいがん》の師彦和尚《しげんおしょう》が、毎朝、「おい、俺の主人公よ」と呼びかけなさったのに対して、主人公とやらが、よくぞおとなしく、「はい」とお答えなさったことだ。まことに、心の状態が澄み切っていて、めでたし、めでたし。

ここで、一首。

九《ここの》つの尾《を》も隠し得《え》ぬ石の上《うへ》に怪《あや》し狐の友呼《よ》ばふ声

尻尾《しっぽ》が九つある「九尾《きゅうび》の狐」は美女に化け、天竺《てんじく》を滅ぼし、中国を滅ぼしたが、日本を滅ぼし損《そこ》ない、退治されて、那須野《なすの》の殺生石《せっしょうせき》となった。その殺生石は、九つの尻尾でも隠しきれない、女の欲望が凝り固まったもの。妖女や悪女たちの「主人公」は、この石がある限り、この世に留まっている。そして、嫉妬心に凝り固まった「主人公」をもてあます、世の中の女たちに、危険な誘いの声を送っている。

「さあ、あなたも、六条御息所のように、生霊や死霊になりなさいよ」、と。

13　徳山托鉢《とくざんたくはつ》

『無門関』第十三則

徳山和尚《とくざんおしょう》は、何かにつけて、弟子たちを棒で三十回叩《たた》くことで有名だったが、ある日、食事用の自分の鉢を持って、食堂《じきどう》まで来たことがあった。徳山和尚は、その頃には食事係を勤めていた弟子の雪峰和尚《せっぽうおしょう》から、突《つ》っ慳貪《けんどん》に尋ねられた。「この爺《じい》さんったらよ。食事の合図の鐘も太鼓も鳴らないのに、いったいどこへ行くつもりかい」。

こう言われた徳山和尚は、すぐに、すごすごと居室に引き上げた。雪峰和尚は、巌頭和尚《がんとうおしょう》に、このことを話した。

すると、巌頭和尚は、こう言った。「徳山和尚ともあろうお人が、まだ『末後《まつご》の句』をわかっていないとはな」。

徳山和尚は、この巌頭和尚の言葉を伝え聞き、侍者《じしゃ》を遣《つか》わして巌頭和尚を居室に呼びつけた。そして、言った。「お前さんは、わしのことを尊敬しておらんようだな」。

そう言われた巌頭和尚は、こっそりと自分の考えを徳山和尚に申し上げた。徳山和尚は、それ以上、巌頭和尚に文句を言わなかった。

その翌日、徳山和尚は弟子たちに法を説いたが、はたして、それまでの説法とは違った趣《おもむ》きだった。この説法を聞いた巌頭和尚は、僧堂の前まで戻ってきて、手を打ちながら大笑いして、このように言った。「喜ばしいことに、あのお爺さんも、やっと『末後の句』を理解できたようだわい。こうなったらもう、世界中の人は誰も、この和尚にはかなわないぞ」。

この公案について、わたくし、智月こと染子は、次のように考える。

鋭い言葉で人々を悟りへと導く名僧がたくさんいる中で、この「末後の句」という言葉は、巌頭和尚によって生命力が吹き込まれ、今でも語り伝えられているものである。巌頭和尚の技量には、まったくもって脱帽する。

何を聞かれても、「莫妄想《まくもうぞう》」（余計なことを考えるな）とだけ返事したという無業和尚《むごうおしょう》。禅の修行の厳しさを表すことわざのようになっている「徳山《とくざん》の棒、臨済《りんざい》の喝《かつ》」で有名な、臨済和尚の四種類の大喝《だいかつ》。

それらは、世間で素晴らしいと評価している至言である。それらと並んでも、巌頭和尚の「末後の句」は、禅を学ぶ者たちにとっての至宝だと言えよう。最後の言葉。究極の言葉。論争の相手に止《とど》めをさす言葉。人間のたどりつける最後の認識を示す言葉。そして、臨終の際の心境を表す言葉。それが、「末後の句」である。

この「末後の句」を巌頭和尚は、師である徳山和尚には、人を介さず、直接に告げられたのだが、その翌日、さっそくその効果が現れたので、巌頭和尚は僧堂の前で、これ以上はないほどに大喜びされたとのことだ。この一連の成り行きを、意味がわからず傍観していた弟子《おとうとでし》の雪峰《せっぽう》和尚《おしょう》は、どんなに気恥ずかしく思われたことだろう。

雪峰和尚は、「末後の句」が何であるか、巌頭和尚から教えてもらえなかった。けれども、『碧《へき》巌録《がんろく》』の第五十一則などによれば、巌頭和尚は「末後の句」について、その時、何も雪峰和尚に教えなかったことを、いたく後悔なさったとかいうことである。

それにしても、この「末後の句」というのは、どういう言葉なのだろうか。徳山和尚の法話が、昨日までそうでもなかったのに、「末後の句」を知ったとたんに、今日の説法から格段に素晴らしいものとなったからには、よほど深い教えなのだろう。

「末後の句」ということで、わたくしにも考えるところがある。それは、わたくし自身の人生とも深くかかわっている。わたくしの夫である柳沢吉保公は、将軍の徳川綱吉様に仕えて、理想の政治を実現したいものだと努めてこられた。綱吉様から駒込の山里に広大な土地を賜《たまわ》って、六《りく》義園《ぎえん》という庭園を造られたが、そこは和歌の教え・儒教の教え・禅の教えが一体となった、素晴らしいお庭だった。

元禄十五年九月に完成したのだが、翌元禄十六年三月に、綱吉様のご息女の鶴姫《つるひめ》様が、この六義園に足を運ばれた。綱吉様が鶴姫様をご寵愛なさったので、一般の人は「鶴」という漢字を使えなくなったと言われている、その原因となったほどのお姫様である。

六義園は、鶴姫様がお輿入《こしい》れなさった紀州藩主である徳川綱教《つなのり》様ともゆかりが深い。この庭が、紀州の「和歌の浦」の景色を模したものだからである。園内には、山部赤人《やまべのあかひと》の名歌「和歌の浦に潮《しほ》満ち来《く》れば潟《かた》を無《な》み蘆辺《あしべ》を指《さ》して鶴《たづ》鳴き渡る」の心を象《かたど》った池がある。その池の中にある島に渡るための橋が、「仙禽橋」である。せんきんきょう、たづのはし、という二つの読み方がある。これこそ、鶴姫様のお名前である「鶴」のことである。紀州徳川家にお輿入れなさった鶴姫様が、紀州の和歌の浦を象った六義園の仙禽橋をお渡りなさるのは、この瞬間のために六義園が造られたのかと思うばかりの盛儀だった。

そう言えば、鶴姫様が六義園に入られたとたんに、一番《ひとつがい》の鶴が、まるで道案内をするかのように飛び立ったのも、つい昨日《きのう》のように思い出される。主人の柳沢吉保公も、銀製の鶴の香炉を献上し、皆も口々に、「千代《ちよ》までもお幸せに」とお祝いしたのだった。その時に、わたくしはこういう歌を詠んだ。

眺《なが》め来《こ》し人の言葉に色添《いろそ》ひて共に千代経《ちよへ》む和歌の浦松《うらまつ》

この六義園の景色は、和歌の浦の美しい風景を写したもの。

だから、この庭に遊ぶ人は美しい言葉が心から湧いてきて、

和歌の浦を模した六義園の風景（東京都文京区）

六義園の八十八境の一つ「仙禽橋」(東京都文京区)

それが、美しい和歌となってあふれてくる。
そして、この庭にたくさん生《は》えている松の緑の、何というみずみずしさ。
その永遠の生命にあやかり、鶴姫様もわたくしたちも、千代まで生きたいもの。

このように、のどかで平和な春がいつまでも続くと思われたのに、鶴姫様はその翌年である宝永元年四月に、疱瘡《ほうそう》のためお亡《な》くなりになってしまった。鶴姫様が六義園の春を満喫されてから、足かけでも二年しか経《た》っていなかった。

そして、わたくしがこの『鳥の空音』を書いている今が、宝永二年。わたくしの体力は弱りつつあり、「千代」どころか、来年の春に生きて巡り会えるかどうかもわからない。今年、わたくしが「末後」を迎えるとすれば、あの楽しかった春から数えて、ちょうど三年目である。

それなのに、わたくしは人間について、自分について、鶴姫様について、世界について、幼くして死んでいった何人もの我が子たちについて、何もわかっていない。誰か、巌頭和尚が徳山和尚に密かに告げたように、わたくしに向かって「末後の句」を教えてくれる名僧がいないものだろうか。

いや、柳沢吉保公のお勧めで、わたくしが『無門関』を学んでいるのは、自分自身で「末後の句」を見つけねばならないからだ。そう思えば、わたくしが書き続けているこの『鳥の空音』こそ、わたくしにとっての「末後の句」なのだろう。

14　南泉斬猫《なんせんざんみょう》

『無門関』第十四則

南泉和尚《なんせんおしょう》は、東堂と西堂の禅僧たちが、猫のことで争っているところに出くわした。そこで、南泉和尚は問題の猫をつかみ上げると、このように言った。「お前たち。一言で真実を指し示すような言葉を、口にしてみよ。もし、うまく言えたならば、この猫の命を助けよう。うまく言えなかったならば、この猫を斬《き》るつもりだ」。

しかし、誰一人として、真実の言葉を口にできなかった。そのため、南泉和尚は猫を斬った。

その晩、外出していた趙州和尚《じょうしゅうおしょう》が、帰ってきた。南泉和尚は、趙州和尚に、自分が猫を斬った経緯を話した。すると趙州和尚は、自分が履《は》いていた履《くつ》を脱ぎ、それを頭上に乗せたまま、部屋から出て行こうとした。

南泉和尚は、このように言われた。「趙州よ。もしお前さんが昼間、あの場にいたのならば、必ずや猫の命を助けることができたであろうものを」。

この公案について、わたくし、智月こと染子は、次のように考える。

猫というものは、動物の中でも、最も人間になつく習性がある。それで昔から、身分の高い人にも、一般庶民にもかわいがられてきた。高貴な女性たちが暮らしていて、よほど身分の高い人物でなければ中に入れないような部屋の簾《すだれ》の中にも平気で入り込み、お姫様の目の前に置かれている几帳《きちょう》のすぐそばまで近づき、時にはお姫様のお召しになっている着物の裾《すそ》にじゃれつき、飼い主に体をこすりつけたりして、まつわりついてくる。

けれども、猫がかわいいのは若いうちだけで、年を取ってしまうと、おそらく猫が自分で自分の顔を見てもぞっとするだろう「猫又《ねこまた》」とかいう化物《ばけもの》になって、人間に対して悪事を働くことがある、と世間では言い伝えている。『徒然草』の第八十九段は、飼犬を主人が猫又だと錯覚したという笑い話だが、化猫《ばけねこ》騒動をはじめ、猫の妖怪変化《へんげ》の話は多い。

このように、猫には悪い側面もあるのだが、生きている物を愛するのは、天の道理にかなうものである。死を憎むのは、人間として自然な思いである。どうして、動物の命を奪うことが、許されようか。

網で捕えた鳥を解き放って自由にされたのは、聖帝が、この世に生きとし生けるものを慈しまれるお心の表れだったと、わたくしは聞いている。古代中国の儒学の聖典の一つである『孟子《もうし》』には、「羊をもって牛に易《か》える」と書かれている。新しくできた鐘に、牛の血を塗って祀《まつ》ることを王が憐《あわ》れと思われて、牛の替わりに羊を用いさせたというエピソードである。これが、為政者である諸侯に必要な仁術である。

だからと言って、牛の替わりに羊が殺されてよいわけではない。そこで我が国の将軍である綱吉様は、『孟子』の教えを一歩進めて、「生類《しょうるい》憐《あわれ》みの令《れい》」をお布《ふ》れになり、「犬ばかりに限らず、惣《さう》じて生類《しやうるい》、人々慈悲の心を本といたし、あはれみ候儀《さうらふぎ》、肝要《かんえう》の事《こと》」と教えられたのである。

世間一般の道徳ですら、このように動物を慈しむものである。まして、真理を探究する尊い教えである仏教の世界において、動物の命をないがしろにするようなことなど、あってよいものだろうか。

この公案において、南泉和尚は、猫の命を一刀両断のもとに奪ってしまわれた。これは、いったい誰を恨み、誰に当てつけて取られた行為なのであろうか。

仏に仕える身は、穢《けが》れを忌《い》む。清浄を守るのが習慣になっているほどだ。けれども、南泉和尚は猫を斬って血を流させ、弟子の趙州和尚は汚れの付いた履《くつ》を頭に乗せて部屋から出て行かれたという。

所を定めず、あちらこちら自由に遍歴する禅僧のことを「雲水《うんすい》」という。小野小町《おののこまち》は、「侘《わ》びぬれば身を浮草《うきくさ》の根を絶《た》えて誘《さそ》ふ水あらば去《い》なむとぞ思ふ」という和歌を残している。南泉和尚と言い、趙州和尚と言い、どんな水に我が身を任せて、世間の道徳に縛られもせず、自由気ままに生きてきた「浮草」であり、「雲水」なのだろうか。

子どもは、父親を真似て生きてゆく。丹霞和尚《たんかおしょう》は、老人と童子に出会って、「この父親がいなくては、この子は生まれなかった」と語った。本当に、子どもは父親を見て育つのである。『礼《らい》記《き》』の「箕裘《ききゅう》」という故事は、良い弓職人の子は父の仕事ぶりを見て、良い箕《み》を作るし、良い鍛冶《かじ》職人の子は父の仕事ぶりを見て、良い皮衣を作る、という意味である。

禅の道の師承相伝《ししょうそうでん》もまた、それと同じである。師の南泉和尚が猫を斬ったので、弟子の趙州和尚も履《くつ》を頭にかぶったのであろう。まことによく似た師匠と弟子であることだ。けれども、もう少し早く趙州和尚が戻ってきたら、猫は斬られずに済んだという。趙州和尚が遅れて帰ってきたことを一番喜んだのは、鼠たちであろう。自分を食べる天敵の猫がいなくなったのだから。

禅宗の僧という僧、尼という尼は、当然のことながら、禅の道の正しさと深さを信じ、それを尊んでいる。わたくしもまた、禅の道を信じる優婆夷《うばい》である。だから、禅の世界に生きる居士《こじ》たちの話を聞く機会が多い。そうすると、「えっ、そんなことまで、禅のお坊さんたちはするのか」と耳を疑う話が、たくさんあるのだ。

帰宗和尚《きすおしょう》は、ある禅僧と対座している時、目の前に現れた蛇を、手にしていた鎌で斬ってしまった。自分を立派な僧だと尊敬している者の眼前で、堂々と殺生戒《せっしょうかい》を犯したというのである。また、蜆子《けんす》という禅僧は、年《ねん》がら年中《ねんじゅう》、一枚の同じ服を身にまとい、海老《えび》や蜆《しじみ》を捕っては、好んで食べていた。

先ほど、「この父親がいなくては、この子は生まれなかった」という言葉を口にした丹霞和尚を紹介したけれども、その丹霞和尚は、寒い日に木製の仏像を燃やして暖《だん》を取った。そのことを批判した僧に対しては、「愚僧は焼いた木製の仏像から、仏舎利《ぶっしゃり》を取るつもりだ」と答え、平然としていた。投子和尚《とうすおしょう》は、禅の教えを訪ねられて、「袈裟《けさ》に草鞋《わらじ》を包むことだ」と答えた。綺麗な袈裟に、汚い草鞋を包むというのは、趙州和尚が頭に履を乗せた行為を思い出させる。それにしても、これらの奇矯で常軌を逸した禅僧たちの振る舞いは、何を物語っているのだろうか。わたくしの至らない思案では、まったくわからない。そこで、仏教のさまざまな流派を比較して論じる「教相判釈《きょうそうはんじゃく》」ができる学者や、仏教の規則に詳しい律師《りっし》たちに疑問をぶつけてみることにした。「これらの奇矯《ききょう》な禅僧の話は、真実のことではなく、はるかに時代が下った今頃になって、人々が言い流行《はや》らせた作り話なのですか」と質問したところ、ある人から、次のような返事が得られた。

「仏教者と殺生《せっしょう》の関わりは、今に始まったことではありません。仏教の世界には、最初から殺生を好む仏教者がいたのです。

お釈迦様がまだこの世に生きておられた頃、弟子の中に、悪事を好み、いつも六人一緒で行動していた『六群比丘《ろくぐんびく》』という者たちがいました。その六人の中の一人が、跋難陀《ばつなんだ》です。この跋難陀は、ひどく烏《からす》を憎んでいました。あるとき、彼は弓に矢をつがえて、お釈迦様が説法を行われる祇園精舎《ぎおんしょうじゃ》の神聖な法堂の前に立ったのです。六群比丘に批判的な、まじめな仏者がやって来て、こう言いました。『そなたは、いったい何をしようとしておるのか。そんな法要《ほうよう》があるとは、仏の教えの中にはないぞ』。けれども跋難陀は、その言葉にはまったく構わず、空を仰《あお》ぎ見て矢を放ち、烏を二羽、射落《いお》としてしまいました。まじめな仏者は、再び詰問しました。『そなたは、何と言うことをしたのじゃ。殺生戒という戒律を破ったのだぞ』。すると跋難陀は、平然として答えました。『尊い骨の中でも、赤いものを肉舎利《にくしゃり》と言って、珍重しているようだ。今、わしが打ち落とした肉舎利を、お前にあげよう。よく供養してやるがよい』。

　このように、仏教と殺生の関わりは、仏教の草創期から既にあったのです。それに、跋難陀もそのメンバーに含まれる六群比丘には、こういう話も伝わっています。

　ある時、いつも六人一緒の六群比丘が、祇園精舎のあるコーサラ国からよその国に出かけていたのですが、帰国して祇園精舎の門をくぐりました。たくさんの比丘たちが、彼らを迎えたのですが、『お前さん方、運が悪かったね。めったにない出来事を見そこねたとは』と口々に言いました。六群比丘が、『そのめったにない出来事とやらは、どんなものだったのかい』と質問します。比丘たちは、『舎利弗尊者《しゃりほっそんじゃ》が、たくさんの異教徒を口論《こうろん》で打ち負かし、数百人、数千人もの異教徒が一時《いちどき》に発心《ほっしん》して、仏門に入ったのだよ』と、答えます。

　すると六群比丘は、こう言い返したものです。『舎利弗尊者は、釈迦十大弟子《じゅうだいでし》の中でも智恵第一と称えられる、お偉い人だ。その彼が、異教徒を論理で打ち負かして仏教に帰依《きえ》させるというのは、当たり前のことで、取り立てて何と言うことはない。わざわざ称賛するまでもないことだ。それよりも、我々がよその国で、身を以《もっ》て法を説く、実践的で行動的な『身業説法《しんごうせっぽう》』を成し遂げたことの方が、未曾有《みぞう》の偉業だと思うぞ。我々は、何と六十人もの異教徒を一時《いちどき》に仏門に下らせることに成功したのだ』。

驚いた比丘たちが、『どういうふうな身業説法をして、そのような大成功をもたらしたのですか』と聞いたところ、六群比丘は誇らかに答えたと言うことです。『相手の命があるかどうか、知ったことじゃない。ひたすら棒を振り回すだけ。すべてを見通す法眼《ほうげん》など、何の役にも立たない。文字通り、腕力に任せてひねり倒す。そうすると、型通り《かたどお》に新しい仏教徒が何人も出現してくるというものさ。なに、構うもんかい』。

とまあ、このように、仏教では常識と非常識の境界が、最初から不分明だったのですよ」。

こんなに詳しい説明を聞いて、わたくしが思い出したのが、『古今和歌集』の冒頭に置かれた、次の一首である。

年のうちに春は来《き》にけり一年《ひととせ》を去年《こぞ》とや言はむ今年《ことし》とや言はむ

暦の上ではまだ年が明けないのに、立春が来てしまった。今まで過ごしてきた年のことを、立春を越したので、去年と言ってもよいのか。それとも、まだ新年になっていないので、今年というべきなのだろうか。この古歌を、禅の教えに当てはめよう。何をもって善と言い、何をもって悪と言えばよいのか。六群比丘が戒律を破って殺生を好んだことと、南泉和尚が猫を斬ってまで、真理の厳しさを教えたこととの間には、本当に、違いがあるのだろうか。

最後になったけれども、猫と言えば、どうしても『源氏物語』の若菜《わかな》の巻に触れないわけにはいかない。六条院には、光源氏の正妻となった、若い女三《おんなさん》の宮《みや》が暮らしている。その女三の宮がかわいがっていた猫の首に付いていた紐《ひも》が、簾《すだれ》の端《はし》に引っかかり、猫が走るにつれて簾がめくれあがった。本来ならば、部屋の中にいるので、庭で蹴鞠《けまり》をしている柏木《かしわぎ》の衛門督《えもんのかみ》の目からは見えるはずのない女三の宮の立ち姿が、この猫のいたずらで、まざまざと彼の目に見えてしまったのだ。その瞬間に、柏木の心の中には、悪念というか邪念が取り憑《つ》き、女三の宮と不義密通を働いてしまった。そして、それが露顕して、柏木は我《われ》と我《わ》が身を滅ぼし、命までも失ってしまったのである。

柏木を破滅させたのは、猫である。一方、南泉和尚は、真理のために猫を斬った。柏木は、恋の魔力に取り憑かれ、女三の宮の飼っていた猫をもらい受け、夜ごと抱きしめる。柏木という男の心には、邪念を斬る切実さと決断力が欠けていた。それとも、もしかしたら平安時代の刀は今の刀よりも鈍くて、切れ味がよくなかったので、猫を斬れなかっただけのことなのだろうか。

ここでもう一度、南泉和尚のことを想像すると、どんなに悟っているとはいえ、彼は出家の身である。ふだんから刀を扱い慣れているわけではない。だから、本当は猫を殺すつもりはなかったのに、思わず力の入れ加減をあやまった結果、猫を斬り殺してしまったということなのかもしれない。

15　洞山三頓《とうざんさんとん》

『無門関』第十五則

雲門和尚《うんもんおしょう》は、洞山和尚《とうざんおしょう》が初めて教えを請《こ》いにやって来た時、このように問うた。「お前さんは、どこからここにやってきた。近くからか、それとも遠くからか」。

洞山和尚は、答えた。「査渡《さと》から来ました」。

雲門和尚は、再び問うた。「この夏安居《げあんご》の三か月間、お前さんはどこにいたかい」。

洞山和尚は、答えた。「湖南《こなん》の報慈寺《ほうずじ》にいました」。

雲門和尚は、三度《みたび》問うた。「いつ、そこを離れたのか」。

洞山和尚は、答えた。「八月二十五日です」。

すると、雲門和尚は雷を落として、このように言った。「本来ならば、お前さんを棒で六十回、ぶっ叩《たた》くところだ」。

洞山和尚は、その翌日、雲門和尚のもとにやって来て、問うた。「私は昨日、和尚様から六十回の棒たたきを受けるべきところ、特別にそれを許していただきました。けれども、どういう理由で、私が和尚様のお怒りを蒙《こうむ》ったか、まったくわからないのです」。

雲門和尚は、このように言われた。「この無駄飯食《むだめしぐ》いめが。お前は、まったく何の考えもなく、そんなふうに、揚子江《ようすこう》の西や洞庭湖《どうていこ》の南にある禅寺を、修行と称して渡り歩いてきたんだな」。

洞山和尚は、ここに至って、はっと悟りを開いた。

この公案について、わたくし、智月こと染子は、次のように考える。

雲門和尚の言葉に翻弄された洞山和尚は、どんなに心細かったことだろうか。さしずめ、『源氏物語』の光源氏や薫《かおる》のような心境だったに違いない。

光源氏は、都を遠く離れた摂津《せっつ》の国の須磨《すま》まで旅してきたのに、そこで大雷雨に遭《あ》い、さらに播磨《はりま》の国の明石《あかし》へと、舟に乗って「浦伝《うらづた》ひ」の旅をしなければならなかった。薫も、『古今和歌集』の「堀江《ほりえ》漕《こ》ぐ棚無《たなな》し小舟《をぶね》漕《こ》ぎ返り同じ人にや恋ひ渡りなむ」という歌そのままに、拒絶されても拒絶されても、大君《おおいぎみ》という女性に何度も求愛し続けた。『源氏物語』では、旅人も恋人も、心細い舟旅を宿命づけられた不安な日々を送っているのである。

洞山和尚も、揚子江の西や洞庭湖の南にある禅寺を転々としながら修行したすえに、雲門和尚のおられる寺を最後の道場と思い定め、ここで悟りを開こうという強い決意でやって来た。それなのに、いきなり「本来ならば、お前さんを棒で六十回、ぶっ叩くところだ」などと突き放されたのでは、たまったものではあるまい。

港に停泊することも許されずに、小さな舟が須磨の山颪《やまおろし》の風に吹かれて、遠くへと流されるようなものだ。人は、揺れる舟の中では一睡もできない。それと同じように、洞山和尚は心が激しく動揺して、夜もおちおち眠れなかったことだろう。嵐で舟が大海の底に沈むことがあるように、洞山和尚はきっと悔し涙の大海におぼれたに違いない。

眠れない一夜がようやく過ぎて、翌朝になると、洞山和尚はまた、懲《こ》りずに雲門和尚に質問した。恋人につれなくされた男が、懲りずに須磨の海岸の「浦見《うらみ》」をしに行って、またまた恋人への「恨み」だけを持ち帰ってくるように。

海人《あま》が海にもぐってゆく時に、命綱の端《はし》を舟に結び付けて、息が苦しくなったら海中で何度も手でたぐるのと同じように、洞山和尚も決死の覚悟で、繰り返し雲門和尚の胸に飛び込んでいったのだ。すると、この二日目の問答で、洞山和尚には悟りが開け、二人は師弟として固い絆《きずな》で永く結ばれることになった。

須磨の激しい山颪《やまおろし》のような、取り付く島もない言葉を投げつけた雲門和尚も、最初から洞山和尚を突き放した、冷淡な気持ちではなかった、ということらしい。山颪と思えたのは、暖かい師の教えだったのだ。

ここで、わたくしの歌を一首。

思ひ侘《わ》び濡《ぬ》るる袂《たもと》をそれかとも問《と》はぬぞ辛《つら》き夕暮《ゆふぐ》れの空

禅の世界の師と弟子の関係は、恋する男と女の関係に似ている。

夕方になると、女には今日も来てくれない男の冷淡さが身に沁《し》みる。
どうして私は愛されないのかと嘆くうちに、女の袖は涙の海。
それでもあの人は、「袖が濡れているのは、なぜですか」と問うてもくれない。
ああ、夕暮れの空が恨めしい。
師が男で、弟子が女。弟子は、悲嘆と苦悶のどん底で、涙の果てに悟りを開く。

これは、『後撰《ごせん》和歌集』の「忘れねと言ひしにかなふ君なれど問《と》はぬは辛《つら》きものにぞ有《あ》りける」という和歌を踏まえて詠んだ歌である。光源氏から顧《かえり》みられない正妻・葵《あおい》の上《うえ》が、この「問はぬは辛き」という言葉を口にして、夫への精一杯の皮肉を述べる場面が、『源氏物語』にはある。

恋する男が、女に袖にされるのも、愛されない女が、男から捨てられて袖を涙でうるおすのも、どちらもつらいことに変わりはない。師から冷たくあしらわれる弟子も、きっと泣きたいくらい悲しく恨めしいのではなかろうか。

さらに、わたくしの歌をもう一首。小野小町《おののこまち》がかつて、「花の色は移りにけりないたづらに我が身世にふるながめせしまに」と詠んだことを踏まえている。

夕暮《ゆふぐ》れは何《いづ》れの色のながめぞと問《と》はでぞ濡《ぬ》るる袖を知りきや

既に私から心が離れてしまったあなたから、慰めの言葉を聞けないので、ぼんやりと夕暮れの景色を一人で眺めている私の心は、暗闇。
ふと気づいてみたら、袖は涙でびっしょり。
その涙の色は、いつの間にか白から赤、つまり紅涙《こうるい》・血涙《けつるい》へと変わっている。
あなたが言葉をかけてくれないので、私の夕暮れは真っ黒と真っ赤の縞模様《しまもよう》。

男と女は縁次第《えんしだい》。師と弟子も、縁次第。つれない男は女を悲しませるが、つれない師は弟子を悟りに導く。

16 鐘声七条《しょうせいしちじょう》

『無門関』第十六則

雲門和尚《うんもんおしょう》は、このように言った。「世界は、こんなにも広くて、果《は》てしがない。それなのに、鐘の鳴る音を聞いた途端に、どうして禅僧たちはきちんとした袈裟《けさ》に着替え、威儀を正《ただ》して出かけてゆくのか」。

この公案について、わたくし、智月こと染子は、次のように考える。

世界は果てしもなく広いけれども、そこに生きている者は、狭い範囲の内でしか生きられない。たとえば、火が空高く燃え上がることを「炎上」と言い、水が地底深く流れることを「潤下《じゅんか》」と言う。火は世界の上の方、水は世界の下の方というふうに、それぞれのテリトリーが定まっているのである。

同じように、前足と後《うし》ろ足で走る獣《けもの》は、地上で生きることに決まっていて、空を飛ぶことはできない。鰭《ひれ》で泳ぐ魚は、水の中で生きることに決まっていて、陸地を歩くことはできない。

ところが、ここに、「鳰《にお》」という不思議な鳥がいる。「かいつぶり」とも言うが、この鳥は空を飛べるだけでなく、水の中にも、魚のように自在に潜《もぐ》ることができる。和歌でも、鳰が水に「潜《かづ》く」動作がしばしば詠《よ》まれている。また、水の上に巣を作るので、「鳰の浮巣《うきす》」という言葉もある。

この鳰のように、自分の生きる世界を一つに限ることなく、自由に越境できる鳥が、現実には存在するのである。ならばどうして、それが鳥にできて、人間にできないことがあろうか。

世界は、限りもなく広い。けれども、人間は、そのごく一部分だけしか知らない。広い世界へと出てゆくために、わたくしは禅の修行をしているのである。

ちなみに、この公案に関して、無門和尚《むもんおしょう》は、次のように述べている。「禅の道に志す者は、耳に聞こえる音に教えられて世界を聞くのではなく、音の向こうに広い世界を聞かなければならない。目に見える色に導かれて世界を見るのではなく、色を超えた広い世界を見なければならない。

そうすれば、すべてが明らかとなり、すべてがうまくゆく。それはそうとして、人が鐘の鳴るのを聞くというのは、音が耳の近くまでやって来たのか、それとも、耳の方が音に近寄っていったのか。さあ、どっちだ」。

ここで、わたくしの歌を一首。これは、順徳院《じゅんとくいん》の「底清き鈴鹿河原《すずかがはら》の重波《しきなみ》に間無《まな》く時無《ときな》く頼みてぞ経《ふ》る」という和歌を踏まえて詠んだものである。

影流る鈴鹿河原《すずかがはら》の秋の月振《ふ》り捨て難《がた》き眺めなりけり

澄み切っているので、底まではっきり見えるほど、鈴鹿川の流れは清い。その鈴鹿川を、月の光までが流れてゆく。その色の、何という明るさ。どこからか、清らかな音が聞こえてきた。さざ波の音なのか。月の光が奏でる音なのか。鈴のように玲瓏《れいろう》と鳴り渡る。この音、この色。これこそ、広い世界へとわたくしを誘ってくれるものなのだ。

17 国師三喚《こくしさんかん》

『無門関』第十七則

慧忠国師《えちゅうこくし》は、三度、侍者《じしゃ》の名前を呼んだ。侍者は、三度とも、「はい」と返事した。するとし慧忠国師は、このように言った。「なんだ。わしがお前の期待を裏切っていたのかと思っていたら、そうではなくて、お前がわしの期待を裏切っていたのだな」。

この公案について、わたくし、智月こと染子は、次のように考える。

慧忠国師と問答した侍者は、未熟な人間だったのだろうか、それとも、既に悟りを開き、師の慧忠国師すらも凌駕《りょうが》する精神の高みに達していたのだろうか。わたくしには、どうも侍者の方が好もしく感じられる。

慧忠国師は、人跡《じんせき》も稀《まれ》な南陽《なんよう》の白崖山《はくがいさん》に、懶山《らんざん》禅師と一緒に世を逃れて住んでおられたことがあった。ある時、国師は冬の寒さをしのぐために、降り積もった落葉を集めて敷物《しきもの》とされた。それを見た懶山禅師は、このように言ったという。「あなたにはまだ、自分というものを大切にし、自分を大切に眺める心が、まだ無くなっておられないようだ」。

ところで、小野小町《おののこまち》に、

花の色は移りにけりないたづらに我《わ》が身世《よ》にふるながめせしまに

という和歌がある。この歌を詠んだ小町は、恋の思いに捕われている。むろん、小町のように恋多き女性が、「人を愛する自分」、「人から愛される自分」、「人から愛されない自分」などという思いから脱却できないのは、わたくしにも理解できる。けれども、「国師」とまで呼ばれる高僧ですら、「自分」という概念に捕われているというのは、何とも恐ろしいことである。「寒さを感じる自分」というものから脱却できなかったのだから。またしても、古歌の引用になるが、

如何《いか》ならむ巌《いはほ》の中に住まばかは世の憂《う》きことの聞こえ来《こ》ざらむ

という歌がある。どんな洞窟の中に隠れ住んで、世の中の嫌なことや、生老病死《しょうろうびょうし》の「四苦《しく》」の苦しみが来ないようにと望んでも、それは不可能である。生老病死は、逃げ回る人間を必ず捜し出し、その手で捕まえて、苦の世界へと引きずり込んでしまうものだ。

慧忠国師の場合は、人跡も絶え、鳥の声も聞こえない山奥で、心静かに暮らしていると満足することもまた、彼が「心静かな自分」というものに捕われているということなのだ。けれども、白崖山に、生老病死の訪れならぬ「粛宗《しゅくそう》からの召し」があって、国師は宮殿を訪れた。帝釈天が

いらっしゃる忉利天《とうりてん》の素晴らしさを知ると、その目移りで人間界の宮殿は実際よりも貧相に見える。国師の場合は、山里の目移りで、人間界の宮殿の春のありさまが、ありのままに国師の目に映ったかどうかは疑問で、実際以上に豪華に見えたことだろう。

さて、この公案で、慧忠国師が三度、侍者の名前をお呼びになり、呼ばれた侍者が三度とも「はい」とお答えしたのは、侍者が「親の心、子知らず」ということわざにあるような、不肖の弟子だったからだろうか。それとも、逆に、弟子の方が「出藍《しゅつらん》の誉《ほま》れ」であって、師である慧忠国師をしのいでいたということなのだろうか。

まことに、親の心は、子どもには知りがたいものである。また、子どもの心も親にはわからないものである。それは、『源氏物語』の螢《ほたる》の巻に書かれている、光源氏と玉鬘《たまかずら》の贈答歌を見ても、よくわかる。

(光源氏) 思ひ余《あま》り昔のあとを尋《たづ》ぬれど親に背《そむ》ける子ぞ類無《たぐひな》き
(玉鬘) 古き跡《あと》を尋ぬれどげに無《な》かりけりこの世にかかる親の心は

光源氏は、自分の「子ども」という触れ込みで自邸の六条院に住まわせた玉鬘という若い娘に対して、けしからぬ恋心を抱いている。そして、自分の恋情に気づかないふりをする玉鬘のことを、「親に背く子どもなど、めったにいないものだ」と言う。それに対して、玉鬘は、「子どもに恋心を抱く親なんて、初めて知りましたわ」と切り返した。このやりとりは、明らかに娘の玉鬘の勝ちである。

この光源氏と玉鬘の関係は、どことなく、慧忠国師とその侍者の関係と似ているように思われる。娘が父親より一枚上であるように、弟子が師を上回ったのかもしれない。この侍者は、耽源《たんげん》和尚《おしょう》だと言われているが、むべなるかな。

ここで、わたくしの和歌を、一首。

山深《ふか》みいとど哀《あは》れを添《そ》へよとや柴《しば》の戸近き小牡鹿《さをしか》の声

山深い所に庵《いおり》を結んでいると、寂しくてたまらない。
その寂しさをいっそう掻《か》き立たせよ、と言わんばかりに、
柴の戸のあたりで、もの悲しい声で鹿が鳴いている。
だが、こんな山奥に隠れ住んでいるのは、寂しさから自由になるためだった。
鹿の鳴き声は、人の心の悟りの状態をためす試験なのかもしれない。

侍者が三度、同じ返事を繰り返したのも、あるいは、師の心を試すためだったのか。

18　洞山三斤《とうざんさんぎん》

洞山和尚《とうざんおしょう》に、ある僧が問うた。「仏とは、どういうものですか」。

洞山和尚は、このように言った。「三斤《さんぎん》ほどの分量の麻《あさ》だ」。

『無門関』第十八則

この公案について、わたくし、智月こと染子は、次のように考える。

『碧巌録《へきがんろく》』に、「前三々《ぜんさんさん》、後三々《ごさんさん》」という言葉がある。「文殊菩薩《もんじゅぼさつ》の目から見たら、前にも後《うし》ろにも、同じ数だけ、物事が存在する」ということである。この「三」は、「三菩提」と同じで無数という意味だから、洞山和尚の「三斤」の「三」にも莫大という意味があるのだろうか。

それにしても、「仏」の正体が「麻三斤」だとは、よく言ったものだ。物事は、名付け方しだい、呼び方しだいで、その物の本質は変わらないのに、イメージがまったく違ってくる。

隅田川《すみだがわ》は、雅《みやび》やかな都からは遠い、東路《あずまじ》の果てを流れている川である。けれども、『伊勢物語』の第九段で、在原業平《ありわらのなりひら》がこの川を泳いでいる「都鳥《みやこどり》」を和歌に詠んだことを知ると、川までが雅やかでゆかしく感じられるようになる。

「道藴《どううん》」とか「太真《たいしん》」などと聞くと、何とも抹香《まっこう》臭くて、どんなに年を取った尼さんだろうかと思ってしまうが、謝道蘊《しゃどううん》は、名宰相として知られる謝安《しゃあん》の姪《めい》で、才媛の誉れ高い女性である。空から降ってくる雪を柳の絮《わた》に喩えた「柳絮《りゅうじょ》の才《さい》」を謳《うた》われている。楊太真《ようたいしん》とは、美女の代名詞でもある楊貴妃《ようきひ》が、『長恨歌《ちょうごんか》』に記されているような経緯で亡《な》くなったあとで、霊界に転生してからの名前である。

また、和歌の教えを述べた順徳院《じゅんとくいん》の『八雲御抄《やくもみしょう》』や兼好《けんこう》の『徒然草』に書いてあるように、「猪《ゐのしし》」と言えば山に住む獣の中で最も獰猛《どうもう》で恐ろしい生き物のように聞こえるが、和歌で「伏《ふ》す猪《ゐ》の床《とこ》」と表現すれば、優雅な文学世界を作り出すことができる。

女郎花《おみなえし》は、遊女に喩えられるほどに艶《なま》めかしい花だけれども、和泉式部《いずみしきぶ》に、

名にし負《お》はば五つの障《さは》りあるものを羨《うらや》ましくも登る花かな

という和歌がある。これは、女人禁制である比叡山延暦寺《ひえいざんえんりゃくじ》で、仏様の立花《たてばな》として用いられる女郎花を羨んだものである。同じく女人禁制である高野山《こうやさん》にも、人間の女性は登れないが、女郎花ならば登ることができる。それだけでなく、大日如来《だいにちにょらい》をはじめとする五体の仏様の前に飾られる名誉に浴するのだ。西行《さいぎょう》にも、女郎花を詠んだ歌がある。おそらく、高野山の女郎花ではないだろうか。

ああ、わたくしも、女だてらに禅の道に入り、悟りの山をよじ登ろうとしているのだが、何と

かして山の頂まで登りつめて、「仏」の本当のお姿を間近に眺めたいものだ。
ここで、わたくしの和歌を一首。

差し向かふ花や知るらむ目離《めか》れせず色香《いろか》に愛《め》でし人の心を

西行にとって、「花」は特別な意味を持っていた。
もしも西行に、「仏とは何ですか」と問うたならば、
「花。その中でも、桜の花」という返事が返ってきたことだろう。
人間が花と向かい合っている時、花も人間を見ている。
花を見続け、その色と香りを愛している人の心を、花は見抜く。
人間の心が、仏にはお見通しであるのと同じように。

さらに、もう一首。

山桜《やまざくら》外《よそ》に漏《も》らさぬ色と香《か》の主《あるじ》や八重《やへ》の霞ならまし

山桜を、すっぽりと霞が包んでいる。
立ちこめる霞は、花の色と香りの「主」と言ってよい。
とするならば、「花」とはむしろ人間の比喩で、

霞こそが、衆生《しゅじょう》を暖かく包み込む「仏」なのであろうか。

それにしても、悟りへの山道は、どうすれば登りきれるのだろうか。その手がかりは、禅僧たちの言葉の中にある。

ある者は、このように言った。「名前を呼ばれたら、返事をする。寒いと感じたならば、服を着る。毎日の無数の雑事を、自然に積み重ねてゆくのが正しい道なのだ」。

また、ある者は、このように言っている。「自分という殻《から》を完全に捨て去る『大死一番《だいしいちばん》』を通過すれば、その人の人生は新しい段階に向上する。自在な人生が、可能となるのだ。それが、本当に生きるということだ」。

また、ある者は、次のように言っている。「大死の後に蘇る体験をしたならば、次の人生も、さらにその次の人生も、はっきりと見えてくるだろう。大死の体験を通り抜けた人は、広大な天も地も、一枚岩のように感じられ、仏教の真理と真実の自分とが一体化して、世界中を覆《おお》っているように感じられるものだ」。

また、智通和尚《ちつうおしょう》の臨終の際の言葉に、「天外《てんがい》に出頭《しゅっとう》して、看《み》よ」とある。天の外まで突き抜けるとは、真の悟りのことであろうか。

そして、趙州和尚は、「朝飯《あさめし》の粥《かゆ》は食べ終わったか」と、暖かく問いかけた。

また、ある人は、左右の両袖を高く掲げて、舞った。その舞の熱気に騙《だま》されず、冷静に観察してみると、能の舞台で物狂《ものぐる》いの状態に陥った女性が、自分の思いを抑制できないかのように激しく舞っているのとよく似ているのが、わかるだろう。

ここで、わたくしの歌を一首。

門《かど》の外《と》に敲《たた》く水鶏《くひな》も音《おと》絶えて日《ひ》も夕暮れの軒の糸水《いとみづ》

家の門の戸を敲《たた》くかのような声で、水鶏《くいな》が鳴いている。誰かが、私を訪ねてきたのだろうか。

「本当の私」が、私の変貌と悟りを求めて、呼んでいるのかもしれない。その私を誘うかのような音が途絶えてしばらくしたら、また音が聞こえ始めた。それは、夕暮れに降り始めた雨の粒が軒から垂れて、立てる音だった。今の私を「大死」させようとする誘いが、朝から晩まで続いている。

この「大死一番」でもって、わたくしはこの『鳥の空音』の上巻を閉じるとしよう。

【下巻】

19　平常是道《びょうじょうぜどう》

『無門関』第十九則

南泉和尚《なんせんおしょう》に、ある時、趙州和尚《じょうしゅうおしょう》が問うた。「道、つまり悟りとは、どういうものでしょうか」。

南泉和尚は、このように言った。「平常心こそが、道である」。

趙州和尚は、重ねて問うた。「その平常心とは、努力すれば獲得できるものでしょうか」。

南泉和尚は、答えた。「平常心とは、それを目指して努力すれば、かえって手に入らないものだ」。

趙州和尚は、三度《みたび》問うた。「でも、それを目指していないとすれば、どうして自分の手に入れたものが道であるとわかりましょうや」。

すると南泉和尚は、このように言った。「道というものは、知るとか知らないとかの概念を、超えたものである。知ると言ったって、たかが人間の知りうることだから、すべては不十分な認識に留《とど》まる。また、知らないことは、言葉にはできないから、白紙のような状態だ。もし、知るとか知らぬとか、目指すとか目指さぬとかのこだわりを持たずに、平常心で生きていけるならば、それが道に達したということだ。その境地は、虚空《こくう》のようにどこまでも明らかであり、広々としている。なのに、どうしてあれこれと詮索する必要があるだろうか」。

　趙州和尚は、この答えを聞くや否や、悟りに達した。


　この公案について、わたくし、智月こと染子は、次のように考える。

　平常心とは、無心のことである。無心であれば、真理というものの存在をあえて意識することもない。『老子』の冒頭には、「道《みち》の道《みち》とすべきは、常の道《みち》にあらず」という有名な文章があるが、心とか真理とかいうものも、心を意識しない心の持ちよう、真理を意識しない真理のありようを求めねばならない、ということなのだろう。心も真理も、それを得ようとして求めれば求めるほど見失い、求めようとする働きを止《や》めれば、おのずと目の前に現れてくるものらしい。

　季節の運行にゆったりと身をゆだねると、おのずと、そういう「無心」の平常心に近づけるようにも思う。けれども、わたくしたちの暮らしは、そのような平常心とはほど遠いものである。

「今日は立春だ」と誰かが口にしているのを聞くと、「えっ、もう春なのか」と思い込んで、まだどこにもない春を探し求めてしまう。妻戸《つまど》を開《あ》け放って遠くを眺めながら春景色を追い求めても、山の端《は》には春霞などたなびいてはいない。

また、「今日は立秋だ」と聞いた途端に、それに影響されて、わたくしたちは平常心を失い、心の中で秋を追い求めるようになる。風の音も、これが秋風だと思うせいか、藤原敏行《としゆき》の「秋来《き》ぬと目にはさやかに見えねども風の音にぞ驚かれぬる」という和歌を思い出しては、昨日までとは違って、すべてのものが冷たく、そして寂しく感じられる。

その秋は、和歌や物語では、男が女に「飽《あ》き」て恋が終わる季節だと思うせいか、わたくしの寝室には草葉など生《は》えていないのに、露ならぬ涙で袖がびっしょりと濡れそぼってしまう。

藤原敏行の和歌は、そういう心の用い方とは違っていて、風の音を聞いているうちに、おのずと秋の訪れを感じたのである。これが「平常心」であり、「無心」である。ことさらに秋を心に先立てて、秋の景色を探し求めるのは、おかしなことである。けれども多くの人は、わたくしを含めて、なかなかそういう平常心で立秋を迎えられない。

そして、七夕《たなばた》の夜になると、昔、漢の武帝に命じられた張騫《ちょうけん》が、筏《いかだ》に乗って天の川までさかのぼったという伝説が思い出されて、そういう異界への大冒険を成し遂げた人のことがうらやましく思われる。天の川は、『伊勢物語』の第八十二段にも登場する。在原業平が惟喬親王《これたかしんのう》と交野《かたの》に遊んだ時に、

狩り暮らし棚機《たなばた》つ女《め》に宿借らむ天《あま》の川原《かはら》に我《われ》は来《き》にけり

と詠んだのである。この交野の地には、『新古今和歌集』を選ばせた後鳥羽院《ごとばいん》も、たびたび行幸《ぎょうこう》なさっている。後鳥羽院は、承久の乱に敗れて、隠岐の島に流されなさった。そのことを悲しんだ西因法師《さいいんほうし》の詠んだ歌が、『沙石集《しゃせきしゅう》』に伝わっている。

思ひ出《い》づや交野の御狩《みかり》狩り暮らし返《かへ》り水無瀬《みなせ》の山の端《は》の月

「返《かへ》り水無瀬《みなせ》」が「顧《かへり》みる」の懸詞である。七夕の夜には、このように古代中国の伝説や我が国の王朝や中世の和歌が連想されて、思わず口ずさまれるのだが、このように秋にはことのほか、思い合わされることが多い。自分の目や心で、無心に秋という季節と接することは、「もののあはれ」を知っている教養人ほどむずかしいのである。

源順《みなもとのしたごう》が、「池の面《おも》に照る月なみを数《かぞ》ふれば今宵《こよひ》ぞ秋の最中《もなか》なりける」と詠んだ八月十五夜の「仲秋《ちゅうしゅう》の名月」を見ても、もはや「月」を自分の目で無心に眺めることはできない。『古今和歌集』の、「我《わ》が心慰めかねつ更級《さらしな》や姨捨山《をばすてやま》に照る月を見て」という名歌を思い出しては、涙にむせび、都を追われた光源氏が明石の浦で寂しく名月を眺めた心境を思っては、再び涙をこぼし、訪れたこともない異国の洞庭湖《どうていこ》に浮かぶ名月をもはるかに思いやる。名月を詠んだ漢詩人や歌人たちの感興《かんきょう》が、わたくしたちの心に浮かんでは消え、消えては浮かびして、平常心で名月を見る余裕がまったくないのだ。

そして、秋は深まる。白菊の花に初霜が置いた情景を見ては、凡河内躬恒《おおしこうちのみつね》の「心当《こころあ》てに折《を》らばや折《を》らむ初霜の置き惑はせる白菊の花」という歌を思い出し、そういう見方でしか眺められない。うら枯れてゆく野辺の草葉の下で鳴いている虫の声が、次第に鳴きからして弱ってゆくのを聞いても、古歌や物語の悲しい場面が連想されてしまう。

そして、早くも冬になる。澄み切った冬空の夜、寝ていても遠くから響いてくる砧《きぬた》の音を聞けば、夫の留守中に、夫の無事を祈って砧を打っている妻の心だけでなく、妻を都に残して遠い旅に出た夫の寂しさも思い合わされて、もの悲しい気持ちになる。

誰も訪れては来《こ》ず、孤独な夜に、一人、燈火《ともしび》の下《もと》で物思いに耽《ふけ》っていると、遠い千里の彼方の出来事や、はるか千年も昔の出来事までもが、ありありと心の中に浮かんでくる。そして、それらのことに触発されて、自分の考えや思いが醸成されてくる。自分の思いが先にあって、異国のことや昔のことが偲《しの》ばれるのではないのだ。

まことにわたくしたちは、自分ではない何物かに、わたくしたちの心を支配されている。主体的に生きることはできず、外在的にやってくる「縁《えん》」にそのまま従って生きていかされるのだ。自分が自分の心の主人であるわけではなく、また、特定の誰かが自分の主人であるというわけでもない。そういうありさまで、一瞬一瞬の間に滅んでは、一瞬一瞬の間に生じるという変化を繰り返して、わたくしたちの人生は過ぎてゆく。

夢を見ているかのようにはかない一生であるのに、自分の成功や美意識を他の人よりも優れていると勝ち誇ったり、自分より優れた人を見ては羨んだりするというのは、我ながらどんな心なのだろうかと、情けなく思われる。

最後に、わたくしの和歌を一首。

色深き深山《みやま》の紅葉《もみぢ》見ても知れ分《わ》きて時雨《しぐれ》の袖濡らす頃《ころ》

秋も深まった頃の奥山の紅葉《もみじ》は、どの葉も美しく紅葉《こうよう》している。けれどもなぜか、一枚一枚の葉の濃さは違っている。そのように、紅涙を絞《しぼ》って悲しむとは言っても、一人一人の悲しみは異なる。ならば、自分の思いは、他人の思いではない。そのことに、自然を見ていて気づこうではないか。すると、自分だけの思いが、はっきりとわかってくるだろう。

ここからは、それがし慈雲の出番じゃ。久しぶりでござる。この公案から、下巻に入りますな。智月殿、表現など、いろいろといじらせていただきますぞ。砧のあたりは、妻を残して旅に出た夫よりも、不在の夫を思う妻の心に焦点を絞った方が、より切実な気がいたす。最後の和歌の後で、「人さまざま」ということを駄目押ししたいものじゃが、良い文案が浮かばなんだ。また、別の公案で、この問題を突き詰めることもあるじゃろうから、ここはこのままにしておこう。

20　大力量人《だいりきりょうにん》

『無門関』第二十則
松源和尚《しょうげんおしょう》は、このように言った。「身体的に非常に優れている人が、どうして、自分の足を持ち上げて、立つことができないのだろうか」。
松源和尚は、また、このようにも言った。「その人が口を開くと出てくる言葉は、どうして、その人の舌が話していると言えないのだろうか」。

この公案について、わたくし、智月こと染子は、次のように考える。

この「身体的に非常に優れている人」に関しては、次のように説かれることが多い。身長が八尺（約二メートル四十センチ）もあり、腰の周《まわ》りが十囲《とおかかえ》（約三メートル）もある。右眉《みぎまゆ》と左眉《ひだりまゆ》との間の眉間《みけん》が、一尺（約三十センチ）も離れている。古代中国で、「眉間尺《みけんじゃく》」と呼ばれている勇士がいるが、まさにそのような巨漢である。

彼が怒れば、怒髪《どはつ》天を衝《つ》くだけでなく、怒髪が頭にかぶっている冠を突き上げて、吹き飛ばしてしまうほどである。彼の怒声を聞けば、すべての人が真っ青になり、生きた心地もしない。敵を攻めれば、必ず勝利して敵の城を奪う。英雄として名高い項羽《こうう》のように、その力は山を抜き取るほどに強く、気力は世界を覆《おお》い尽くすほどに充実している。

ある人は、こう言う。「この巨漢は、血気にはやるだけの小勇《しょうゆう》の持ち主に過ぎず、『孟子』に言う『匹夫《ひっぷ》の勇《ゆう》』の典型である。まことの大勇の持ち主は、こんなふうではない。『論語』の学而篇《がくじへん》で、子貢《しこう》が孔子の人となりを評したように、『温良恭倹譲《おんりょうきょうけんじょう》』、すなわち、穏やかで、率直で、礼儀正しく、慎ましく、かつ控えめであることが、まことの大人物の証《あか》しなのだ。儒教で聖人とされる古代の禹《う》について、『史記』は、『声は律《りつ》と為《な》り、身は度《ど》と為る』と述べている。禹という人物の存在自体が、世の中の基準であり、法則だというのだ。このような人物が、言葉を口にすれば経典となり、足を持ち上げれば仏法となる。これが、『匹夫の勇』ではなく、真実の勇者というものだろう」。

また、ある人は、それに反論して、このように言う。「『述異記《じゅついき》』によれば、昔、盤古《ばんこ》という巨人が死んだ時、その頭は四岳《しがく》となり、両目は日・月となり、脂膏《しこう》は江海となり、毛髪は草木となった、という。この盤古の吐く息が風であり、彼の腹の中に棲息していた虫たちが、その風によって世界中にちらばって、人間となったそうである。盤古の姿は、いつまでも変わることなく、なおかつ、世界中を覆っている。これこそが『身体的に非常に優れている人』だろう」。

また、ある人は、さらに反論して、このように言う。「その見解にも、賛同しがたい。『身体的に非常に優れている人』は、どこからやって来たかもわからないし、どこへ去ってゆくかもわからない。仏教では、『無相即相《むそうそくそう》』と言い、姿や形がないことと、姿や形があることは同じであるとされる。真理の象徴としての仏の身からは一尋《ひとひろ》（約一・八メートル）の光が放たれ、その身には、『三十二相』や『八十随形好《はちじゅうずいぎょうごう》』と呼ばれる優れた特徴があるとされる。けれども、『無相即相《むそうそくそう》』を裏返すと『相即無相《そうそくむそう》』でもあるので、姿や形があることは、姿や形がないことと同じである。仏の三十二相には、眉のあたりに生えている白い毛で、光を放つ『白毫相《びゃくごうそう》』や、仏の頭頂にあって、誰も見ることのできない肉髻《にくけい》を意味する『無見頂相《むけんちょうそう》』などがある。しかし、これらは、あると言えばある、無いと言えば無いものである。だからこそ、人間には仏の力の及ぶ範囲を限ったり、計ったりできないのだ。仏こそが、『身体的に非常に優れている人』だと言えるだろう」。

また、ある人は、このようにも言う。「存在することと、存在しないことが同じだとする論法は、信用できない。夢か幻か、はたまた影のように実態のないものを論理でもてあそんでいるだけのような、いかにも空虚な議論である」。

このように、「身体的に非常に優れている人」とは何かについて、儒教・道教・仏教の観点から、人々が侃々諤々《かんかんがくがく》の議論をしても結論が出ないのを、わたくしは黙って聞くばかりである。その姿を実際に見るまでは、結論を出せないだろう。

「身体的に非常に優れている人」の真実の姿が、まったくわたくしには見えてこない。これは、この公案を論じる人々が、「身体的に非常に優れている人」を男性と決めつけているからではないだろうか。思い切って、その前提を疑おうではないか。

わたくしは物語の貴公子たちが、噂《うわさ》には聞くが、その実態を知らないので、姫君の姿を何とかして物陰から「かいま見」しようと必死になっている姿を連想する。確かに、姫君の真実は、かいま見をしないうちは、藤壺《ふじつぼ》のような絶世の美女なのか、末摘花《すえつむはな》のような醜女なのか、判断できないのである。この公案で論じられている「身体的に非常に優れている人」とは、もしかしたら女性なのではないだろうか。筋肉もりもりの勇士ではなく、楚々《そそ》とした女性。そういう気が、わたくしにはするのだ。

この公案には、「どうして自分の足を持ち上げて、立つことができないのだろうか」とある。いつも室内で坐っていて、移動する時も「膝行《しっこう》」と言って、膝を擦《す》って少しずつ動くしかない深窓の姫君を連想させるではないか。立って歩かないとは、何ともお姫様みたいで、おっとりとして、女性っぽく、薄い絹を着ていてもその重さに耐えかねるという、美女の雰囲気である。

しかも、この公案には、「その人が口を開くと出てくる言葉は、どうしてその人の舌が話しているとは言えないのだろうか」ともある。これは、深窓の姫君が滅多に口を開くことはない事実を、わたくしに強く連想させる。さしずめ、玄宗《げんそう》皇帝に愛された楊貴妃《ようきひ》のイメージであろうか。

妖艶な楊貴妃は、牡丹《ぼたん》の花に喩えられる。牡丹の別名は、深見草《ふかみぐさ》。深く思い悩んでいるような風情《ふぜい》が、玄宗皇帝の心を、むずととらえたのである。そして、皇帝は、楊貴妃を「人間の言葉を理解する花」のようだと称えた。

あるいは、妖艶な女性と言えば、山吹の花に喩えられた『源氏物語』の玉鬘《たまかずら》も、連想される。「滅多に口を開かない美女」という点では、「見ぬ人に如何《いかが》語らむ梔《くちなし》のいはでの里の山吹の花」という、『新勅撰和歌集《しんちょくせんわかしゅう》』の古歌を思い出す。「梔色《くちなしいろ》」と「口無《くちな》し」、「磐手《いはで》」と「言《い》はで」の懸詞《かけことば》のテクニックが、すばらしい。くちなし色をしている磐手《いわで》の森の山吹の花は、自分自身では何も語らないので、実際に見たことがない人には、その美しさがとうてい想像できないだろう、という意味の歌である。

さあて、「身体的に非常に優れている人」の正体は、いったい何なのだろうか。牡丹か、山吹か。などと考えているうちに、いつしか時は過ぎ、季節は移ろってゆく。

ここで、わたくしの和歌を一首。

夕《ゆふ》されば誰松虫《たれまつむし》に思ひ出《い》づる音《ね》をのみ泣きし妹《いも》が面影《おもかげ》

もう秋か。秋は、恋と青春が終わる季節。

夕方になると、男が訪れてくるのを待つかのように、

野辺では、松虫が鳴き始める。

その鳴き枯らした声を聞いていると、いつも泣いてばかりいた女性を思い出す。

自分の足で立つことも歩くこともなく、ほとんど言葉も口にしない女性。

その姿は、十五万石の大名の側室である、わたくし自身の姿とも重なる。

彼女の生きている証しは、何なのだろう。

智月殿。ここからは、それがし慈雲の出番じゃ。そなたの文章の後半については、愚僧は「口無《くちな》しの花」を決め込もう。愚僧は、「身体的に非常に優れている人」が男だと思うからじゃ。それで、前半の、儒教・道教・仏教のそれぞれの立場から、「真に優れた人」の定義を論じ合う部分について、それぞれの立場の欠点や長所を、もっとはっきりさせた方がよいのではないかと存ずる。愚僧も、さまざまな学問を聞きかじり、「諸学に通じている」と言われることもあるので、「諸学」なるものの良いところと悪いところが、はっきりわかっておるのじゃ。

二番目に発言した人は、最初に発言された儒教を批判して、道教的な世界観を主張しておる。そこで、道教からの儒教への批判として、次のように書き足したら、いかがかな。「しかしそうは言っても、そんな美点を全部備えている完璧な人間など、この世には現実に存在しないものである。しかも儒教が、『聖人・君子』などと口を極めて褒《ほ》め称えている人物でも、『無常変壊《むじょうへんえ》』の理《ことわり》を免れることはなく、必ず死んでしまう。死んだら白骨となってしまい、あれほど世の中から称えられた『温良恭倹譲』とやらは、どこを捜しても見つかりなどせぬ。彼らが生前に言葉で言い残しておいた立派な教えとやらも、そうなっては滋味の抜けた粕《かす》のようなものじゃ。そんなものを旨《うま》いなどと思ってはならぬ」。

その二番目の人物じゃが、道教的世界観を称えたあとに、次のように駄目押しを書き添えたら、いかがかな。愚僧は、どうもこの二番目の発言者に、肩入れし過ぎておるかのう。「この盤古信仰は、大自在天《だいじざいてん》信仰とも、深く関わっていて、両者の根はつながっている。この『盤古＝大自在

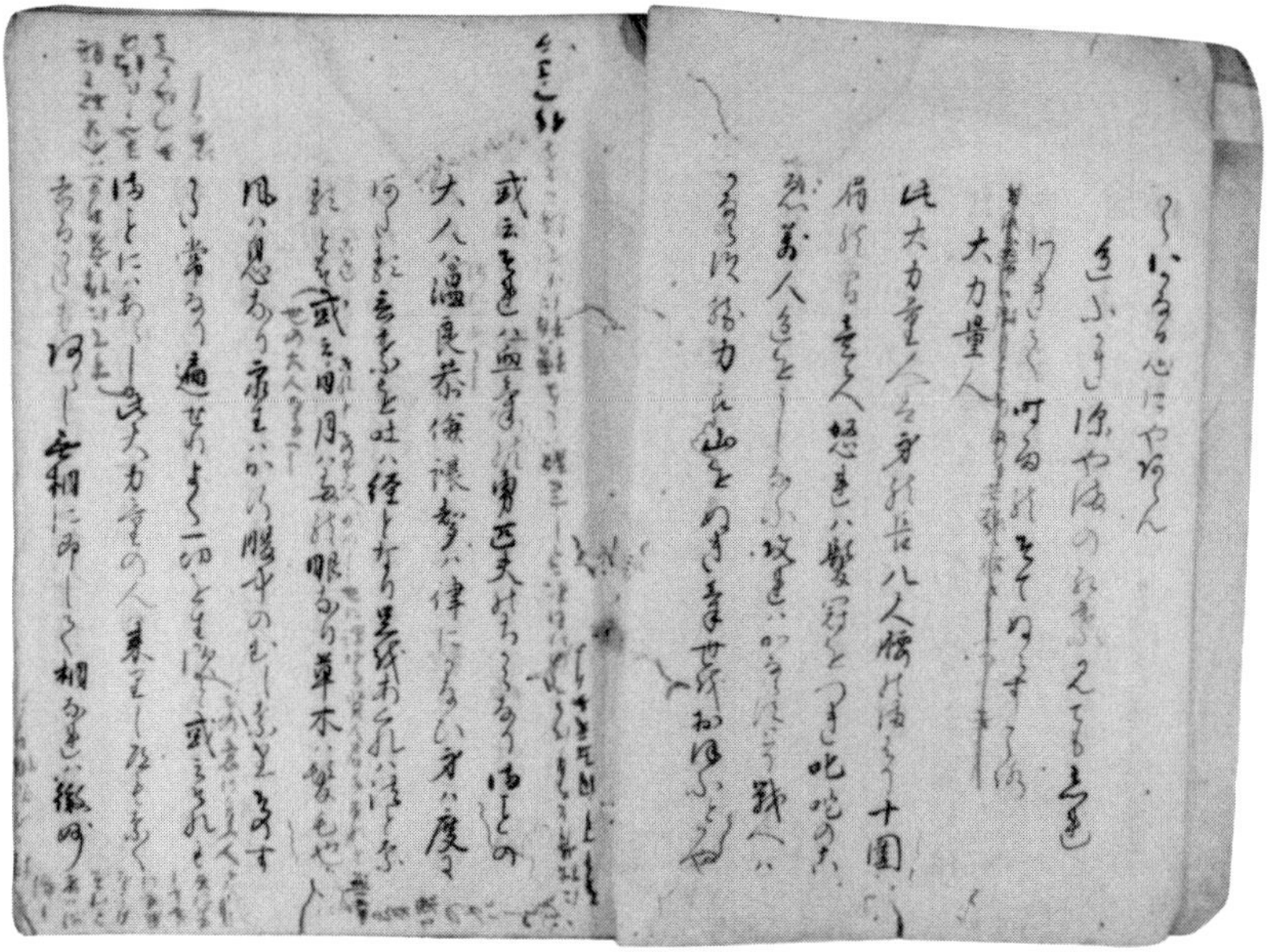

第二十則における慈雲尊者の書き込みの跡（修禅寺蔵『鳥の空音』）

天』の心にかなった者たちは、すべて大自在天の宰領する世界に生まれ変わって、安楽に暮らすことができる。逆に、『盤古＝大自在天』の意に背《そむ》く者たちは、すべて地獄に堕《お》ちて、数限りのない苦しみを受けることになる」。

三番目の発言者じゃが、二番目の発言者への批判として、「自分の教えに従えば救い、従わねば苦しめるというような愛憎が、『盤古＝大自在天』にあるということは、それが理想の救済者ではなく、貪欲《とんよく》と瞋恚《しんい》と凡徳《ぼんとく》の集合体でしかない、ということだ」などと、書き足したら、議論がより白熱するかと思う。

そのほかにも、気になる点もちょこちょこあったので、書き直しておいた。何人もの仮想の論客に議論させるのは、弘法大師の『三教指帰《さんごうしいき》』や、『徒然草』第九十三段の「牛を売る者」をめぐる議論を連想させて、なかなかの筆力だと感心した。

21　雲門屎橛《うんもんしけつ》

『無門関』第二十一則

雲門和尚《うんもんおしょう》に、ある僧が問うた。「仏とは、どういうものですか」。

雲門和尚は、このように答えた。「乾いて、棒のようになった糞《くそ》だ」。

この公案について、わたくし、智月こと染子は、次のように考える。『徒然草』の第六十段に、「しろうるり」という言葉が出てくる。盛親僧都《じょうしんそうず》というお坊さんが、ある法師を見て、その人に付けたあだ名である。それを聞いた人が、「その『しろうるり』とは、どういうものですか」と尋ねたところ、盛親僧都は、「そんなものは、私も知らない。もしあるのだったら、きっとこの法師の顔に似ていることでしょう」と答えたという話である。

この盛親僧都に、もしも「仏とは、どういうものですか」と尋ねたならば、きっと「しろうるり」という返事が返ってきたことだろう。「それは、どういうものですか」とさらに質問されたら、「そんなものは、私も知らない。もしあるのだったら、きっと仏に似ていることでしょう」と、とぼけた顔で答えるにちがいない。雲門和尚の「乾いて、棒のようになった糞《くそ》」という言葉も、この「しろうるり」と同じ意味だろう。

わたくしの夫である柳沢吉保公に、北村季吟《きぎん》法印《ほういん》が授けた「徒然草三ケ《さんか》の大事」の一つが、この「しろうるり」である。そこには、盛親僧都が「白瓜《しろうり》」と言おうとして、思わず「しろうるり」と言いまちがえたと説明されている。

「しろうるり」は、普通に考えれば、「白うるり」だろうか。もしそうであるならば、「黒うるり」も、あってよいはずである。さらには、「赤うるり」も、ありそうだ。なぜなら、最初からこの世に存在しないものの名前など、どうでもよいことなのだから。

『源氏物語』で光源氏が流された明石《あかし》の浦は、月の名所として知られている。光源氏は、悲しい思いで月を眺めては涙をこぼしたという。その光源氏も、虚構の人物である。光源氏という人物は、この世には最初から存在していない。だから、光源氏も、「しろうるり」のお仲間である。また、彼が眺めた月も、白く輝いている部分と、黒く闇になっている部分とがある。なおかつ、場所は「明石」だから、「赤」く見えたかもしれない。

月の光を見て、実態のないものに惑わされて喜んだり悲しんだりするのではなく、月そのものを心の目でしっかりと眺めたいものだ。真如《しんにょ》の月こそが「仏」なのだから。

この公案に関して、わたくしが思いつくのは、『古今和歌集』の雑《ぞう》の部に収められている和歌である。


嬉《うれ》しさを何《なに》に包まむ唐衣《からころも》袂《たもと》豊《ゆた》かに裁《た》てと言はましを

わたくしが今、感じているうれしさは、あまりにも大きすぎるので、
どんな容《い》れ物《もの》にも納まりきらない。
こんなことならば、わたくしが着ている服の袂《たもと》を、
たっぷりと裁縫して作っておくようにと、
前もって言っておけばよかった。

どんな大きな喜びも、そしてどんな大きな哀しみも、すっぽり納めることのできる服は、真理も、実在も、空《くう》の概念も、すべて自由自在に取り出すことのできる「心」の比喩だろう。そんな大きな服の袂《たもと》の中に、「仏」を納めたいものだ。

22 迦葉刹竿《かしょうせっかん》

『無門関』第二十二則

釈迦の教えを受けた迦葉尊者《かしょうそんじゃ》に、阿難尊者《あなんそんじゃ》が問うた。「お釈迦様は、あなたに金襴《きんらん》の袈裟《けさ》のほかに、どういう物を授けられましたか」。

迦葉尊者は、阿難尊者に向かって呼びかけた。「阿難よ」。

阿難尊者は、答えた。「はい」。

すると迦葉尊者は、このように言った。「門の前に立っている旗竿《はたざお》を倒しなさい。あなたが今、悟りを開いたからには、私が説法を始める合図の旗竿は、もはや必要がないだろうから」。

この公案について、わたくし、智月こと染子は、次のように考える。

迦葉尊者と阿難尊者は、二人とも優れたお方である。まことに、どちらも兄《けい》たりがたく、弟《てい》たりがたい。我《わ》が国の『古今和歌集』の仮名序では、柿本人麻呂《かきのもとのひとまろ》と山部赤人《やまべのあかひと》の力量が匹敵していると並び称されているが、まさにそのことを連想させるような二人である。

他者と問答をして、どんな答が返ってくるかは、質問した側がどんな問いを発したかによって決まってくる。高いレベルでの質問をすれば、高いレベルの答が返ってきて、しかも内容が深い。低いレベルでの質問をすれば、低いレベルの答が返ってきて、浅い。

そのことについて思い合わされる話が、中国と日本の双方にある。

『後漢書《ごかんじょ》』の「蔡邕伝《さいようでん》」には、囲炉裏《いろり》で今まさに燃えている最中の桐の木材が立てている音を聞いて、それが良材であることを知り、その桐を使って、素晴らしい音を奏《かな》でる琴の名器を作ったというエピソードが載っている。これが、有名な「焦尾琴《しょうびきん》」である。

また、第九則の「大通智勝《だいつうちしょう》」でも挙げた話の繰り返しになるが、我が国の『今昔物語集《こんじゃくものがたりしゅう》』にも、見るべき人が見れば、何気《なにげ》ない物が宝になるという話がある。太夫貞重《たゆうさだしげ》の従者は身につけていた小汚い水干《すいかん》を、玉と交換した。その玉一つの値《あたい》を、貞重たちには見抜けなかったけれども、外国から我が国に来朝していた異国の人の目には、莫大な価値があったのだ。

迦葉尊者と阿難尊者は、どちらも「目利《めき》き」であり、互いに相手の高い能力を見抜いていた。

そして、阿難尊者が高く問うたので、迦葉尊者も高く答えることができたのである。いや、この公案をよく読めばわかるように、むしろ迦葉尊者の方が、阿難尊者に向かって、高く、問いかけたのであろう。その深い問いは、阿難尊者だからこそ理解できたのであろう。

ここで、古歌を一首、挙げておきたい。『古今和歌集』の紀友則《きのとものり》の名歌である。

君《きみ》ならで誰《たれ》にか見せむ梅の花色《いろ》をも香《か》をも知る人ぞ知る

この梅の花は、あなた以外の誰にも見せたくはない。
あなただけが、この花の色と香りとを見分けることができる。
あなたには、ぜひとも私に、真理とは何かを問いかけてほしい。
あなたになら、答えてあげよう。
なぜなら、あなたは「もう一人の私」なのだから。

さて、ここからは、それがし慈雲の出番じゃ。智月殿、太夫貞重の話は、もう第九則で出しているから、くどく感ずる。ここはカットして、別のエピソードに差し替えたらいかがかな。たとえば、次のように。

「最近でも、さびて純度も高くない鉄の針金を、高麗からやって来ていた人が見て、高価な金額で購入して帰国したという話がある」。

ここで、愚僧の和歌を一首。なかなかうまく詠めずに、苦吟しましたぞ。

山の端《は》を洗ひ洗ひて見るうちに過《す》ぎ行《ゆ》き難《がて》の夕立《ゆふだち》の空

雨が、山の端《は》を、さっと一掃《は》けするように、通り過ぎる。

それは、大空をきれいに洗い流してゆくかのようだ。

ぼんやり、その姿に見取れているうちに、すぐに激しい夕立となってしまう。

みるみるうちに、山の麓《ふもと》を通り過ぎることなど、できなくなる。

仏の教えも、このように美しく、かつ激しいものじゃ。

この『無門関』の第六則「世尊拈華《せそんねんげ》」にあるようないきさつで、釈迦の教えは迦葉尊者に伝えられた。釈迦の教えのシンボルである金襴《きんらん》の袈裟《けさ》は、もともとは釈迦の生地である迦維羅衛《かびらえ》にあった。釈迦は、叔母《おば》である摩訶波闍波提《まかはじゃばだい》、またの名を大愛道《だいあいどう》に養われた。その袈裟は、彼女の右手から釈迦に授けられ、今度は、鶏足山《けいそくさん》で修行して悟りを開いた迦葉尊者の頭頂に戴かれた。それ以来、お釈迦様の慈愛あふれる仏の教えは、朝には鶏足山の雲となり、夕方には鶏足山の雨となって、人々を潤しておる。

その釈迦の教えを、今度は阿難尊者が受け継いだわけじゃが、智月殿が言うような、「高いレベルでの質問をすれば、高いレベルの答が返ってきて、しかも内容が深い。低いレベルでの質問

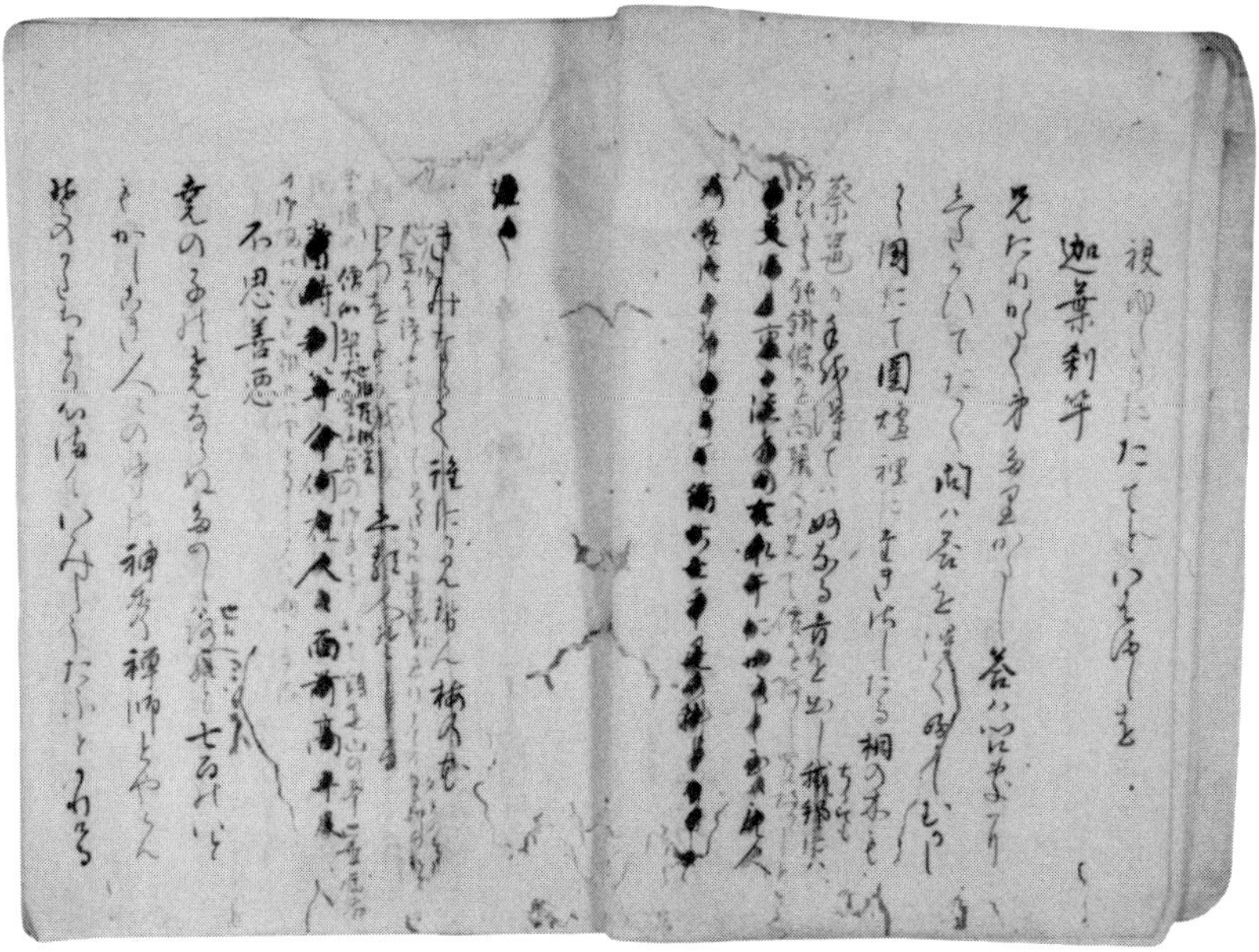

第二十二則における慈雲尊者の書き込みの跡（修禅寺蔵『鳥の空音』）

をすれば、低いレベルの答が返ってきて、浅い」という、なまやさしいものではないと、愚僧は感じておる。美しい教えの激しさ、激しい教えの美しさ。そういうものを、ぜひとも知ってほしいものじゃ。

23　不思善悪《ふしぜんあく》

『無門関』第二十三則

禅宗の開祖である達磨大師《だるまだいし》から数えて六代目の慧能和尚《えのうおしょう》は、黄梅山《おうばいさん》の五代目・弘忍和尚《ぐにんおしょう》のもとにいたが、無学でろくに字も読めなかったので、出家もせずに、給仕《きゅうじ》などの雑事に従事していた。ところが、並み居る秀才たちを差し置いて、弘忍和尚から禅の神髄を受け継いだ。慧能和尚は、他の僧たちの嫉妬や不満から逃れるために、弘忍和尚から授かった法衣《ほうえ》と鉢だけを持って、黄梅山を去った。それを、他の僧たちが必死に追いかけた。

慧能和尚は、大庾嶺《たいゆれい》まで来た時に、とうとう恵明上座《えみょうじょうざ》に追いつかれた。それを知ると、直ちに、弘忍和尚から受け継いだ教えの証しである衣鉢《いはつ》を石の上に投げ捨てて、恵明上座に言った。「この法衣は、法の教えである信の象徴です。誰が所持するかを、力で争うものではありません。持っていきたければ、あなたが持っていってもよいのですよ」。

恵明上座は、何とか石の上の法衣を持ち上げようとするのだが、山のように重くて、まったく動かなかった。恵明上座は、どうすればよいかためらい、また慧能和尚の法力に恐れをなして、言った。「私は、法の真理を求めて、あなたを追ってきました。この法衣を奪い取るためではありません。お願いです。あなたが悟った真理が何であるかを、ぜひ教えてください」。

すると慧能和尚は、答えるのではなく、このように問いかけた。「善を思わず、また悪も思わない、そういう状態に恵明上座《あなた》がいたとして、いったい何が恵明上座《あなた》という人間の本来の面目《めんもく》なのでしょうか」。

この問いを発せられた恵明上座は、すぐに真理を悟った。全身から汗がびっしょりと吹き出し、感動の涙を流しながら、慧能和尚に礼拝《らいはい》して、再び問うた。「先ほど教えていただいた秘伝の言葉と秘伝の思想のほかに、さらに深遠な教えはありましょうか」。

慧能和尚は、このように答えた。「私が、あなたに説いた言葉は、秘密でも秘伝でもありません。あなたが、もしもあなたという人間の本来の面目を、はっきりと見届け、認識されましたならば、秘密などというものはかえってあなたの方《ほう》にあるということが、おわかりになりましょう」。

恵明上座は、言った。「私はこれまで、皆と一緒に黄梅山で修行してきましたが、まったく私という人間の本来の面目に気づきませんでした。今、あなたのお陰で、私という人間の本来の面目という、真理への入口を通り抜けることができました。人が水を飲むと、熱いか冷たいかをすぐに認識するように、自分というものの本来の姿を、はっきりと認識できるようになったのです。私は、あなたから法衣を奪おうとしてここまで追いかけてきましたが、今となっては、あなたは私の師であります」。

慧能和尚は、言った。「あなたがもし、本当にそう思うのならば、私と同じように、弘忍和尚を師と仰《あお》ぎなさるとよいでしょう。そして、師の教えを自分自身の悟りの境地として護持するとよいでしょう」。

この公案について、わたくし、智月こと染子は、次のように考える。

古代中国の聖帝だった堯《ぎょう》の子の丹朱《たんしゅ》は、父に似ぬ不肖《ふしょう》の子であった。「堯の子、堯ならず」ということわざにもなっている。優れた親から、必ずしも、優れた子どもが生まれてくるわけではない。同じように、優れた師から優れた弟子が育たないことも、時として世の中にはあるものだ。けれども、弘忍和尚《ぐにんおしょう》のもとには、七百人もの優れた修行僧がひしめいていた。その中でも傑出していたのが神秀和尚《じんしゅうおしょう》であり、その風貌から心の持ち方まで、たいそう秀でていた。皆からも一目《いちもく》置かれ、弘忍和尚の後継者となって、この黄梅山の次の住職となるのは、この神秀和尚を置いてほかにはあるまいと予想されるほどだった。

ところが、案に相違して、正式の出家もしていない、身分の低い雑役係の慧能和尚が法を受け継いだのである。慧能和尚が、その証《あか》しである法衣と鉢を持って寺を去ったのは、七百人の弟子たちすべてにとって、心外な成りゆきであり、弟子たちが慧能和尚に対して激しい敵意を抱いたのも、しごくもっともなことではある。

それにしても、慧能和尚を追いかけた弟子たちの中で、恵明上座《えみょうじょうざ》という、たいそう屈強で、体力もあり聡明でもある僧が、一番最初に慧能和尚に追いついて、問答をし、悟りを開くことができたのは、どういう前世からの因縁があったのであろうか。慧能和尚から発された、「善を思わず、また悪も思わない、そういう状態に恵明上座《あなた》がいたとして、いったい何が恵明上座《あなた》という人間の本来の面目なのでしょうか」という言葉によって、自分の心の中のすべてが明らかになったのは、素晴らしいことである。

それにしても、これまで慧能和尚が外見からだけ判断されて、七百人の修行僧たちから、まるで山の中の朽木《くちき》のように馬鹿にされていたというのも、残念なことである。しかし、慧能和尚の心の花の色は、たいそう美しく、他の方々とはまるで違っていたのである。

ここで、わたくしの歌を一首。

長閑《のどけ》しな香《か》を訪《たづ》ね来《き》て鶯《うぐひす》の塒《ねぐら》占《し》めたる夕暮の声

ああ、何と、のどかなことだろう。

こんな山奥まで梅の木の香りを訪ねてやって来た鶯《うぐいす》が、
今夜はここをねぐらにしようと決めたかのように、枝を離れずに鳴いている。
その鶯を引きつけた深山《みやま》の梅の木こそ、慧能和尚の心の色と香の象徴であろう。
わたくしも、こんな梅の木になりたいもの。
あるいは、こんな梅の木を見つけた鶯のように、その枝に止まりたいもの。

ここからは、それがし慈雲の出番じゃ。智月殿よ、最後の歌はよくありませんぞ。この公案は、慧能和尚の隠されていた才能を讃えているのではない。慧能和尚が恵明上座に問いかけた「人間の本来の面目」をキーワードとしておる。だから、最後の和歌のあたりは、カットした方がよろしい。愚僧ならば、こういう和歌で閉じたい。問いに対しては、切り返すのじゃ。

面目《めんぼく》は長し短《みじか》し色白しそよや何《いづ》れと人の問ふまで
「何がお前の本来の面目か」、だと?
わしの面目、すなわち顔かたちは、縦に長いものじゃ。
いや、本当は、もっと短かったかな。そして、色は、白い。
いやもう、「何がお前の本来の面目か」などと、他人から聞かれようとは、
まったく、想像もしておらんかったわい。

24 離却語言《りきゃくごごん》

『無門関』第二十四則

風穴和尚《ふけつおしょう》に、ある僧が問うた。「言葉を口にするのも、沈黙を守るのも、どちらも限界があって、世界の真実に到達することはできません。どうすれば、言葉を語ることと、沈黙することとの、それぞれの領分を侵害せずに、世界の真実に到達することができるでしょうか」。

風穴和尚は、このように言った。「お前さんに、杜甫《とほ》の詩を教えて進ぜよう。『常《とこし》なへに憶《おも》ふ、江南《こうなん》、三月の裏《うち》、鷓鴣《しゃこ》啼《な》く処《ところ》、百花《ひゃっか》、香《かんば》し』じゃ」。

この公案について、わたくし、智月こと染子は、次のように考える。

『論語』の陽貨篇《ようかへん》で、孔子は子貢《しこう》に向かって、「天、何《なに》をか言ふや。四時《しじ》行《おこな》はれ、百物《ひゃくぶつ》、成《な》る」と語っている。天は、何も語りはしない。けれども、四季の季節は正しく巡ってくるし、生きとし生けるものは、生の営みを無事に結実させている。これは、言葉は不要なのだという教えである。聖人として崇《あが》められている孔子がこのように言ったからには、軽々しく言葉にせず、心の中でじっくりと考えを熟成させる方が、勝《まさ》っているのだろう。

『古今和歌六帖《こきんわかろくじょう》』の歌、と言うよりも、『源氏物語』に何度も引用されている歌として、多くの人は次の古歌をご存知であろう。

心には下行《したゆ》く水の湧《わ》き返り言はで思ふぞ言ふに勝れる

川の表面は波立っていなくても、川の底では、水が激しく流れ、渦《うず》を巻いている。もしも本当に、人を好きになったならば、安易に、その思いを言葉にしてはならない。
表面は冷静さを装っても、心の奥底で激しい恋情が渦巻いているような、
言葉にしない、秘めた思いこそ、まことの恋なのだから。

ところが、同じ『論語』の衛霊公篇《えいれいこうへん》で、孔子は、自分はかつて一日中、何も食べず、一晩中、眠りもせずに一人で思索にふけったけれども、何の効果もなかった、と語っている。そして、「学ぶに如《し》かず」、誰かに言葉で教えてもらう方がよい、と結論している。先ほどの陽貨篇とは、一見すると矛盾している。

兼好の『徒然草』の第百九十三段にも、同じような状況が語られている。ひたすら経典《きょうてん》を読んで思索する学僧と、ひたすら坐禅と瞑想に励む僧とが、互いに自分の方が優れていると信じていたという話である。けれども、それはどちらも当たっていないと、兼好は判定している。

さて、この『無門関』の公案は、「言葉を口にする」ことと「沈黙を守る」こととは、どちらが勝っているかという問題を投げかけているが、容易には答えは出そうにない。どちらが真理にたどり着く道なのか、そう簡単には判断できないからである。

坐禅とは、すべての心の働きを停止させた状態のままで、「行《ぎょう》・住《じゅう》・坐《ざ》・臥《が》」の振る舞いをなすことだと言われる。けれども、そういう「心の働きの停止した状態」というものを、目で見て確認することなどできはしない。やはり、言葉での説明が、必要となる。

けれども、深遠で難解な「刹説《せっせつ》」や「衆生説《しゅじょうせつ》」などに関する認識論などは、どんなに言葉で聞いても理解できない。そういうことを深く理解している人が身近にいて、わたくしにも理解できる言葉で、わかりやすく説明してくれたならば、どんなにありがたいことだろうか。

さて、この公案で、風穴和尚は、「常《とこし》なへに憶ふ、江南、三月の裏、鷓鴣《しゃこ》啼く処、百花、香し」という漢詩を披露している。まさに、筆舌《ひつぜつ》に尽くしがたい、言葉を超越した江南の春の景色である。「百花、香し」とあるが、江南と言えば、海棠《かいどう》と梅が特に名高い。かの玄宗皇帝は、目覚めたばかりの楊貴妃がまだ眠り足りなそうにしている様子を見て、海棠の花に喩えたけれども、江南の春の曙に咲いている海棠の花は、まさに楊貴妃を思わせる風情《ふぜい》であろう。

そして、梅と言えば、香り。『古今和歌集』に、「色よりも香《か》こそ哀《あは》れと思《おも》ほゆれ誰《た》が袖触《ふ》れし宿の梅ぞも」とも、『新古今和歌集』に、「梅の花誰《た》が袖触《ふ》れし匂ひぞと春や昔の月に問はばや」とも詠まれているように、あれだけの薫香《くんこう》は、いったいどんな美女が袖に薫《た》きしめていた芳香を枝の花に移したのだろうかと、香りの源がゆかしく思われる。

揚子江の汀《みぎわ》の浮草《うきくさ》は、水量が増すにつれてゆらゆらと動きだすので、あたかも女性が長い髪の毛を洗っているかのように見える。また、柳が植わっている堤では、立ちこめた春霞のすき間から、細い柳の葉が見える。それが、女性の優美な眉のように見える。

隋《ずい》の煬帝《ようだい》は、大運河を建設して、舟に乗って江南の地に遊んだという。その御幸《みゆき》を待ちわびていた人々の心のほども、しみじみと思われる。そこで、わたくしの歌を一首。


行《ゆ》く舟も揺蕩《たゆた》ふ岸の添柳《そひやなぎ》緑の糸や影留《とど》むらむ

帝が御幸なさる大きな舟が、春たけなわの揚子江を下《くだ》ってゆく。

その舟が、とある岸辺に留まった。

そこには、川添《かわぞ》い柳《やなぎ》が、美しい糸のような葉を垂らしている。

舟を岸辺に係留しているのが、纜《ともづな》ではなく、この青柳の糸であるように見える。

春の女神のように美しい女性が、帝の舟を留めたのかしら。


江南の春の景物は、無言のうちに、人間の心を吸引し、引きつけてやまない。無言という、雄弁な言葉。それが、この漢詩の背景にあるのだろう。

25　三座説法《さんざせっぽう》

『無門関』第二十五則
仰山和尚《ぎょうざんおしょう》は、このような夢を見た。何でも、自分が弥勒菩薩《みろくぼさつ》のいらっしゃる兜率天《とそってん》に行ったところ、三番目の座に坐らされた。

坐った途端に、一人の尊者が白槌《びゃくつい》を打ち、その場にいる人々の注意を促して、言った。「今日の説法は、三番目の座に坐っておられる方の担当です」。

それで、仰山和尚は立ち上がり、自分でも白槌を打って、このように言った。「大乗の教えは、すべての言語や概念や論理を超越しております。これから、そのことを説明いたしましょう。御静粛に。御静粛に」。

この公案について、わたくし、智月こと染子は、次のように考える。

『和漢朗詠集』の「雲」の部に記され、『新古今和歌集』にも選ばれた名歌に、次のような歌がある。


よそにのみ見てや止《や》みなん葛城《かつらぎ》や高間《たかま》の山の峰の白雲

葛城山は、古代から人々に信仰された名山。
その葛城山と連なる高間山は、別名、金剛山《こんごうさん》とも呼ばれる高峰である。
その峰の上にかかる白雲は、地上の人間には手が届かない、永遠のシンボル。
その白雲は、ある時は憧れの異性のシンボルともなる。
ああ、人間はついに永遠にも憧れにも手が届かずに、生を終えるのであろうか。

この葛城山や金剛山のあたりに、さしずめ、持国天《じこくてん》・増長天《ぞうじょうてん》・広目天《こうもくてん》・毘沙門天《びしゃもんてん》(多聞天《たもんてん》)の四天王《してんのう》が住むという須弥山《しゅみせん》があるのだろう。そう言えば、源頼光《らいこう》が、渡辺綱《わたなべのつな》や坂田公時《さかたのきんとき》など、配下の「四天王」に命じて土蜘蛛《つちぐも》を退治したのが、この葛城山であるのも、偶然にしてはよくできた伝説である。

さて、四天王が住むのは、須弥山の中腹とされ、さらにその上に、帝釈天《たいしゃくてん》の住む忉利天《とうりてん》がある。そのさらに上に、絶えず光に満ちているという夜摩天《やまてん》がある。さらに、それを過ぎた高所に、弥《み》勒菩薩《ろくぼさつ》のいらっしゃるとされる兜率天《とそつてん》があるのだ。

この公案に登場する仰山和尚は、夢の中で、この兜率天まで行ったとのことである。高間の山の上にかかっている白雲の、さらにその上まで、気の遠くなるような距離を、仰山和尚は必死によじ登っていったのであろう。普通の人間にはまず手が届かない永遠と憧れを、仰山和尚は夢という手段でつかみ取ったのである。

けれども、夢の中だったとしても、仰山和尚はどんなにか心細い思いで、夢路を辿《たど》ったことであろう。けれども、それはあくまで夢の中の話である。本当に彼は、兜率先まで行ったと言えるのだろうか。

もしも、この時、激しく松風が吹いてきて、仰山和尚の夢を破り、目を覚まさせなかったならば、どんなにか寝相が悪く、大きな鼾《いびき》の音さえ立てながら、和尚は夢をむさぼり続けたことであろうか。そう考えれば、この公案の仰山和尚は、まことの悟りに達していなかった可能性もあるのではなかろうか。

ここで一首、和歌を記すべきだが、思いつかないので、今は、ここまでとしておこう。

さて、ここからはそれがし、慈雲の出番じゃ。智月殿、書き出しの「葛城山」には、思わず腰を抜かしましたぞ。というのは、愚僧は「葛城山人」と言われているように、葛城山を修行の場としておるからじゃ。自分のことを書かれたようで、こそばゆい。それで、この部分の葛城山はカットして、「人間の世界から仰ぎ見る高いところを、お日様やお月様が運行《うんこう》している。その場所に近い高所に、四天王が住むという須弥山がある」とでもしたら、いかがかな。

さらに、夢のあやふやさや、うさんくささを述べるためには、有名な二つのエピソードを書き加えてはどうじゃろうか。

そもそも、人間が見る夢というものは、この仰山和尚の夢のように、深遠なものばかりではない。「邯鄲《かんたん》の夢」ということわざの基になったのは、盧生《ろせい》が見た五十年間の栄華の夢じゃった。けれども、この五十年は、彼の枕元の黄粱《こうりょう》が煮えないくらいの、ほんの短い間の出来事だった。また、『南柯太守伝《なんかたいしゅでん》』は、淳于棼《じゅんうふん》という若者が見た夢の物語である。彼は、槐《えんじゅ》の木の下にある蟻《あり》の国に行き、国王の娘婿となって、三十年を過ごしたという。これらの話は、人生の短さ、そしてはかなさが主題であり、仰山和尚の話とは、直接に比較することはできない。しかし、夢の中で仰山和尚が説法をしたというのが、かなりいかがわしく感じられることは事実じゃ。

ここで、愚僧が一首。

説法《せっぽふ》はそれか有《あ》らぬか年経《としふ》れどまだ覚めやらぬ夢の小夜中《さよなか》

仰山和尚が兜率天で話したという説法は、夢の中。
夢は古来、有るのか無《な》いのか、真実なのか虚構なのか、わからないとされるもの。
盧生は五十年、淳于棼は三十年で、夢から覚めた。
仰山和尚は、夢から覚めもしないで、ぐっすりと寝たままで説法したという。
それが、寝言でなければ、よいのじゃがな。

もう一首、愚僧の歌を。

はかなくも夢路《ゆめぢ》に結ぶ草枕《くさまくら》天《あま》つ空《そら》なる心のみして
「夢の中で夢を見る」ということがある。

夢の中で旅をすることもある。

それが果たして、まことの「心の旅路」であるかどうかは、誰にもわかるまい。

夢を見ている当人も、ふわふわと魂が宙を漂っているような、

そんな気持ちがしていることじゃろうて。

ただし、潙山和尚は、なぜか仰山和尚に「お前は既に聖位に入っている」と言ったそうじゃ。

26　二僧巻簾《にそうけんれん》

『無門関』第二十六則

清涼院《しょうりょういん》の大法眼《だいほうげん》和尚《おしょう》は、食事の前の参禅のために、僧たちが部屋にやってきたので、手で簾《すだれ》を指差《さ》した。その時、二人の僧がいたが、二人は同時に指差された場所まで行って、簾を巻き上げた。

すると、大法眼和尚は、このように言った。「一人は、それで良し。もう一人は、それでは駄目だ」。

この公案について、わたくし、智月こと染子は、次のように考える。

この公案に登場する二人の僧のように、二つのものが対照的である例は多い。

たとえば、天と地。朱子学で説くように、天は高く、地は低いものである。

次に、竹と棘《いばら》。『嘉泰普燈録《かたいふとうろく》』には、「松は直《なお》く、棘は曲《ま》がれり」とあるが、竹も松と同じように、まっすぐに伸び、棘は曲がって育つものである。

三番目に、孔雀《くじゃく》と兎《うさぎ》。孔雀は、雷の音を聞いて舞い、子どもを孕《はら》むと言われる。それに対して兎は、月を見て孕むという言い伝えがある。

四番目に、竜と虎。龍が鳴けば、雲が湧《わ》き起こる。虎が吠えれば、風が吹いてくる。

さて、二人の僧は同時に簾《すだれ》を巻き上げたとされるが、どうして二人に対する大法眼和尚の評価が、こんなにも違ってしまったのだろうか。もしかしたら、二人の僧はそれぞれの資質が大きく違っていたので、異なる簾の巻き上げ方をしたのだろうか。

ここで考えてみると、二人の僧がたとえ異なる簾の巻き上げ方をしたとしても、どうして「一人は、それで良し。もう一人は、それでは駄目だ」という判定がなされたのかという疑問が残る。

二人の僧は、天と地、竹と棘、孔雀と兎、竜と虎のように、それぞれ別々の個性を明らかにしただけなのだ。
智恵がある人は、かえって智恵に迷って道を失い、才人は、かえって才に倒れるものである。利害と損得のことばかりを考えて、経済的に豊かな暮らしを維持することに必死な人がいる。そうかと思えば、そのような利害や損得のことはまったく考えずに、精神的に楽しく暮らしている人もいる。たぶん、二人の僧の違いは、そのような点にあったのではないだろうか。

ここから、それがし慈雲の出番じゃ。智月殿は、最後に和歌を記しておられなんだ。おそらく、このあたりを執筆中の体調が優れず、この『鳥の空音』を完成させることができなかったのじゃろう。それで、智月殿の意を汲《く》んで、愚僧が一首ひねっておこう。

巻《ま》き上《あ》ぐる小簾《こす》や千里《ちさと》の春ならむ流れの緑《みどり》山の紅《くれなゐ》

簾を巻き上げたら、外の景色として、いったい何が見えるだろうか。
見えてきたのは、見渡す限りの春景色である。
川には木々の緑が映っているし、山には紅《くれない》の花が咲いている。
川と山は、それぞれ異なる春の色に染まっている。
異なる個性を持つ二人の僧には、それがわかっただろうか。

ついでに、もう一首、愚詠を。

薄《うす》く濃《こ》き色に分《わ》かれて春霞立ち隔てたる遠近《をちこち》の山

簾を巻き上げたら、山が見えた。

春なので、霞が山にかかって、かすんで見える。

ふと気づいたが、遠くの山の霞は薄く見え、

近くの山の霞は濃く見える。

人間だけでなく、霞にまでも個性の違いがあったとはのう。

27 不是心仏《ふぜしんぶつ》

『無門関』第二十七則

南泉和尚《なんせんおしょう》に、ある僧が問うた。「これまでに、まだ説かれていない法というものは、あるでしょうか」。

南泉和尚は、答えた。「有《あ》る」。

そこで、僧は問うた。「その、これまでに、まだ説かれていない法とは、どんなものでしようか」。

南泉和尚は、このように言った。「それは、心でもなく、仏でもなく、迷える衆生《しゅじょう》でもない」。

この公案について、わたくし、智月こと染子は、次のように考える。

この『無門関』の第二十七則では、「法とは、心でもなく、仏でもない」と説いている。ところが、同じ『無門関』の第三十則では、「仏とは、心のことなのだ」と説かれている。さらにさらに、第三十三則では、「仏とは、心ではない。そして、仏でもない」と説かれている。

仏教的な真理と、世俗的な真理とは、同じだと説かれることがある。また、真理と妄念《もうねん》とが別であるという考えを離れて、同一視しなければならない、と説かれることもある。さらに、弘法《こうぼう》大師《だいし》の教えには、究極の真理であるという「不二摩訶衍《ふにまかえん》」もあるというが、とうてい、わたくしなどの理解の及ぶところではない。それらに関しては、わたくしではなく、とくと学問を積んだ高僧に尋ねてほしい。

というわけで、これからは、深遠な禅の教義ではなく、わたくし個人の体験を書くことにしよう。わたくしがいつぞやか、父親に先立たれて、その喪《も》に籠《こ》もっておりました頃に、わたくしと親しい女性の友だちが、お子様を亡《な》くされたことがあった。その知らせを聞いた瞬間に、わたくしが彼女に詠み送った和歌がある。

訪《と》ふ人も訪《と》はれし袖の涙にも比べ苦《ぐる》しき化野《あだしの》の露

あなたを弔問するわたくしの袖には、父を喪《うしな》った哀しみの涙の露。
わたくしから弔問されるあなたの袖には、我が子を喪った哀しみの涙の露。
そして、亡骸《なきがら》を葬る化野《あだしの》には、朝夕の露がびっしりと。
わたくしの涙の露、あなたの涙の露、そして化野の露。
この三つの露は、どれが真実の露なのでしょうか。
あるいは、この三つのどれも真実の露ではないのでしょうか。

ここからは、それがし慈雲の出番じゃ。確かに、ここはどういう和歌を書き記すか、大変にむずかしいところじゃ。ただし、智月殿の詠まれた和歌は、この公案とうまく関わっていないように思う。カットしましょう。その替わり、愚詠ではなく、世間に広く知られている古歌を記しておこう。

裁《た》ち縫《ぬ》はぬ衣《きぬ》着る人も無《な》きものを何山姫《なにやまひめ》の布晒《さら》すらむ

ここは、吉野山の龍門《りゅうもん》の滝。
滝から流れ落ちる水は、一枚の大きな布のよう。

この天衣無縫《てんいむほう》の布を着る仙人は、もうこの山には住んでいないのに、どうして、吉野山の女神は、布を滝水に晒《さら》して染色しているのだろうか。

これは、『古今和歌集』を代表する女性歌人である伊勢《いせ》の御《ご》の歌じゃ。大きな滝が流れ落ちている。何のために、滝は落ちているのか。それが、「法」である。だが、それは山の女神のためでもなく、仙人のためでもない。まして、それを眺めている人間のためではない。それでは、何のためなのか。そこが、思案のしどころじゃ。

もう一度言う。「これまでに、まだ説かれていない法とは、迷える衆生《しゅじょう》でもない」。そこで、もう一首。少しばかり、古歌を改作してある。

我妹子《わぎもこ》を我《われ》待ち居れ《を》ば我《わ》が宿《やど》の簾《すだれ》動かし秋の風吹く
　いとしい妻と早く逢《あ》いたい。
そう思って待っていると、我が家の簾《すだれ》が動いた。
風が入ってきたのだ。涼しい。そして、ひんやりとする。
もしかしたら、この風が、いとしい妻なのだろうか。

『万葉集』では、「君待つとあが恋ひをれば」となっていて、額田王《ぬかたのおおきみ》が天智天皇《てんじてんのう》の訪れを待つ立場で詠んだ歌、ということになっておる。

秋風が、吹く。この風が、「法」である。何のために秋風は吹くのか。決して、迷える衆生のためではない。いとしい妻を思う男の気持ちを慰めるためではなく、また男をじらして苦しめるためでもない。秋風は、ただ秋風のためだけに吹くのだ。

「君待つと」よりも「我妹子《わぎもこ》を」とある方が、男の恋心という衆生の迷いを表現できるかと思って、改作してみたのだが、どうだったろうか。智月殿は女性じゃから、「君待つと」の方がよろしかったかのう。

28　久響龍潭《きゅうきょうりょうたん》

『無門関』第二十八則

龍潭和尚《りょうたんおしょう》の部屋に、徳山和尚《とくざんおしょう》が教えを請《こ》いに来ていたが、夜になった。龍潭和尚は、言った。「夜も、更《ふ》けてきたようじゃ。お前さんも、そろそろ山を下りたらどうじゃな」。

徳山和尚は、龍潭和尚にお別れの挨拶をしてから、簾《すだれ》を上げて外へ出た。ところが、外があまりにも暗かったので、引き返してきて、言った。「外は、真っ暗です」。

そこで、龍潭和尚は、紙燭《しそく》に火をともして、徳山和尚に渡した。ありがたいと思った徳山和尚が、まさに紙燭を受け取ろうとした瞬間、龍潭和尚は、紙燭の火をふっと吹き消した。徳山和尚は、この時、突然に悟るところがあり、龍潭和尚を礼拝《らいはい》した。

龍潭和尚は、問うた。「お前さんは、いったい、どんな真理を悟ったというのかな」。

徳山和尚は、言った。「私は、今日からはもう、どんな禅の大家の和尚と出会っても、その言葉に振り回されることはないでしょう」。

その翌日、龍潭和尚は法堂《はっとう》で説経して、このように言った。「もしも、ここに一人の男がいたとして、剣の樹林のように鋭い歯を持ち、血を乗せた盆のような口を持ち、一棒を食らわされても振り向きもしないようであれば、その男はいつの日にか、聳《そび》え立つ孤峰の頂上に立って、その男の真理を確立することであろう」。

徳山和尚は、それまでは信奉し、大事に所持していた『金剛般若経《こんごうはんにゃきょう》』の注釈書を取り出して、法堂の前で、一本の炬火《たいまつ》を掲げて、このように言った。「わたくしは昨夜、悟るところがありました。どんなに深遠な学問を極めたとしても、わずか一本の毛を大空に投げたのと同じことです。また、世間で幸福に暮らしてゆく方法を手に入れたとしても、わずか一滴の水を巨大な谷に投ずるのと同じことです」。

言い終わるや、徳山和尚は『金剛般若経』の注釈書を未練なく焼き捨て、龍潭和尚に礼拝し、山を下りて去った。

この公案について、わたくし、智月こと染子は、次のように考える。

この公案について考えるためには、そもそも徳山和尚がどういう経緯で、龍潭和尚と対面したかということを、正確に知っておく必要があるだろう。

それまで徳山和尚が住んでいて、『金剛般若経』に関する学問を究めた西蜀《せいしょく》という地方は、広い中国の中でも、たいそうな田舎《いなか》である。けれども、珍重すべき文物が、たくさんあるということだ。蜀の都である成都《せいと》のそばを流れる川は、錦江《きんこう》と呼ばれ、わが国でも珍重される織物である「蜀江錦《しょっこうきん》」の産地である。蜀江の水で染め出した錦は、非常に美しい色に染《そ》まるのだという。我が国の龍田川《たつたがわ》は紅葉《もみじ》の名所として知られるが、秋に散った紅葉の葉が龍田川を流れてゆくさまは、風流の極致である。この龍田川の流れの末が、蜀の錦江なのだろう。

また蜀には、峨眉山《がびさん》という有名な山がある。李白《りはく》が、峨眉山にかかった半月を詠んだ漢詩を残している。心を締《し》め付けるように美しい峨眉山の月の光景と似通った月の名所を、もしも我が国に求めるならば、さしずめ更級《さらしな》の姨捨山《おばすてやま》だろうか。『古今和歌集』の、「我が心慰《なぐさ》めかねつ更級や姨捨山に照る月を見て」という古歌の風情である。更級では、「田毎《たごと》の月」がどの田にも映っているが、それがそのまま中国の峨眉山の麓《ふもと》でも眺められるのではないだろうか。

初夏、五月雨《さみだれ》が降ってしめやかな雰囲気の漂う夜に、燈火《ともしび》も明るく燃やさず、ほの暗くしていると、思わず夢を結ぶというほどではなくても、ちょっとしたうたた寝をしがちである。そのうたた寝を破って、はっと目覚めさせてくれるのは、時鳥《ほととぎす》の一声である。この時鳥も、蜀の王であった望帝《ぼうてい》の死後の魂が、この鳥に化身《けしん》したものと言われている。そう思うと、我が国の初夏の風物詩である時鳥も、蜀の国とゆかりがあるのだ。

わたくしが蜀という国に親愛感を持つのは、これらのほかにも、いくつものエピソードが蜀には伝わっているからだ。蜀の国に、卓文君《たくぶんくん》という才媛がいた。彼女は裕福な家の娘だったが、夫が亡くなったので、一人暮らしをしていた。けれども、司馬相如《しばしょうじょ》という才気煥発な男性が「鳳《ほう》兮《や》、鳳《ほう》兮《や》」という琴の曲を演奏したのに耳を留めて、それが二人のなれそめとなったのである。この曲は、「鳳や、鳳や、故郷に帰る。四海に遨遊《ごうゆう》して、其《そ》の凰を求む」という歌詞であり、雄《おす》の鳳が世界を飛び回りながら、雌《めす》の凰を求める心を歌ったものである。

司馬相如と卓文君の二人は、互いに相手に一目惚れした。そして駆け落ちしてまで結ばれたのだけれども、後に立身出世した司馬相如は、卓文君をないがしろにして、愛人を作った。その時、卓文君が詠んだ『白頭《はくとう》の吟《ぎん》』は、何ときっぱりとした女心の籠《こ》もった詩であろうか。司馬相如は、ほかの女に心を移しかけていた「秋心《あきごころ》」を、この詩に触れて心から反省した。二人は、元通りの深い愛情を復活させることに成功したのだった。

【蜀には、そのほかにも、さまざまな特産品がある。蜀の西の邛《きょう》という国で、張騫《ちょうけん》は珍しい竹の杖を見た。それは、インドから伝わったものだという。また、蜀の名産である枸杞《くこ》で作った醬《ひしお》も、交易の対象となった。これらのことが、シルクロードの開拓と貿易の発展につながったのである。また、この地で寡婦《かふ》の清《せい》は、水銀の鉱山を発掘して巨富を築いた。また、卓王孫は銅山の経営と、蹲鴟《そんし》という大きな芋の売買とで、富豪となった。この卓王孫の娘が、先ほどの卓文君である。】

さて、このように心にしみるエピソードの数々に満ちた蜀の国の、山深く、周《まわ》りを谷で囲まれた里で、徳山和尚はひたすら『金剛般若経』の研鑽に励んでいた。そして、ほかの人と関わりを持とうなどとは、まったく考えもしなかった。常に『金剛般若経』を唱えていた徳山和尚には、「周金剛《しゅうこんごう》」とか「周金剛王《しゅうこんごうおう》」などという綽名《あだな》が付けられたほどだった。『源氏物語』の主人公が、「光る君」などと、仰山《ぎょうさん》なあだ名で呼ばれたのと似ているが、どちらにも軽い揶揄《やゆ》のニュアンスが感じられる。

そのように、『金剛般若経』一筋だった徳山和尚は、南の国では「自分の中にある心こそが仏であるから、仏を外部に求めてはならない」という、間違った教えを広めている「魔師《まし》の禅」があると耳にした。

その話を聞いた徳山和尚は、【激怒した。世界には因があって果がある、という事実を知るだけでも、大変な修行を必要とするものだ。お釈迦様の教えを直接に聞く機会に恵まれた幸運な修行者ですら、悟りに至るためには、早い人で三回の生まれ変わり、遅い人では六十劫《こう》もの長い時間が必要だと言われている。まして、世界の根本である、大いなる因と大いなる果を悟るためには、どれほどの研鑽が必要なことか。自分の心のありのままがすなわち仏だとは、許しがたい邪教だ。そう考えた徳山和尚は、】「悟りを得ることの困難さから目を背《そむ》け、こんなにも簡単に悟りに到達できるなどと考えるのは、仏法を理解している人が世の中にはそれほど多くはいないからなのだ」と思った。

そして、正しい教えを書き記した経典を、まさに「汗牛充棟《かんぎゅうじゅうとう》」ということわざの通りに、山ほども車に乗せ、牛に引かせて、旅立った。徳山和尚は、「魔師の禅」を懲《こ》らしめ、真実の仏法の導き手となろうと決心されたのである。

蜀の剣閣山《けんかくざん》の険しい山道を越え、岩壁から張り出していて、見るからに危険な蜀の桟道《さんどう》でも、進み煩《わずら》うこともなく、蜀の都にかかる「万里橋《ばんりきょう》」ではないが、仏敵を論破するためには一万里の距離を遠しとせず、論敵と戦うために赴こうとする徳山和尚の志こそ、まことに堅固であり、尊く感じられる。

東下《あずまくだ》りする『伊勢物語』の在原業平《ありわらのなりひら》ではないが、行《ゆ》き行きて、徳山和尚は澧州《れいしゅう》という所までやって来た。この場所で、たまたま点心《てんじん》を摂《と》ろうとしたのは、まことにもって過去の因縁が種子のように発芽して、すばらしい未来を生み出すことの好例と言ってよいだろう。この時、道端で軽食を売っていた老女は、徳山和尚の注文を聞いて、遠慮することもなく大胆な問答を始めた。もしかしたら、この老女は徳山和尚が来ることを、前もって誰かから耳にしていて、待ち受けていたのかもしれない。

老女は、尋ねた。【「お坊様は、どこから来て、どこへと行きなさる」。

徳山和尚は、答えて言った。「愚僧は、蜀の国から来た。この国に来て、正しい仏法を教えるためだ」。

老女、【「たいそうな荷物を、車にお積みのようじゃが、いったい何を牛に引かせておるのじゃ」。

徳山和尚は、我が意を得たとばかりに、得意げに、答えた。「これはすべて、『金剛般若経』に関する注釈書や研究書なのだ。【人が口にする言葉には、すべてしっかりした典拠がなければ、その人は君子とは言えない。このあたりで邪教を説いている僧たちは、自分勝手なことばかりを口にしていて、ちゃんとした経典に則った議論ができない輩《やから》に違いない。それに対して、愚僧が口にする言葉は、すべてお経や、お経を論じた注釈書、さらには祖師たちの残した語録に基づいている。それを明らかにする証拠として、これらの書物を持ってきたのだ」。

老女、「それなら、わしもお坊様に尋ねたい質問がある。お坊様が、もしわしの納得するような立派な答えをなさるのじゃったら、油で揚《あ》げたこの餅《もち》を、ただで差し上げよう。それを、点心としたらよい。もし、お坊様がうまく答えられんようなら、餅はあげないから、よそで買いなされ」。

徳山和尚は、ここまで熱心に老女が問いかけるので、言った。】「最近、このあたりではびこっている邪教のあやまちをただして、正しい教えを示したいのだ。本格的な議論のトレーニングにちょうどよい。さあ、何でも質問するがいい」。

すると、老女が、思っても見なかった高度な質問を投げかけたではないか。「お坊様が後生大事にお持ちの『金剛般若経』には、確か、『過去の心は、過ぎ去ったものだから、正しく認識することができない。未来の心も、まだ存在しないものだから、正しく認識することができない。現在の心も、刻々と生成するものだから、正しく認識することができない』ということが書いてあるはずじゃ。今、お坊様は「心」という字を含む『点心』を御所望《ごしょもう》じゃが、過去の心、未来の心、現在の心のうちの、いったいどの腹心《ふくしん》に餅を点加《てんか》なさるおつもりかな」。

このように問われた徳山和尚は、答えの言葉を見つけることができなかった。【言葉を発さない徳山和尚の口は、貧しい男が背に担う荷籠《にかご》のように、しっかりと結び合わされていた。】

もしも徳山和尚が、真理に透徹した見方で世界を見ることができていたならば、老女との問答がこの段階に至った時に、何かを悟ったはずである。「思い半《なか》ばに過ぎる」とは、このことである。わざわさ、このあと龍潭和尚に会いに行かなくても、どの場所においても真理に到達できたのではないだろうか。しかし、どんな美食も、満腹している人のお腹には入らない。徳山和尚は、『金剛般若経』の教えで頭がいっぱいで、そのほかのことを考える余裕がなかったのだろう。それに、せっかく運んできた『金剛般若経』を簡単に焼き捨てる決心がつかなかったのでもあろう。

【しばらくして、徳山和尚はやっと口を開いて、老女に問うた。】「ここから遠くない里に、いったいどんな優れたお坊様がいらっしゃるというのだ。きっとその人から、そなたは耳学問で、いろいろ聞いておるのだろう」。

老女、「ここから五里の所に、龍潭和尚がいらっしゃる」。

ちなみに、この龍潭和尚というお方は、餅を売る人の子どもである。徳山和尚をやりこめた、餅を商う老女が龍潭和尚と知り初《そ》めたのも、その関係なのだろうと、わたくし、智月こと染子は推測している。

学問のない老女をここまで感化した龍潭和尚とは、どういうお方なのか。それを知りたい一心で、徳山和尚は道の周囲の風景も目に入らないほど夢中になって、龍潭和尚のお寺を目指した。名前は「龍潭」だが、別に「潭＝深い淵」もなく、「龍」も姿を現さない、ごく普通のお寺で、徳山和尚は龍潭和尚と議論を交《か》わした。

ここから、やっと『無門関』の公案となるのだ。

二人が話し合っているうちに、夜が更けた。あっという間に、夕月が山の端《は》に隠れる時間になっていたのだ。「お前さん、もう山から下りたらどうかね」という龍潭和尚の教えに従って、徳山和尚は部屋を出ようとして、簾《すだれ》を上げた。すると、あたりは暗闇で、「物のあやめも見えない」という慣用句そのままの漆黒の闇である。

そこで、徳山和尚は龍潭和尚のもとへ、一旦、引き返してきた。彼が言ったことには、「前の道は、真っ暗です」。

龍潭和尚は、「ほい、これを」と言って、紙燭《しそく》に火を付けて、徳山和尚に渡そうとした。徳山和尚がそれに手をさしのべて、まさに手で取ろうとした瞬間に、龍潭和尚が、ふっと、息を強く吹いた。火は、とたんに消えた。「熟した廱《よう》」という言い方があるが、脹《ふく》れるだけ脹れあがった腫《は》れ物《もの》は、ある瞬間に突如として破けて、消え去ってしまうものである。それが、徳山和尚の心にも起きたのだ。【これまで、徳山和尚は文字面《もじづら》だけで真理を探究してきたが、熱湯を注がれた雪のように、従来の徳山和尚の知識や思想は、龍潭和尚の一息で溶けて無くなったのである。】

徳山和尚は、「これからは、龍潭和尚の教えを疑いません」と言って、龍潭和尚を深く礼拝なさったということだ。それにしても、わたくしが不思議に思うのは、「もう疑いません」というのは、いったい何を疑わないと言ったのだろうか。

【「泥裏《でいり》に土塊《どかい》を洗う」という諺があるが、汚い物を汚い物で洗っても、きれいになることはない。誤った文字だけの解釈という徳山和尚の「熟した靡」を、龍潭和尚は泥ではなく、どんなきれいな水で洗ってあげたというのだろうか。】

そんなことがあった翌日、龍潭和尚が、「徳山和尚は、いつかきっと自分の道を立てることができるだろう」と認めたのは、いったいどんな立派な道を、徳山和尚が確立できると龍潭和尚は踏んだのだろうか。

徳山和尚は、大変な思いをして蜀からここまで運んできた『金剛般若経』を、火の中に投じて燃き捨ててしまわれたというけれども、別にそこまでしなくてもよかったのではないかと、思われてならない。

ここから、それがし、慈雲の出番じゃ。智月殿、そなたの文章は、何を言いたいのか、よくわからん。徳山和尚が龍潭和尚との出会いによって、いかなる悟りを開いたのか。それとも、悟ったふりをしただけだったのか。そこのところが、はっきりわかっておられないようだ。

まず、【　】を付けた箇所は、愚僧が書き足した文章じゃ。これによって、徳山和尚と老女の対決に、緊迫感をもたらすことができたのではないかな。このあと、和歌が書いてないが、愚僧が智月殿に替わって、書き足しますぞ。愚僧自身も、生悟りじゃほどに、書き直し書き直しつつ、手探りで書いてゆきまする。

亀を見た多くの人が、「あれは亀ではなくて鼈《すっぽん》だ」と言えば、その生き物は亀ではなく、鼈になってしまう。真理とは、まさにそういうものだ。徳山和尚は、龍潭和尚と対面した翌日、法堂の前で『金剛般若経』を焼き捨てた。けれども、それは決して、これまでの徳山和尚と正反対の考えの持ち主になったということでもない。「蝦《えび》、跳《おど》れども、斗《と》を出《い》でず」ということわざがあるように、どんなに人間が暴れ回っても、世界の真理という枠組みから外へと逸脱することは、できない。『金剛般若経』を信じて龍潭和尚を論破しようが、龍潭和尚を信じて『金剛般若経』を焼き捨てようが、結局は、お釈迦様の掌《てのひら》の中に包まれておるのじゃ。

ここで、愚僧の和歌を一首。

焼かずとも草は萌《も》えなむ春日野《かすがの》をただ春の日に任《まか》せたらなむ

徳山和尚は『金剛般若経』を焼いたけれども、

焼かずとも、悟りには到達できたことじゃろう。
早春の原っぱでは、野焼きをすることが多いけれども、
野焼きをしなくても、春になったら草は勝手に生《は》えてくるものじゃ。
春日野の草は、春の日の光を浴びれば、それだけで大きく育つ。
人の心も、真理の光を浴びれば、もうそれだけで幸福になれるというものじゃ。

『碧巌録《へきがんろく》』の「趙州不揀択《じょうしゅうふけんじゃく》」に書いてあることが、参考になるのではあるまいか。「まだ禅の関門を通過できない段階では、真理というものが、あたかも銀山鉄壁《ぎんざんてっぺき》のように自分の前に立ちはだかっていて、越えるのが困難なように感じられるものだ。けれども一度、禅の関門を通過してしまえば、振り返ってみて、自分自身の存在こそが、最初から鉄壁銀山であったのだ、ということを理解できるだろう。『それは、なぜなのか』と、人から聞かれたら、私はその人に、こう答える。『一機一境、どんな異なった場面であっても、それぞれの機会や境遇の本質をつかみさえすれば、凡《ぼん》も聖《しょう》もないこと、すなわち、迷いも悟りもないことがわかり、そのどちらも寄せ付けないからだ』、と」。

もし、この境地に達しない人がいたら、その人には、次の和歌を献じよう。

葛城《かつらぎ》や久米路《くめぢ》の橋のなかなかに渡さぬままの名にし負《お》ふてふ

葛城の久米《くめ》には、作りかけの岩橋がある。

役《えん》の行者《ぎょうじゃ》が、葛城山の一言主《ひとことぬし》の神に命じて、夜のうちに橋を作らせたけれども、あと少しの所で朝になって、完成しなかったと言い伝えられている。

この作りかけの橋は、迷いから悟りに移ることの困難さを人々に教えている。

迷いも、悟りも、どちらも捨てよ。そして、どちらも認めよ。

橋などは、最初から架けない方《ほう》がよいのじゃ。


さて、智月殿。愚僧から、質問しよう。徳山和尚は、『金剛般若経』を焼き捨てたが、これにはどんな意味があったのかな。

29　非風非幡《ひふうひばん》

『無門関』第二十九則
慧能和尚《えのうおしょう》が立ち寄ったお寺の旗を、風が音を立てて吹きあげた。それを見た二人の僧たちが、議論した。

一人が、言った。「旗が、動いているのだ」。すると、もう一人が、言った。「そうではない。風が、動いているのだ」。二人の僧の議論は、いつまでも同じことを言い張って、どちらも理屈で相手を納得させることができなかった。

すると、慧能和尚は、このように言った。「風が、動いているのではない。旗が、動いているのでもない。お前さんたちの心が、動いているだけだ」。

この言葉を聞いた二人の僧には、思わず震えが走った。

この公案について、わたくし、智月こと染子は、次のように考える。

この公案に向かうためには、第二十三則に登場した慧能和尚という人物の心の真実を知る必要がある。そこでわたくしは、いささか遠回りすることになるけれども、「孝」から話し始めよう。漢の時代に書かれた『白虎通義《びゃっこつうぎ》』という書物には、「孝行は、すべての善行の基本である」とある。【山の洞穴で、そこから雲をはき出さぬものはなく、野の草で、風に靡《なび》き伏さないものはない。それと同じように、孝行は、人間が人間であることの証《あかし》なのだ。孝行は、すべての人間の心に存在している。】国を正しく治めることも、家を興《おこ》して繁栄させることも、【上に立つ側が、下の立場の者から慕われることも、】個人が立身出世して名を上げることも、この孝の道を体現していなければ不可能であり、孝なくして、うまくいった前例はないと言われている。

古代インドに、慈童女《じどうにょ》という、不思議な名前の少年がいた。彼のエピソードは、『雑宝蔵経《ぞうほうぞうきょう》』

という仏典などに書かれている。この少年は、母親の髪の毛を抜いてしまう親不孝の罰を受けて、大きな苦しみを受けたけれども、それを機縁として、孝の大切さに気づいた。そして、悟りを開いた。この慈童女は、釈迦の前世の一人だとされる。中国でも、舜《しゅん》が孝行であることを評価されて、堯《ぎょう》から皇帝の位を譲られたという話は、『二十四孝《にじゅうしこう》』などで広く知られていよう。

我が国でも、昔から今まで、人々が語り伝える親孝行の話は多い。主君が家臣を登用する際にも、この孝行を基準とするとされる。下々《しもじも》の庶民の間でも、友を選ぶならば、親孝行の人を友として、親交を結ぶ。男児がいる家では、嫁をもらう際には親孝行の娘を選ぶ。女児がいる家では、婿《むこ》を取る際には親孝行の息子を選ぶ。ことほどさように、人間関係の基本は、孝であるとされるのである。

このように、儒教だけでなく、仏教でも、孝の精神は大切だとされてきた。『梵網経《ぼんもうきょう》』という経典には、蓮華台蔵世界《れんげだいぞうせかい》の主である盧舎那仏《るしゃなぶつ》が、わたくしたちの世界の主である釈迦如来に尊い教えをお伝えなさったという言葉が書いてある。この言葉を聞いて、お釈迦様は初めて無上正《むじょうしょう》覚《がく》の悟りを開かれた。そして、「波羅提木叉《はらだいもくしゃ》」という、仏法に志す者が守るべき戒め（＝制止）を、初めてその口から唱えられた。その中に、「めいめいの父と母、師僧《しそう》、三宝《さんぼう》に孝順《こうじゅん》せよ。孝順は、至道の法である」という言葉があると、わたくしはかつて教えられた。

社会が正しく機能するためにも、個人が仏教によって悟りを開くためにも、どちらにしてもこの「孝」という一筋の道に寄らなければ、何事もうまく機能しないものなのである。【孝は、す

べての始まりであり、すべての道につながっている。】

ところが、世間の人が語り伝えていることには、『徒然草』第七十三段に書いてあるように、そらごとが多い。黄檗和尚《おうばくおしょう》が仏の道を探究されるために、子どもとしての当然の務めを親に対して果たさなかったと非難されることがある。母親に自分の足を洗わせたとか、子である黄檗和尚を追いかけているうちに母親が溺死したとかの話である。だが、これは根拠のないそらごとだと、この道に詳しい人たちは言っているようだ。母親は、黄檗和尚の力で昇天したと伝えられる。

黄檗和尚の弟子である陳尊宿《ちんそんしゅく》は、住職を勤めていた龍興寺を捨てて、「草履《ぞうり》=蒲鞋《ほあい》」を売って母親を養ったので、陳蒲鞋とも呼ばれた。わが国の高僧である良弁《ろうべん》は、幼い頃に鷲《わし》に連れ去られたが、縁あって東大寺で得度した。そして、わが子を捜し求める母親と、道端で再会を果たしたと伝えられている。これらは、まことの話である。仏法のリーダーである人たちの歩むべき道は、この「孝」の道以外にはないのだろう。

昔の人が言い置いていたように、孝行は、それほど実践することが困難なことではない。また、それをしたからといって、人から笑われるようなことでもない。けれども、人間というものは、異性に関する好色なことにかけては、我が身を忘れてうつつをぬかし、場合によっては色事に命を賭けるようなことまでする。それなのに、孝行に対しては、些細な差し障《さわ》りを口実にして、不作為を決め込んでしまう。かえすがえすも浅ましく、また疎《うと》ましいことである。

さて、ここまで、『無門関』の公案とは一見関わらない「孝」の話をしてきたが、そろそろ慧能和尚に焦点を絞るとしよう。「六祖」とも呼ばれた慧能和尚は、かつては嶺南《れいなん》地方で父親を早くに失い、母親を養うために、毎朝毎朝、山で柴刈りをして生計を立てていた。母親に仕えることはまことにこまやかであった。この孝心こそが、まさに「自性《じしょう》の智恵」というものであり、彼が後々、不滅の法統を受け継ぎ、それを弟子たちに伝えた礎だったのではないだろうか。

『拾遺和歌集』には、行基菩薩《ぎょうきぼさつ》が詠んだ、「法華経《ほけきやう》を我《わ》が得《え》しことは薪樵《たきぎこ》り菜摘《なつ》み水汲《みづく》み仕《つか》へてぞ得《え》し」という和歌が載っている。慧能和尚は、無学で文字も読めなかったと言われているが、彼にとっては山で木を切る斧《おの》の音も、集めた薪を市場で売り歩く声も、どちらも曇りのない鏡にも喩えられる、澄み切った心境だったのではないだろうか。清らかな鏡が大切なのであって、その鏡を乗せる台などは、要《い》らないのだ。現に、慧能和尚自身が、後に、「明鏡、また台なし」、「身を明鏡台と為《な》す」という偈《げ》を作っておられる。

慧能和尚は、このような柴刈りの日々を送っていた。ある日、市場で薪を売り歩いていたが、ふと、ある店にいた人が、「応《まさ》に住《じゅう》する所《ところ》無《な》くして、而《しか》も其《そ》の心を生《しょう》ずべし」（心の状態を一つに固定するのではなく、心は自由に動かすとよい）という言葉を口にするのを耳にした。一つ前の第二十八則で、徳山和尚が焼き捨てた、あの『金剛般若経』に書いてある言葉である。慧能和尚は、この『金剛般若経』の一節を聞いただけで、瞬間的に深く悟るところがあった。

そして、母親と別れて、本格的に禅を修行することを決意した。これはもしかしたら、無門和尚が『無門関』の序文で述べている「好肉上《こうにくじょう》の瘡《きず》」、すなわち「きれいな肌の上にあえて瘡を彫《ほ》りつける」のと同じ、無用の行為ではなかったろうか。貧しくても母親に孝を尽くし、幸福に暮らす生活こそが、禅を学ばずして、「応《まさ》に住する所無くして、而《しか》も其の心を生」じている理想的な状態であったと、わたくしは思う。

けれども、慧能和尚は、あえて母親と別れて修行に励む決心をして、達磨《だるま》大師から数えて五代目に当たる五祖《ごそ》・弘忍和尚《ぐにんおしょう》に教えを請《こ》うた。弘忍和尚は、慧能和尚が文字を読めず、また嶺南の出身であることを捉えて、「お前には、仏になる素質がない」と厳しい口調で語った。すると、慧能和尚は、「人間の出身地には南と北の違いはありますが、仏になる資格には南も北もありません」と言ってのけた。

この答えは、むろん真理を言い表しているのだが、既に「孝」を通して真理に到達している慧能和尚にとっては、禅の修行自体が、雪の上に降り重なった霜のようなものである。本来は、不要のものだったのではあるまいか。孝行を貫くのも、禅を修行するのも、全く同じ意味を持つ二つの行為であると、わたくしは考える。

弘忍和尚は、この問答によって慧能和尚のすぐれた才質を見抜いたが、厳しい修行に励んでいる七百人の秀才たちの手前、米を搗《つ》く仕事を与えて、石臼《いしうす》を引かせることにした。

やがて、弘忍和尚が後継者を決める段になって、慧能和尚を米搗き小屋まで訪ねていった。弘忍和尚は、「米は熟したか」と問うた。慧能和尚は、「米は、ずっと前から熟しています。けれども、まだ篩《ふるい》がありません」と答えた。

この問答によって、弘忍和尚は慧能和尚に法を継がせる決心を固めた。慧能和尚にとっては、熟した米が修行する前の自分で、それを修行という篩にかけて、さらに磨きたいという意味なのだろう。けれどもわたくしに言わせれば、彼の心は修行する以前から成熟していたのであるから、笠の上に重ねて笠をかぶるようなものではなかろうか。

慧能和尚は、五祖・弘忍和尚から達磨の法を嗣《つ》いだ証拠として、屈眴布《くつじゅんふ》の袈裟《けさ》を授かった。けれども、慧能和尚は、「米は、ずっと前から熟しています。けれども、まだ篩がありません」という返答の前に、「本来無一物《ほんらいむいちもつ》」という偈を作って、弘忍和尚に認められていた。この言葉は、以前に紹介した、「明鏡、また台なし」、「身を明鏡台と為す」という慧能和尚の偈の中の言葉である。

たとえ達磨大師が脱ぎ捨てた法衣《ほうえ》であったとしても、どんなに価値のある美しい唐衣《からころも》だったとしても、慧能和尚がそれを受け取ること自体が、「本来無一物」という彼の信念に背くことではなかったのか。もともと鏡のように澄み切っていた慧能和尚の心が、この法衣によってかえって曇ることがなかったとは言えないだろう。

慧能和尚は、弘忍和尚から法を嗣いだ後、直ちに山を下りた。師の弘忍和尚は、九江駅《きゅうこうえき》まで慧能和尚を送ってきてくれた。慧能和尚は、かつて山で薪を取って暮らしていたので、山の仕事には慣れているが、舟を操ることはできなかった。九江駅には渡し守がいなかったが、正式の僧でもない慧能和尚が法嗣《はっす》となったことを知れば、多くの弟子たちが激怒して追いかけてくることは目に見えていたので、慧能和尚は一刻も早く、この舟に乗る必要があった。

この時、慧能和尚は、「心に迷っている時には、師が弟子を向こう岸に渡してくれる。けれども、悟りを開いた弟子は、自ら向こう岸へと渡ってゆく」と、弘忍和尚に語った。立派な言葉ではあるが、わたくしには、なぜかこの言葉を聞くと、蛇の絵を描こうとして足まで書き添えてしまったという「蛇足《だそく》」の故事が連想されてならないのである。

慧能和尚は、大庾嶺まで逃げてきたが、そこで彼を追いかけてきた恵明上座《えみょうじょうざ》に追いつかれた。この時に起きた一部始終は、『無門関』の第二十三則に詳しい。

大庾嶺の山颪《やまおろし》の風は、それほど激しくはない。それなのに、恵明上座は草木が激しい嵐に吹かれて押し倒されてしまうかのように、慧能和尚との問答に脱帽し、降参した。恵明上座はまるで露のように、風のような慧能和尚の言葉によって吹き飛ばされてしまったわけだが、彼の心には慧能和尚に対する恨みや不満は残っていなかったのだろうか。

慧能和尚は、そこからさらに逃れて、十五年間も猟師の集団に交《ま》じって、世間から隠れ通した。この長い雌伏《しふく》の時間が、重い意味を持っているとわたくしは思う。寺院ではなく庶民の中で暮らすことで、かつて母親と二人で暮らしていた時のような気持ちを取り戻せたのではないだろうか。

この間、慧能和尚は、猟師たちが生け捕ってきた獣を納《い》れる網の番人をさせられた。そういう姿は、傍《はた》から見る者には、いかにもつらそうに思われるけれども、慧能和尚は網の中の獣をことあるたびに逃がしてあげた。彼の心の中は、まるで花盛りの春の日に、霞がうらうらとたなびきわたっているように、のどかだった。

　海を見ると、帆をかけた舟が遠くにも近くにも見えるが、それらが湾に入るたびに見えたり見えなくなったりする。舟からは、棹《さお》をさす舟人たちの歌う舟歌が聞こえてくる。まさしく、『源氏物語』の須磨《すま》の巻にあるような、海岸地帯の光景である。光源氏は失意の旅に出ているので、舟歌を悲しい思いで聞いていたのだが、慧能和尚はこの時、本来の自分自身に戻っていたのではないか。いくつもの鷗《かもめ》の群れが、波間で揺られているのが見える。

　杜甫《とほ》が、「客、至る」という詩で、「舎南舎北《しゃなんしゃほく》、皆、春水《しゅんすい》。但《ただ》、見る、群鷗《ぐんおう》の日々に来《きた》るを」と詠んだことまでが、思い合わされる。『列子《れっし》』には、無心で鷗と遊んでいれば鷗も寄ってくるが、捕まえようなどという邪心を人間が持つと、鷗はまったく近寄ってこない、と書いてある。慧能和尚も純真そのものの心で、鷗たちを恰好の遊び相手として日々を送っていたので、こういう生活も捨てがたかったのではないだろうか。

　楽しい時間が、過ぎてゆく。持統天皇《じとうてんのう》に、「春過ぎて夏来《き》にけらし白妙《しろたへ》の衣《ころも》干《ほ》すてふ天《あま》の香具《かぐ》山《やま》」という和歌がある。慧能和尚は、どういう夏の日々を心安らかに送られたのだろうか。昼間は暑い夏の日も、夕まぐれになると涼しい浦風が吹いてくる。そして、螢が飛び違う。

「螢雪《けいせつ》の功《こう》」という故事の由来となったのは、車胤《しゃいん》が螢を集めては袋に入れ、その光で夜も勉学に励んだ話である。あるがままに生きる慧能和尚には、そのような気持ちがないので、螢たちは捕えられることもなく、思う存分に夜空を飛び交う。その光が、水に映るのも風情がある。清少納言は『枕草子』の冒頭で、「夏は夜」と述べ、闇の中を螢が飛び違う姿を「をかし」と称賛した。慧能和尚も螢を見て、きっと「をかし」と思われことだろう。

　このようにして、静かな暮らしが十五年も続いた。すると、「をかし」と思って見ていた螢の光も、少しずつ物寂しく見えるようになってきた。『伊勢物語』の第八十七段には、「晴るる夜《よ》の星か川辺の螢かも我《わ》が住む方《かた》の海人《あま》の焚《た》く火か」という歌があるが、漁《いさ》り火《び》もまた、見る者を物寂しい気分にさせるものである。

　獣を網から逃がすほど殺生《せっしょう》を厭った慧能和尚だが、猟師たちは食事の際には、獣の肉を鍋で煮込んで食べる。慧能和尚は、鍋の中に野菜を入れ、その野菜だけを選んで食べていた。そういう日々が、いつしか疎《うと》ましく感じられるようになったのである。そして、ある秋、門田《かどた》の稲葉が色づく頃、正しい仏法を世の中に弘めるべき時期が遂に来たと思い立ち、猟師たちの群れを離れた。

　広州の法性寺に慧能和尚が着いた時、ちょうど印宗和尚《いんしゅうおしょう》が『金剛涅槃経《こんごうねはんきょう》』を説いていたところだった。そのお寺に立っていた旗を、激しく吹き上げたのは、季節はずれの野分《のわき》、すなわち台風だったのだろうか。ここから、『無門関』の第二十九則が始まるのだ。

　かつて大庾嶺で慧能和尚が恵明上座を論破した時には、論破された側に一抹の不満がなかったとは言えない。けれども、雌伏の十五年を閲《けみ》した慧能和尚の、「風が、動いているのではない。旗が、動いているのでもない。お前さんたちの心が、動いているだけだ」という言葉は、人々の心に自然としみ入ったのである。

秋になると穂を出し、それが風に揺れては人を招いていると見える薄《すすき》も、色鮮やかな十二単《じゅうにひとえ》の紐《ひも》を一斉にほどいたかのように、色とりどりの繚乱たる花を開く秋の花々も、野分の風に靡《なび》き伏さないものはない。そのように、人々は慧能和尚の言葉に心服したのだった。旗が動いているのか、風が動いているのかを議論していた二人の僧だけでなく、印宗和尚もまた、慧能和尚の弟子となった。

この慧能和尚は、八世紀の初めに亡《な》くなっている。今、わたくしがこの『鳥の空音』を書き綴っているのは、十八世紀の初めである。その間、およそ千年。まさに、千年《ちとせ》の後までも、心から心へと受け継がれてきたすばらしい禅の教えが、ここに確立したのである。

ところで、五祖・弘忍和尚の法嗣の地位を慧能和尚に奪われた秀才が、神秀和尚《じんしゅうおしょう》である。彼は、その後、則天武后《そくてんぶこう》から篤《あつ》く信仰されて、高い地位に昇っていた。彼は亡くなる時に、「慧能和尚を呼んだら、よいでしょう」と言い残した。けれども慧能和尚は、則天武后からの誘いを断った。古歌では、女郎花《おみなえし》が艶《なま》めかしい女性の比喩とされることが多く、男たちが女郎花の誘惑を避けようとする趣向が好んで詠まれる。慧能和尚も、女郎花のような則天武后や、権力の誘惑から、逃れようとしたのであろう。

かくて、慧能和尚は江南に留まり、神秀和尚の唱えた「北宗《ほくしゅう》」に対して、「南宗《なんしゅう》」の祖となり、ここから禅の教えが一気に広まることとなった。慧能和尚は、北の宮廷には行かなかったけれども、江西《こうせい》・湖南《こなん》の一般庶民を深く愛した。慧能和尚の目には、人々が撫子《なでしこ》の花のように見えたことだろう。その撫子の花が、露に濡れ、風とたわぶれているようすが、どんなにか見過ごしがたく思えたことであろうか。そして思わず、その頭を撫でたくなったことであろう。

ここで、新古今時代を代表する女性歌人・式子内親王《しきしないしんのう》の和歌を、掲げておこう。


花薄《はなすすき》また露深し穂《ほ》に出《い》でば眺《なが》めじと思ふ秋の盛りを

秋の盛りなので、薄《すすき》の花が穂を伸ばしてくる。

それだけでも、見るからに、わびしくなる。

それに加えて、露までが花にびっしりと降りている。

まさに、わびしさの極致である。けれども、この光景を見たくないと思っても、なぜかわたくしの目は、寂しげな薄に吸い寄せられてしまうのだ。


なお、この和歌は、『新古今和歌集』には、「穂に出でて《い》」という本文で載っているが、『定家《ていか》十体《じってい》』には「穂に出でば」とあり、こちらの表現がよいと、わたくしには思われる。自分一人で清らかに暮らしていたいのに、周《まわ》りの人々を見ると救ってあげたくなる。この境地が慧能和尚の達した悟りであり、彼の人生のスタートラインだった「孝」の精神を深め、愛の対象を母親から一般庶民へと拡大したものだと、わたくしには思われるのだ。

それがし、慈雲から一言申し添える。このあたり、智月殿はよほど体の具合がよろしくなかったのであろう。かなり文脈が乱れておった。よって愚僧が、大きく推敲させてもらいました。このあたりじゃ。ただし、最後の和歌は変えなかった。【 】

30 即心即仏《そくしんそくぶつ》

『無門関』第三十則
馬祖和尚《ばそおしょう》に、大梅和尚《だいばいおしょう》が問うた。「仏とは、どういうものでしょうか」。
馬祖和尚は、このように答えた。「仏とは、心のことなのだ」。

この公案について、わたくし、智月こと染子は、次のように考える。

わたくしはこの公案に即して、「心」、中でも女性としての「心」のあり方について、考えたい。女性は、どうすれば、「仏そのものとしての心」を、手に入れられるのだろうか。

人間は誰しも、情熱的な恋をしてみたいと願うものらしい。『徒然草』の第百三十七段には、恋の情趣がわかってこそ、人間は人生の真実に触れられる、と書いてある。「逢《あ》うことができないで終わってしまった悲しい恋の辛《つら》さをかみしめたり、今はすっかり荒れ果てて廃園のようになっている昔の恋人の屋敷跡《あと》を見ては、はかなく終わってしまった恋の昔を偲《しの》ぶのが、本当の色好みというものだ」、と書いてあるのだ。『徒然草』の著者である兼好ならずとも、世間の多くの人も、「恋愛」に憧れを抱いているのではなかろうか。

けれども、わたくしは、そうではないと思う。縁あって結ばれた男と女ならば、そのどちらもが、相手に対して秘密にしておかなければならないような、配偶者以外の異性との「忍《しの》ぶる恋」など過去においてまったく体験せず、共白髪《ともしらが》で夫婦仲良く齢《よわい》を重ねてゆくのが、人間にとっての理想だと信じるからである。

中国の明《みん》の時代に、あるお后様が、夢の中で『甚深一乗経』というお経を授かったというのは、大変に素晴らしいことであるが、深遠すぎてわたくしの理解を越えている。それに対して、「曹《そう》大家《たいこ》」という尊称で呼ばれている班昭《はんしょう》の『女誡《じょかい》』七章や、我が国の阿仏尼《あぶつに》が書き著した『庭《にわ》の訓《おしえ》』などは、理解の行き届かないわたくしにも、我が身を守るだけでなく、人に仕える際の格好の教科書であると思われる。

これらの本は、「女の心」を磨いてくれる。少なくとも、わたくしの部屋の必需品であり、親しい友人のような存在である。とても、それなしでは生きてゆくことができそうにないほどに、大切な書物である。

女は、言葉が少ない方がよい。物静かなうえにも静かなのがよい。先ほどは、『徒然草』を引き合いに出して、その内容に反論したけれども、その第一段には、わたくしもその通りだと納得することが書いてある。「何かちょっと言ったりする時に、聞きにくくなく、愛嬌《あいきょう》があり、口数が多くない人とこそ、いつまでも向かい合っていたいものである」。また、「身分や外観は生まれつきなのでどうしようもないが、『論語』にもあるように、心はどうして賢い方から、さらにより賢い方へと上昇移動できないだろうか、できないなどということはないのである」とも書いてある。

わたくしなどのように、知力も劣り、顔かたちも人並み以下であるのは、そういう人間として生まれてしまったのだから、もはや、どうしようもないことである。けれども、兼好が言っているように、人間の心は、どうして、少しでも良い方へ良い方へと、向上していかないことがあろうか。「髪の乱れは心の乱れ」と言うけれども、髪の毛の手入れをする時には、「たとえ髪の毛は乱れることがあっても、自分の心だけは乱れないようにしよう」と決心する。そして、お風呂に入る時には、「体が汚れるのは仕方のないことだけれども、心が汚れるのは恥ずかしいことだ」と思わねばならない。

このように、良きにつけ、悪《あ》しきにつけ、自分の取るに足らない思慮分別をさかしらに振りかざすことなどはせず、かといって、心の奥底に隠し立てしていることもなく、状況に順応し、自然体で身を処してゆくならば、おのずと自分の欠点も、世間から許されるものなのである。このような女性としての「心」の持ち方が、馬祖和尚の言う「仏とは、心のことなのだ」という教えにも通じていよう。
これまで述べてきたことは、世間にありふれた日常のふるまいである。馬祖和尚の言われたことは、もっと深遠なものだろう。「超過人天《ちょうかにんでん》の法《ほう》」、つまり、人間界や天界を超越する教えとは、どんなものなのだろうか。
ここで、わたくしの和歌を一首。

浅からず思ふ心を貴船川下《きぶねがはした》に絶《た》えじと猶祈《なほいの》るぞよ

わたくしの心は、貴船川の上流の水が激しく流れるように、「まことの心」を求めて、ほとばしっている。水神として知られる貴船神社に、わたくしは心から祈りたい。これからも、向上心がなくなることなく、流れ続けますように、と。

ここで、一言、それがし慈雲にも、口を挟ませてほしい。読んで気になる表現はちょこちょこあるが、最後の「超過人天の法」という言葉は、いかがなものか。ここは、「超仏越祖《ちょうぶつおっそ》の談《だん》」とでもする方が、真理を求める強い気持ちを打ち出せて、よいと思う。釈迦如来や宗祖《しゅうそ》の教えを乗り越えてこそ、自分の真実の「心」が現れる。そのように、この公案で馬祖和尚は語っているのじゃ。

31　趙州勘婆《じょうしゅうかんば》

『無門関』第三十一則

趙州和尚《じょうしゅうおしょう》という禅僧が、いた。

ところで、一人の僧が、あるお婆《ばあ》さんに問うた。「五台山《ごだいさん》への道は、どう行けばよいのだろうか」。お婆さんは、言った。「真っ直ぐに、行きなさるがよい」。

そう言われた僧が、三歩か五歩か、道を真っ直ぐに行ったとたん、そのお婆さんは言った。「あれあれ、見た目は立派なお坊様が、またまた、これまで道を尋ねたお坊さんと同じように、行きなさるわ」。

後日、ある僧が、趙州和尚にこの話をした。趙州和尚は、言った。「それでは、わしが出向いて、その婆さんとやらの正体を見届けてやろう」。

すぐ、その翌日、趙州和尚は出かけていって、お婆さんに五台山への道を問うた。お婆さんは、例によって、同じように教えた。「真っ直ぐに、行きなさるがよい」。

趙州和尚は、戻ってきて、弟子の者たちに、このように言った。「五台山の婆さんの正体を、わしがお前たちのために見抜いてきてやったぞ」。

この公案について、わたくし、智月こと染子は、次のように考える。このお婆さんには、取り立てて深い悟りがあったとは思えない。ただ、思ったことを、深い考えもなしに口にしたのに過ぎないのではないか。それにしても、趙州和尚は、どうしてこのお婆さんに、興味と関心を持たれたのだろうか。

似たような例としてわたくしが思いつくのは、『源氏物語』の主人公である絶世の美男子・光源氏が、美しくない女性として有名な末摘花《すえつむはな》に興味を持ち、とうとう男女の関わりまで持たれたことである。これは、末摘花が、それほどの名手ではないのに、ほんのちょっと弾《ひ》いてみせた琴の演奏をほのかに立ち聞いた光源氏が、末摘花のことをもっと知りたくなったのが、原因である。その結果、とうとう深い仲になってしまい、結局は幻滅したという顚末《てんまつ》である。趙州和尚も、これと同じようなもので、きっと、このお婆さんと実際に会って言葉を交わし、がっかりされたことだろう。

「筑波山《つくばやま》端山《はやま》繁山《しげやま》繁《しげ》けれど思ひ入《い》るには障《さは》らざりけり」という古歌があるが、男たちは女性への好き心を満足させるためには、どんなに登攀《とうはん》が困難な恋の山にも、せっせと登ってゆくものとみえる。『伊勢物語』の第六十三段でも、絶世の美男子である在原業平は、白髪頭《しらがあたま》で、しかも髪の毛が脂っ気を失いパサパサしたあげく逆立っている老女を見に行って、とうとう男女の契りまで結ばれた。これは、その老女が自分に好意を持っているらしいことに満足して、いい気持ちになりすぎたからだろう。

この公案の趙州和尚も、人を遣《つか》わしてこのお婆さんの話を聞いて済ませてもよかったのに、自らお婆さんのもとに出向いたのは、『源氏物語』の光源氏や『伊勢物語』の在原業平にも劣らぬ、並々ならぬ「好き心」の持ち主だと言えよう。

それにしても、趙州和尚ほどの大和尚から、「このお婆さんは、ただ者ではないようだ」と期待されるだけ期待されたうえで、何《なん》とかの一つ覚えみたいに「真っ直ぐに、行きなさるがよい」と答え、趙州和尚をがっかりさせて帰路につかせたのは、このお婆さんは、よほど自分は偉い人間だと思い上がっていたのだろうか。

ここで、わたくしの和歌を一首。

覚束無其処《おぼつかなそこ》とも分《わ》かぬ小牡鹿《さをしか》の声吹き送る松の夕風

どこからともなく、牡鹿《おじか》が牝鹿《めじか》を恋うて鳴く声が聞こえてくる。

でも、それは本当に牡鹿の声なのだろうか。

もしかしたら、秋の夕風が立てる松風の響きを、牡鹿の声だと錯覚しているだけなのかもしれない。

このお婆さんの言葉も、深い意味があるのかどうか、疑わしいものだ。

人間の話す言葉もまた、聞く人に錯覚を生じさせるものだと見える。

32　外道問仏《げどうもんぶつ》

『無門関』第三十二則

釈迦如来《しゃかにょらい》に、ある異教徒が問うた。「言葉ではないもの、そして無言でもないもの、そういうものはありますでしょうか」。

問われた釈迦如来は、ただそのまま坐っていただけだった。

すると、異教徒は感嘆して、このように言った。「釈迦如来の広大なお慈悲によって、私の心の迷いの雲は、消えてなくなりました。お陰様で私は、悟りの境地に達することができました」。

そして、異教徒は釈迦如来を礼拝《らいはい》して、出て行った。

それを見ていた釈迦の高弟である阿難尊者《あなんそんじゃ》が、釈迦如来に問うた。「あの異教徒は、どれほどの悟りに達したからと言って、あれほど大げさに釈迦如来《あなた》を誉め称えて、出て行ったのでしょうか」。

釈迦如来は、このように答えた。「『雑阿含経《ぞうあごんきょう》』にあるように、世の中の駿馬《しゅんめ》が、鞭《むち》の影を見ただけで一散に駆け出すような、俊敏な悟りだと言えよう」。

この公案について、わたくし、智月こと染子は、次のように考える。

言葉が口をついて出てくると、人を感動させる名句を生み出すことがある。だが、言葉を口にしないのも、無言の行《ぎょう》であるから、言葉を口にすることよりももっと尊いことである。なまじ言葉にすれば、質問した側も、正しい理解にたどり着けないし、答えた側も、真理のすべてを伝えることができないという限界がある。

お釈迦様が尊い法の教えを説かれた場所である霊鷲山《りょうじゅせん》で鳴く鳥の声は、お釈迦様の薫陶《くんとう》に接しているので、心なしか尊く聞こえる。また、お釈迦様が悟りを開かれた場所である鹿野苑《ろくやおん》で鳴く虫の声も、お釈迦様のゆかりがあるので、これまた尊く聞こえる。

鳥や虫ですらそうなのだから、お釈迦様の教えに直接触れて導かれた高弟の方々が、素晴らしい悟りの境地に達しているのは当たり前のことである。彼ら、すべての人々の悟りには、優劣が無いように思われる。

けれども、この公案で悟りを開いたとされるのは、異教徒である。長い間、お釈迦様の言葉を聞いたり、薫陶を受けたりした経験などまったくない者である。それなのに、このような深い悟りに到達できたというのは、不思議なことであるし、また、きわめて尊いことである。

たとえて言えば、都を遠く離れた甲斐《かい》の国や武蔵《むさし》の国という地の果てに、朝廷の馬を管理する牧場があるが、そこから一日に千里も走るという名馬が生い育つようなものだろう。

わたくしも、お釈迦様はおろか、達磨《だるま》大師の謦咳《けいがい》にも接していない。また、京の都から遠く離れた武蔵野の江戸で暮らしている。でも、努力すれば、この公案に登場する異教徒のような境地に達することもできるだろう。励まなければ。

ここで、わたくしの歌を一首。

萌《も》え出《い》づる野辺《のべ》の若草踏《ふ》みしだき己《おの》が時《とき》とや駒嘶《こまいば》ふらむ

ここは、都を遠く離れた牧場。
長い冬が終わり、野は一面の春景色となった。
若草が芽《め》生《ば》え、放牧されるのを待ちわびていた馬たちが、
楽しそうに走り回っては、嘶《いな》いている。
この自由の中から、名馬が生まれるのだろう。
人間の悟りもまた、このようにしてもたらされるに違いない。

33 非《ひ》心《しん》非《ひ》仏《ぶつ》

『無門関』第三十三則

馬祖和尚《ばそおしょう》に、ある僧が問うた。「仏とは、どういうものでしょうか」。

馬祖和尚は、このように答えた。「仏とは、心ではない。そして、仏でもない」。


この公案について、わたくし、智月こと染子は、次のように考える。

この馬祖和尚《ばそおしょう》は、第三十則では、大梅和尚《だいばいおしょう》の問いに対して、「仏とは、心のことなのだ」と答えていた。ここでは、ある僧の質問に対して、「仏とは、心ではない」と、まったく正反対の言葉を発している。

「江西《こうせい》の馬祖、湖南《こなん》の石頭《せきとう》」と並び称されるほどの名僧だった馬祖和尚だが、彼の住む中国の江西地方とは、我が国にたとえれば、大和の国の平城山《ならやま》に該当するのではないだろうか。

平城山と言えば、次の歌が有名である。


平城山《ならやま》の児手柏《このてがしは》の二面《ふたおもて》とにもかくにも拗《ねぢ》け人《びと》かも

「このてがしわ」の葉は、表と裏がよく似ていて区別がないことから、「二面《ふたおもて》」と言われ、人間性や言葉に裏表《うらおもて》がある、二心《ふたごころ》があることの比喩として用いられる。馬祖和尚の二通りの答えこそ、まさに「このてがしわ」の二面性の最たるものだろう。

だから、わたくしは先ほど、馬祖和尚の住んでいる場所を「平城山」だと言ったのだ。馬祖和尚の「仏とは、心ではない」というお言葉に対しては、第三十則を知っているわたくしとしては、「和尚様、あなたこそ、和歌で詠まれているような『拗《ねじ》け人《びと》』ではありませんか」と言いたくなってしまう。

第三十則で、馬祖和尚から、「仏とは、心のことなのだ」と教わった大梅和尚は、ひたすら山に籠《こ》もって、その境地を深めていた。ある僧が、「大梅和尚様、あなたがかつて教えを受けた馬祖和尚は、近年、それと正反対の『仏とは、心ではない』などと説いていますよ」と告げた。すると、大梅和尚は、「今の馬祖和尚が、何と言っているか知らないけれども、わしにとっての仏とは、心のことなのだ」と、微塵《みじん》も動揺を示さなかった。その話を伝え聞いた馬祖和尚は、「大梅は見事に熟した」と感嘆したという。

大梅和尚が、確信に満ちて「わしにとっての仏とは、心のことなのだ」と語ったのは、文字通り、梅の実が大きくなって熟する五月雨《さみだれ》の季節だろう。農家の人が田植えをして、見張り小屋を作り、そこに寝泊まりする頃である。高僧でもあった歌人の慈円《じえん》に、

五月雨《さみだれ》の雲まく軒の時鳥《ほととぎす》雨に替《か》はりて声の漏《も》り来《く》る

という歌がある。農家の見張り小屋では、軒から五月雨の雫《しずく》も漏れ入《い》ってくるし、それが止《や》んだら、次には時鳥の鳴き声が漏れ入《い》ってくる。大梅和尚の心には、悟りが入ってきたのだろう。

あるお経に、次のようにある。「諸仏菩薩《しょぶつぼさつ》に、仏性無《ぶっしょうな》し。闡提《せんだい》の衆生《しゅじょう》に有《あ》り。闡提《せんだい》の衆生《しゅじょう》に無《な》し。諸仏菩薩《しょぶつぼさつ》に有《あ》り」と。この両面性が、馬祖和尚の「仏とは、心のことなのだ」という言葉と、「仏とは、心ではない」という言葉になったのであろうか。

そう考えれば、馬祖和尚が「このてがしわ」だったのではなく、真理こそが二面《ふたおもて》を持つ「このてがしわ」だったことになる。

誰か、二つの顔を持つ「真理」なるものを言葉にして、わたくしの前に示してくれないものだろうか。

ここで、藤原清輔《きよすけ》の『奥義抄《おうぎしょう》』に載っている、読み人知らずの古歌を掲げておこう。

梅の花咲きての後《のち》の実《み》なればや酸《す》き物《もの》とのみ人の言ふらむ

梅の花が咲いて散った後に、実がなる。

その実は、酸《す》っぱい。

人間も、ある年齢を過ぎると、「好《す》き者《もの》」になる人がいる。

けれども、悟りが熟した大梅和尚は、酸っぱくない。しかも、ひたむきだ。

二面《ふたおもて》の言い方をする馬祖和尚は、酸っぱい人なのか、熟した人なのか。

ここからは、それがし慈雲の出番じゃ。智月殿よ、この公案は「酸き物」と「好き者」の懸《かけ》詞《ことば》に興じる和歌などでは、収拾が付きませんぞ。ここは、第二十七則を思い出しましょうぞ。「心でもなく、仏でもなく、迷える衆生《しゅじょう》でもない」という公案じゃ。愚詠を一首。

仏《ほとけ》にも有《あ》らぬ心のその儘《まま》に心にも有《あ》らず衆生にも有《あ》らず

仏そのものではない人間の心なればこそ、仏とは心でもないし、衆生でもない。もし、仏そのものの心を手にすれば、仏とは心であるし、衆生なのでもあろう。人の心の状態をそのままに表したのが、馬祖和尚の二面《ふたおもて》の言葉なのじゃ。

34 智不是道《ちふぜどう》

『無門関』第三十四則

南泉和尚《なんせんおしょう》は、このように言った。「心は、仏ではない。そして、智は、道ではない」。

この公案について、わたくし、智月こと染子は、次のように考える。

趙州和尚《じょうしゅうおしょう》が、誰にでも「お茶は飲み終わったか」と問いかけて、修行者を悟りに導いたというエピソードがある。彼のお茶には、ほんの一碗でも、人間の限界ある「智」を超えさせる力があった。

また、雲門和尚《うんもんおしょう》は、ある僧から「超仏越祖《ちょうぶつおっそ》、つまり、釈迦如来や宗祖《しゅうそ》の教えを乗り越えるとは、どういうことですか」と問われて、このように答えた。「胡麻餅《ごまもち》である」。この問答を聞いて、真実の「心」に到達できる人は、三人のうち一人くらいだろう。つまり、雲門和尚の胡麻餅は、三個に一個の確率で、真理への道を指し示している。

禅の公案の中には、この二つのほかにも、食べ物や飲み物に関わる話が、なぜかしら多くある。たとえば、「青原米価《せいげんべいか》」という公案では、仏法の大意を問われた青原和尚《せいげんおしょう》が、このように答えている。「廬陵《ろりょう》の米の値段は、いくらだ」。

趙州和尚は、ある僧から、「あなたは南泉和尚に会ったことがありますか」と問われて、このように答えた。「鎮州《ちんしゅう》では、大きな大根が名物のようじゃ」。

さらには、奇行で知られる蜆子《けんす》という和尚は、好んで海老《えび》を掬《すく》って食べていたという。この『無門関』の第十則「清税孤貧《せいぜいこひん》」には、曹山和尚《そうざんおしょう》の言葉の中に「青原白家《せいげんはっけ》の酒」が出てくる。

だから、もしも、青原和尚の廬陵のお米でご飯を炊き、趙州和尚の鎮州の大きな大根でお吸い物を作り、蜆子和尚の好物だった海老を細かくきざんで膾《なます》にし、曹山和尚の青原白家のお酒を買ってきて、それらをおいしく食べて飲んだならば、やすやすと「心」や「智」や「仏」や「道」などの本質にたどり着けることだろう。禅に志す人は、すべからく、食べ物と飲み物に心を入れるべきである。

ここで、わたくしが連想するのは、『源氏物語』の玉鬘《たまかずら》の巻である。玉鬘は、頭中将《とうのちゅうじょう》と夕顔との間に生まれた娘で、幼い頃は「藤原の瑠璃君《るりぎみ》」と呼ばれていた。母親の夕顔は、頭中将とは引き裂かれ、光源氏の愛人となったが、仲秋の名月の翌晩に、物《もの》の怪《け》に取り憑《つ》かれて死んでしまう。

その後、玉鬘はわけあって、九州で成長した。美しく成人した彼女は都に戻ってきたけれども、実の父親の前に名乗りでる機会に恵まれない。そこで、霊験《れいげん》あらたかな大和の国の初瀬《はつせ》にある長《は》谷寺《せでら》に参拝して、運勢が好転することを祈ることにした。その長谷寺に、かつて夕顔に仕えていた女房で、現在は光源氏に仕えている右近《うこん》が偶然にも、参詣に訪れていた。

その右近は玉鬘を一目見て、「あっ、夕顔様の忘れ形見だ」と直感し、巡り会えた喜びから、「もし、もし」と話しかけた。だが、玉鬘に同行していた三条という女房は、食事を摂《と》ることに夢中で、右近が呼びかけても出てこない。右近はじれったくて、本当に憎たらしい、と思った。

わたくしがこの場面を初めて『源氏物語』で読んだ時には、玉鬘の運命を好転させる力を持った右近が、せっかく呼びかけているのに、食べ物に気を取られている三条のことを、「何とまあ、食い意地の張った女房だこと。右近ならずとも、誰でも憎たらしく感じることだろう」と思ったものである。けれども、禅の道に入り、偉大な和尚たちが食べ物のことを重要視していることを知ると、三条には三条なりに食べ物に執着する理由があったのだろうと、なぜか納得してしまうのである。

ここで和歌を一首掲げるべきだが、食べ物をテーマとする和歌を自分で詠むのはむずかしい。だから今は、和歌を記さずにいよう。

さて、ここからは、それがし慈雲の出番じゃ。食べ物の和歌でなくとも、よいのではないかな。そもそも、この「智不是道」の公案を読んで、智月殿がなぜ食べ物についてこれほどまでに思索をめぐらせたのか、その理由が愚僧にはよくわからなんだ。

藤原家隆《いえたか》の代表作で、『新古今和歌集』に入っている旅の和歌がある。

明《あ》けばまた越ゆべき山の峰なれや空行《そらゆ》く月の末《すゑ》の白雲

夜が明けたら、また旅が始まる。あの山の峰を越えて、前へ進んでゆこう。大空を渡ってゆく月が、今、まさに沈もうとしている。その山の端《は》の月は、白い雲に隠れている。その白い雲のかかる、あの山の峰を越えてどこまでも、月を追いかけよう。山の峰を越えても、そこが旅の終わりではない。月は、その彼方《かなた》にある。

心とは、何か。智とは何か。仏とは何か。道とは何か。真理を求める旅には、終わりがない。今現在の目標を見据えて、少しずつ先へ先へと旅をしてゆくこと。それしか、人間にできることはないのじゃ。その、今現在の生活に全力を尽くし、慈しむ心。それが、「食べ物」の禅話になるのじゃろうて。

35　倩女離魂《せいじょりこん》

『無門関』第三十五則
法演和尚《ほうえんおしょう》は、僧たちに、このように問いかけた。
「唐《とう》の伝奇小説である『離魂記《りこんき》』には、愛する男との結婚を親から禁じられた倩《せい》という女が登場する。彼女の体は親の家に残ったが、魂は体から遊離して、愛する男と一緒に家を離れた。さあて、この二人の女のどちらの方が、『本当の倩』なのだろうか。答えてみよ」。
この公案について、わたくし、智月こと染子は、次のように考える。

この公案を示した後に、『無門関』で無門和尚《むもんおしょう》は、このように言っている。「もし、この公案の本質を悟ることができたならば、人間の魂が身体という殻《から》から外へ出て、再び身体という殻の中へと戻ってゆくのは、旅人が朝に宿泊所から出て、夕方にはまた宿泊所へ入るようなものだと、理解できるだろう。だから、自由に自分の人生を生きてよろしい。けれども、もし、そのことを悟れないのであれば、寿命が尽きて、人間の身体が地《ち》・水《すい》・火《か》・風《ふう》の四つの元素に分解して粉々《こなごな》になってしまう時、まるで蟹《かに》が熱湯の中に投じられて、手足を七転八倒させて悪あがきするような、みっともないことになるだろう。その期《ご》に及んで、『まさか自分がこんなふうになるとは、聞いたこともなかった』と言ってみても、始まらないのに」。

まことに、無門和尚のおっしゃることは、もっともである。生あるものは、必ず滅す。人間には、いつか必ず死が訪れて、体から魂が離れる時が来る。その時には、体が本当の自分なのか、魂が本当の自分なのかという問題など、吹っ飛んでしまう。

人間は、生きてゆくうちに、どうしても深い罪をいくつも作ってしまうものだ。だから、臨終に臨《のぞ》んでも、自分の魂が体から逃れ出て、これから向かうべき道がひどく暗くて、真っ暗な闇路《やみじ》に迷うありさまを思うと、心が千々《ちぢ》に乱れてしまう。自分の命のあるのが、もはやこれまでという最後の瞬間に感じる、どうしようもない、やるせなさを、無門和尚はまことに巧みな比喩で語って下さっているのだ。

『古今和歌集』に、春道列樹《はるみちのつらき》が一年の終わりである大晦日《おおみそか》の心境を詠んだ古歌がある。

昨日《きのふ》と言ひ今日《けふ》と暮らして飛鳥川《あすかがは》流れて速《はや》き月日《つきひ》なりけり

昨日は昨日で、今日は今日で、あっという間に時間が過ぎ去ってしまった。明日という日もまた、同じように速く過ぎてしまうことであろう。「明日」という言葉を含む「飛鳥川」の流れが速いように、歳月の過ぎゆくのは、本当に速いことだったのだなあ。

世間一般の習いとして、この歌のように、昨日はあっという間に過ぎてしまい、今日は今日で、雑用に取り紛《まぎ》れて漫然と暮らすというありさまなのに、百年後には自分はこうしていたいなどと、遠い遠い未来のことまで計画しているのは、あきれるほどになさけなく、また、当てにならないことである。

これほどまでに、惰性でその日その日を暮らしているのに、未来への願望だけは多すぎるほど持っているのが、人間という生き物である。その人間の中でも、女の性格が僻《ひが》んだうえにも僻んでいるとは、『徒然草』の中で兼好が繰り返し吐露していることである。特に、第百七段の、「女の性《しやう》は、皆、僻めり」、「素直《すなほ》ならずして、拙《つたな》き者は、女なり」という批判は厳しい。今さら、わたくしが、ここでそのことを繰り返す必要がないのではないかと思われるほど、女の性格はゆがんでいる。

女の性格は、どのように僻んでいるのか。女性であるわたくしが、自分の身の上に照らして熟考してみる。もう終わってしまっていて、口にしてもどうしようもないことを、あえて言葉に出して荒波を立てる。自分にはとうてい出来《でき》もしないことや、ありもしないことを願い、それがかなえられなかった時に、自分の不満を抑えきれない。自分が他人よりも優れていると思い込み、自分よりも幸運だったり幸福だったりする他人を妬《ねた》む。そのあげく、我が身が破滅するだけでなく、国家をも滅ぼすこともあったと言われている。中国には、楊貴妃《ようきひ》など、国を傾けた美女がたくさんいた。

にもかかわらず、そのような女にたぶらかされる愚かな男たちが、後《あと》を絶たない。『徒然草』の第八段に、「世の人の心惑《まど》はすこと、色欲《しきよく》には如《し》かず。人の心は愚かなるものかな」、と書いてある通りである。兼好は、この段で、雲に乗って空を飛んでいた久米《くめ》の仙人が、洗濯をしている女の白い脛《はぎ》を見て色欲を起こし、神通力を失って地上に転落した話を挙げている。

また、帝釈天《たいしゃくてん》は忉利天《とうりてん》に君臨する仏教の守護神だが、女性関係に関してはルーズだった。そのため、帝釈天に我が娘を犯された阿修羅《あしゅら》と死闘を演じる羽目になった。さらに、こういう話もある。お釈迦様の前世を説く「ジャータカ」において、お釈迦様がかつて六本の牙《きば》のある象の王様だった話がある。象の王様は、たくさんいる象の王妃の一人に贈り物をしたが、それを別の象の王妃が深く妬《ねた》んだ。その嫉妬のあまりに死んだ象の王妃は、人間の王妃に生まれ変わり、かつての夫だった象の王を殺させてしまったという。

すべては、愚かな女に、賢いはずの男がほだされ、引きずり込まれた結果、このような悲劇が起きてしまうのだ。人間を地獄道《じごくどう》・餓鬼道《がきどう》・畜生道《ちくしょうどう》の三悪趣《さんあくしゅ》に導き入れる源流となり、人間を悟りの道へと導く三乗《さんじょう》の妙なる教えから妨げるのは、すべて女だ、と言われている。言われているだけでなく、現にそうなのであろう。

そういうわけで、我が国の物語にも、中国の小説のような漢籍にも、つまり世界中の文学に、女が原因で世界が混乱する話がたくさん書かれているのである。『源氏物語』では、六条御息所《ろくじょうのみやすどころ》の身体から生霊《いきりょう》が遊離して、光源氏の正妻である葵の上《あおいのうえ》をたたり殺すという、常識では信じられない話が書かれている。

この公案で言う『離魂記《りこんき》』も、男に深く執着してしまった倩女《せいじょ》の魂が、身体から遊離してしまう話である。この離魂は、女の僻《ひが》んだ本性に起因している。身体と魂は、どちらが本物なのか。女の性が僻んでいるからには、二つに分離した身体と魂のどちらもが、本物ではないはずだ。倩女のような離魂が起きてしまったことは、もうどうしようもない。まさに、女が女であるからには、どうしようもない必然だからである。

だが、ここで、改めて考えてみよう。「六条御息所や倩女のように、魂が身体からさまよい出てなどはいない」と思っているわたくしたち平凡な女性の場合であっても、事態は深刻である。自分の目で外界を見ていると思っているけれども、それは本当に自分の目で真実を見ているのだろうか。ゆがんだ性格のまま、ゆがんだ世界を見ているのではあるまいか。耳が聞いているのも、真実の音や声なのだろうか。自分の手が、自分の意志で動いていると思っているのも、自分の足が、自分の思うように動いていると思っているのも、考えてみれば本当に自分の意志なのであろうか。何物かに操られているということは、ないであろうか。「もう一人の自分」という、間違った自分に。

食べ物を口に含んで甘いと感じたり、苦いと認識したりする「自分」とは、いったい何なのか。そして、体が寒いと感じたり、熱いと感じたりする「自分」とは、何なのか。自分という存在は、一人なのか、それとも二人なのか。どちらが、本当の自分なのか。いや、どこにも本当の自分は存在しない、などと考えたら、どうしようもない思考の蟻地獄に陥ってしまう。

それで、ここは、魂が身体から出て行《ゆ》き、自分が二人になったならば、自分という存在が二倍になってめでたし、めでたしと、言ってしまおうではないか。そもそも、現実に魂が遊離したら、こんなことに悩んでいられる状態ではない。一人か二人かなどと悩んでいるうちは、まだ「女の僻んだ性」が暴れ出していない、平和な状態なのだ。

ここまで、わたくしの考えを述べてきたが、どうしても和歌が詠めない。六条御息所は、死《し》霊《りょう》ともなって出現し、光源氏に向かって和歌を詠みかけたという。とするならば、和歌を愛することや、和歌を詠むことも、離魂のなせるわざなのだろうか。

智月殿。ここからは、それがし慈雲の出番じゃ。愚僧が、そなたに替わって、和歌を詠じて進ぜよう。これは、奈良時代の仏足石歌《ぶっそくせきか》で、「五七五七七七」の形式で詠まれておる、「四《よ》つの蛇《へみ》五《いつ》つの鬼《もの》の集まれる穢《きたな》き身をば厭《いと》ひ捨《す》つべし離れ捨つべし」を踏まえたものじゃ。ちなみに、この仏足石歌は、『涅槃経《ねはんきょう》』の「地・水・火・風は四大蛇の如《ごと》く、五蘊《ごうん》は旋陀羅《せんだら》の如《ごと》し」という教えを詠んだものだと言われておる。

四つの蛇《へみ》五つの鬼《もの》の我《われ》ならで余所《よそ》にも見えじ夢の面影《おもかげ》

我が身は、「地・水・火・風」という四匹の蛇が、寄り集まったもの。
そして我が心は、「色・受・想・行・識」という五匹の鬼が寄り集まったもの。
だから、我が身も、我が心も、不浄である。
まして、女性の身を受けた我が身と我が心は。
どうにかして、身と心を正しく保ち、六条御息所や倩女のようにはならず、
遊離した自分の魂を、他人の目に見られないようにしたいものだ。
魂の遊離は、現実ではなく悪夢なのだから。

智月殿、そなたの心は、不浄ではありませんぞ。この『鳥の空音』から聞こえてくるそなたのまことの心の声は、何と清浄で、何と気高いことであろうか。

36　路逢達道《ろほうたつどう》

『無門関』第三十六則

法演和尚《ほうえんおしょう》は、このように問いかけた。

「かつて、香厳和尚《きょうげんおしょう》は、このように言われた。『道を歩いていて、禅の道を極めた師僧に邂《あ》ったならば、言葉で話しかけてもならないし、何も聞かずに沈黙で接してもならない』。

さあ、同じことを、お前たちに問おう。答えよ。道を歩いていて、禅の道を極めた師僧に邂ったならば、どうしたらよいのか」。

この公案について、わたくし、智月こと染子は、次のように考える。

禅の道を極めた師僧と、道を歩いていて出会うことは、めったにない幸運であり、うれしい体験である。わたくしは、このような「うれしいこと」を、清少納言『枕草子』の「物尽《ものづ》くし」のスタイルにならって、列挙してみよう。

川の渡りまでやってきた時に、まるでわたくしを待っていたかのように渡し舟がそこにあるのは、うれしいことである。文章を書こうとして硯箱《すずりばこ》の蓋《ふた》を開《あ》けると、書きやすい筆が箱の中に入っているのも、うれしいことである。そして、この公案にあるように、道を歩いていて、禅の神髄に到達した人と会うのも、うれしいことである。

こういう禅の道を極めた人がいれば、国はきっと富み栄えることだろう。だから、国に財宝が満ちているのは、うれしいことである。そして、幸福のあふれた国で過ごす一人一人の国民が暮らす家の中に、争いごとが何一つないというのも、うれしいことである。国と家の幸福もまた、禅の教えがもたらしてくれるのだ。

それでは、逆に、「気に入らないこと」の数々を「物尽くし」で列挙してみよう。

我が家《や》は裕福でない暮らしをしているのに、お客さんがやってきたので、おもてなしをしなければならないこと。夜、用事があって外出した時に、掲げていた燈火《ともしび》が消えてしまうこと。高邁《こうまい》な仏の教えを説く師僧《しそう》の言葉が、聞き取れないこと。坐禅している僧が、瞑想を通り過ぎて、ぐっすり眠りこけてしまうこと。見た目が賢そうな男の人と話をしても、まったく会話が弾《はず》まず、話し甲斐《がい》のないこと。女の人が、お酒を飲んで、軽薄になっているのを見ること。博士《はかせ》ともあろう学者が、漢字を読み間違えること。せっかく仏法の講話を聴聞していても、むずかしすぎて、理解することが困難なこと。

さて、ここから少し、この公案について、正面から取り組んでみよう。それは、「気に入らないこと」の最後に書いた「せっかく仏法の講話を聴聞していても、むずかしすぎて、理解することが困難なこと」そのままの体験が、わたくしにはあるからである。

去年のことだが、ある講席の場で、尊い座主《ざす》がおっしゃった話は、まことに深遠で、わたくしの理解をはるかに超えていた。菩薩には「十地《じゅうじ》」と言って、十種類の悟りのランクがあるのだが、そのうちの八番目である「八地」という位《くらい》は、その上に求めるべき仏もなく、その下に助けるべき衆生《しゅじょう》もない、ある意味で孤独な境地であるそうだ。
「阿娑婆那伽三昧《あしゃばなかざんまい》」とかいう境地で、行動を止《や》めて留《と》まっておられるそうである。この時、もしも小さな存在である諸仏たちが、「七観《しちかん》」という橋を架けてあげることがなかったのならば、阿娑婆那伽三昧の境地から、「声聞縁覚地《しょうもんえんがくち》」とかいう深い穴へと陥ってしまわれるそうなのだ。阿娑婆那伽というのは、「無浅身」とも言うと、座主はおっしゃった。

　わたくしにはとても理解の及ばないお話だったが、一つ疑問に思ったことがある。それは、諸仏たちがいったいどのような手段で、阿娑婆那伽三昧という境地で活動を停止しておられる八地の菩薩を驚覚策励《きょうがくさくれい》して、三昧の境地から覚まさせることができるのだろうか、ということである。

　この『無門関』の「路逢達道《ろほうたつどう》」の公案は、師僧にどういうふうに接するべきかを問うているのだが、わたくしは逆に、修行僧たちの陥っている悩みを覚醒させるためには、師僧が言葉で話しかけてもならないし、沈黙で接してもならないという問題であるように思われる。

　ここで、わたくしの和歌を一首。『古今和歌集』の「忘らるる身を宇治橋《うぢばし》の中絶《なかた》えて人も通《かよ》はぬ年《とし》ぞ経《へ》にける」という歌を踏まえて詠んだものである。

　　心にもあらぬこの世を宇治橋《うぢばし》の中絶《なかた》えて猶《なほ》恋ひ渡るなり

思ったようにならないのが、男と女の関係。すぐに、仲が絶えてしまう。木で作られた宇治橋の途中が、腐って落ちてしまうのと同じである。そして、「宇治」の「う」が「憂《う》し」の「う」に通じることから、男と女の関係は、いつの時代にも「辛《つら》くて苦しい」ものになる。

この「男と女の関係」は、そのまま「師と弟子」の関係にも当てはまる。言葉でも沈黙でもない、理想の心のつながり方を、わたくしは求めてやまない。


ここからは、それがし慈雲の出番じゃ。智月殿、御自分の講席での体験は貴重なものではあったろうが、こういう禅の書物には個人的な体験は書かない方がよいのではないかな。それで、「去年のことだが」から後は、和歌まで含めて、丸ごとカットしましょうぞ。簡単に一言書いて、和歌に入った方がよいと思う。例えば、次のように。

「『言葉で話しかけてもならないし、何も聞かずに沈黙で接してもならない』というのでは、どちらにしてもうまく行かないに決まっている」。

『碧巌録《へきがんろく》』の第二十則に、「死んだ娘を蘇らせたという盧公《ろこう》に真理を尋ねても何の役にも立たない。遠くの山の光景こそ、真理を体現している」という趣旨の内容がある。道で偶然に出会った師僧も、この盧公のようなもの。どんなに神秘的な力があっても、彼からは真理を引き出すことはできないのじゃ。

ここで、愚詠を一首。

盧公《ろこう》とは木曾《きそ》の山人《やまびと》立ち出でて夕霧渡す谷の梯《かけはし》

「盧公」とは、木曾に住む山人のことであろう。

家から外へ出て眺めてみると、雄大な山々がどこまでも続いている。

谷には橋が架《か》かっているが、その橋の上を夕霧が渡ってゆく。

人間の悟りも、心の中の梯《かけはし》を渡ってゆかねばならない。

真理とは何か。

師僧に聞くのでなく、自然に向かって尋ねてみたらよかろうぞ。

37　庭前柏樹《ていぜんはくじゅ》

『無門関』第三十七則

趙州《じょうしゅう》和尚《おしょう》に、ある僧が問うた。「達磨大師《だるまだいし》は、何のためにインドからやってきて、禅を伝えようとしたのでしょうか」。

趙州和尚は、このように答えた。「庭前《にわさき》の柏の木じゃ」。

この公案について、わたくし、智月こと染子は、次のように考える。

この禅語については、誤解している人が多いようだ。

ある人は、こう言っている。『山川草木悉皆成仏《さんせんそうもくしっかいじょうぶつ》』と『有情非情同時成道《うじょうひじょうどうじじょうどう》』の教えであろう。柏の木にも、仏性が備わっているという意味だ」。

ある人は、こう言っている。「たまたま、その時、趙州和尚の庭先に柏の木が生えていたから、それを見て、このように言っただけだろう」。

ある人は、こう言っている。「この柏の木を、庭に生えている木だと思ってはならない。ただひたすら、自分の心の中に存在している仏性《ぶっしょう》として、その姿を求めるべきである」。

ある人は、こう言っている。『従容録《しょうようろく》』の『世尊指地《せそんしち》』という公案は、春の草のすべてに、春という季節が遍在していることを教えている。だから、春の野の一本の草を大地に差し挟むだけで、清浄な寺院を建立したのと同じことになるのだ。翻って考えると、この公案の柏の木にも仏性が内在しているから、一本の柏の木が寺院と対応しているのだ。よく見よ。柏の木を手に任せて折ろうが持ち帰ろうが、どうやっても真理から逸脱することはない、という教えなのだ」。

また、ある人は、こう言っている。「この柏の木の生えている所まで、まっすぐに言って、ひたすら叩きつけてやろう」。

わたくしが考えるに、人間の心というものは、盗賊の心から盗み心がなくならないように、どうしても邪念が消え去らないものである。また、結婚すべき運命の男女の足は、目に見えない赤い糸で結ばれているというが、異性を思ったり、人間関係に苦しめられたりすることも、なかなか断ち切れないものである。その点、柏の木は、邪念や煩悩をまったく持っていない。そのような境地に達しなければならないというのが、趙州和尚の教えではないだろうか。

さまざまな見解が、この公案に対してなされている中で、最も不思議なのは、『宗門葛藤集』に記されている趙州和尚の弟子である鉄觜覚和尚《てつしかくおしょう》が言ったとかいう言葉である。「愚僧の師である趙州和尚は、この庭前の柏の木については、一言も話しておられません。そんな話を持ち出して、趙州和尚を謗《そし》るのはおやめなさい」。

この公案についても、わたくしは自作の和歌を掲げることができない。いや、ちょうどよい古歌があった。『古今和歌六帖』の歌である。

忘れ草種《たね》の限りや果《は》てななむ人の心に蒔《ま》かせざるべく

人にさまざまなことを忘れさせるのが、忘れ草。

でも、自分にとって大切な人がいれば、

世の中から忘れ草の種が、最後の一粒まで、なくなってほしいと願うだろう。

恋人の心に忘れ草の種が蒔《ま》かれて、私を忘れてしまっては困るから。

そして、煩悩をすべてを忘れる忘れ草があるのならば、その種もなくなった方がよい。忘れるのではなく、煩悩という木の葉を、茂りに茂らせたうえで、それを切るなり、折るなりするのが、禅の道ではないだろうか。

ここからは、それがし慈雲の出番じゃ。「忘れ草」の和歌は、あまりピントと来《こ》ないのう。愚僧が智月殿の替わりに、和歌を詠じて進ぜよう。

春の花秋の紅葉《もみぢ》の折々《をりをり》を誰《た》が訪《おとづ》れの軒の夕風《ゆふかぜ》

春の花と秋の紅葉は、美しい自然の代名詞。

趙州和尚の「庭前の柏の木」も、さだめし、花や紅葉と同じものじゃろうて。けれども、花や紅葉を眺めていると、ふとした夕暮れなどに、軒端《のきば》を風が吹きすぎてゆくのを、爽やかに感じることがある。風の訪れ。風と一緒に訪れるものこそ、「禅機《ぜんき》」じゃろうて。

38　牛過窓櫺《ぎゅうかそうれい》

『無門関』第三十八則

法演和尚《ほうえんおしょう》は、このように問いかけた。「たとえば、家の中にいて、水牛が窓の格子《こうし》を過ぎてゆくのを見ていたとしよう。頭も角《つの》も前足《まえあし》も後足《あとあし》も、すべて窓を通り過ぎた。それでも、水牛の尻尾《しっぽ》は、まだ窓を通り越してはいない。なぜだろうか」。

この公案について、わたくし、智月こと染子は、次のように考える。

牛には、角《つの》がある。足がある。頭がある。尻尾がある。

牛には、黒い牛がいる。赤い牛がいる。

中でも、優れているとされるのは、黒牛の子である。もしも、人間がこの黒牛の鼻に、鼻木《はなぎ》をうまく取り付けることができたならば、この牛はどんな空間も時間も、自在に歩き回ることができるようになるだろう。逆に、もしも人間がこの牛の尻尾にしか取りすがれなかったとしたら、金銭を失った上に罪に問われるという、さんざんな目に遭《あ》うことだろう。

窓の格子《こうし》越しに外を眺めていると、牛の頭や角や前足や後足や尻尾が次々と見えてくるが、牛を使いこなすためには頭部の鼻に鼻木を取り付ける必要がある。尻尾をつかんでも、どうしようもない。牛の本質は、鼻にこそあるのだから。
ここで、一首。

大道《だいだう》は嬉《うれ》しかりけり憂《う》かりけり恨めし侘《わ》びし恋し妬《ねた》まし

人が生きる道は、それがうまく機能していれば、何と嬉しいことだろう。もし、うまくいかなければ、どんなにかつらいことだろう。人を恨むこともあれば、落胆することもある。恋い慕うこともあるし、妬《ねた》むこともある。満足・鬱屈《うっくつ》・怨恨・失望・恋慕・嫉妬。どれが、人間の本質なのか。人間の心に「鼻木」を取り付けるとしたら、どれに付ければよいのだろうか。

ここからは、それがし慈雲の出番じゃ。智月殿よ、最後の歌は、愚詠に替えさせていただこう。

朝ぼらけ棚引《たなび》く雲の絶《た》え絶《だ》えに己《おの》が姿《すがた》の染色《そめいろ》の山

早朝の山には、雲がたなびいている。少しずつ明るくなるにつれて、山にかかった雲が消えてゆく。すると、山が本来持っていた素《す》の色が、初めて明らかとなる。

牛も、角・足・頭・頭・尻尾と、すべてが通り過ぎた後で初めて、何が牛の本質であったかが、わかるというもの。

でも、智月殿。そなたの「大道はうれしかりけり」という歌も、なかなかの出来ですぞ。しかし、愚僧ならば、こう詠みますぞ。

法性《ほつしやう》は空《むな》しかりけり憂《う》かりけり恨めし恋し嬉《うれ》し妬まし

いかがかな。

39 雲門《うんもん》話堕《わだ》

『無門関』第三十九則

雲門《うんもん》和尚《おしょう》に、ある僧が問うた、「光明《こうみょう》、寂《じゃく》として、遍《あまね》く、河沙《がしゃ》を照らす、……」。

この僧が、質問の言葉を最後まで言い終わらないうちに、雲門和尚が突然、僧の言葉をさえぎって言った。「お前さんが今、口にしたのは、張拙《ちょうせつ》秀才の言葉ではないかな」。

僧は、答えた。「はい、そうです」。

雲門和尚は、このように言った。「いや、お前さん。今、張拙秀才の言葉を言い間違えたぞ」。

後に黄龍《おうりょう》和尚《おしょう》が、これを話題としながら、このように問いかけた。「お前たち、答えてみよ。雲門和尚に問いかけた僧は、いったい、どこをどう言い間違えたのか」。

この公案について、わたくし、智月こと染子は、次のように考える。

雲門和尚《うんもんおしょう》は、釣り人のような立場であり、彼と問答する僧はさしずめ魚である。「登龍門《とうりゅうもん》」という言葉は、中国の古代の聖王である禹《う》が、黄河を切り開いて作った三段の滝を舞台としている。この「禹門《うもん》の三級《さんきゅう》」と呼ばれる三段の滝を登り終えた鯉《こい》は、龍に変身すると言われている。『碧巌録』第七則の頌《しょう》にも、「三級の浪、高くして、魚、龍と化す」とある。『小倉百人一首』の崇徳院《すとくいん》の歌に、「瀬《せ》を速《はや》み岩に堰《せ》かるる滝川の割《わ》れても末に逢《あ》はむとぞ思ふ」とあるが、この禹門の三級は、まさしく「岩に堰かるる」という言葉通りに、流れが激しく、巨岩が転がっている難所だと聞いている。

その急流の中に釣り餌《つえ》を下《お》ろすのは、素晴らしい金の鱗《うろこ》を持つ、龍に変身しようとする魚を見つけて釣り上げるためだろう。だが、そういう素質のある魚ならば、釣り餌などには目もくれず、ひたすら滝を登り続けるに違いない。急流に押し流されずに、ひたすらさかのぼり、三つの滝を登りつめる鯉がいたならば、雷もきっと大きな音で鳴り響き、鯉を勇気づけることだろう。昔から、高いものの代表として「禹門三級の滝」が、険しいものの代表として「平地一声の雷」が挙げられている通りである。その雷鳴の中で、魚は龍となって空に登ってゆくのだ。

もし、龍になるだけの素質を持たない魚が、目先にぶら下がっている釣り餌に目がくらんで、それに食いついたとしたら、すぐに干物《ひもの》にされて、店で売られてしまうことだろう。『孔子家語《こうしけご》』に、「不善の人と居《お》るは、鮑魚《ほうぎょ》の肆《いちぐら》に入《い》るが如《ごと》し」という言葉がある。悪臭のする干物は、交際してはならない小人物の喩えである。

雲門和尚の言葉は、まさに釣り餌のようなものだったのではないか。雲門和尚から、「お前が今、口にしたのは張拙秀才の言葉ではないか」と尋ねられて、「はい、そうです」と答えたのでは、鯉が釣り餌に食いついて、干物にされてしまうのと同じことだ。

たとえ、それが張拙秀才の言葉であったとしても、その言葉を用いて自分の考えを述べるのであれば、それはもはや張拙秀才の言葉ではない。だから、雲門和尚の釣り餌にひっかかることなく、その問いかけには耳も貸さず、自分の考えを先へ先へと、どこまでも展開していって、龍に変身すべきだったのだ。

ところで、昔、十二頭の牛をつないで、海の中に入れておいたという話を聞いたことがある。これは、いったい何を釣り上げようとしたのだろうか。

ここからは、それがし慈雲の出番じゃ。智月殿は、最後に和歌を書いておられなんだ。それで、愚僧が替わりに詠んで進ぜよう。なお、「十二頭の牛」のエピソードは、愚僧も知らぬ話なので、余計かと存ずる。カットしますぞ。

話堕了《わだれう》は浜の苫屋《とまや》の板庇《いたびさし》霰《あられ》を誘《さそ》ふ宵《よひ》の浦風《うらかぜ》

雲門和尚の言葉は、宵に吹く冷たい風のようなものだ。荒涼たる浜辺の小屋の庇《ひさし》に、風は容赦なく吹きつける。この小屋が、弟子の比喩じゃ。冷たい風が霰《あられ》を呼んでくるように、雲門和尚の厳しい問いかけは、弟子の言い間違いを引き出し、さらなる和尚の叱声を呼び出すことになる。

40　趯倒浄瓶《てきとうじんびん》

『無門関』第四十則

潙山和尚《いさんおしょう》は修行時代に、百丈和尚《ひゃくじょうおしょう》のもとで、典座《てんぞ》として食事係をしていた。師の百丈和尚は、大潙山《だいいさん》に出来る新しい寺の住職を決める際に、修行僧の中で最高の位である首座《しゅそ》だけでなく、多くの修行僧に各自のたどり着いている現在の悟りの境地を語らせ、抜群の器量のある修行僧ならば、後継者に選ぼうと思った。

そこで、百丈和尚は、水を入れる浄瓶《じんびん》を地面に置いて、このように問いかけた。「これを、浄瓶と呼んではならない。お前は、これを何と呼ぶか」。

そこで、首座は言った。「棒切れと呼ぶわけにはいかないでしょう」。

百丈和尚は、潙山和尚にも同じように問いかけた。すると、潙山和尚は、浄瓶を勢いよく蹴飛ばして、その場を去った。

百丈和尚は、笑って言った。「首座は、意外なことに、潙山にしてやられたわい」。

そういうわけで、百丈和尚は潙山和尚を新たな寺の開山《かいさん》に任命した。

この公案について、わたくし、智月こと染子は、次のように考える。

動物には、たくさんの種類がある。獣《けもの》と一口に言っても、小は二十日鼠《はつかねずみ》から、大は象の王様や獅子まで、さまざまな種族がある。鳥の中にも、小は燕や雀から、大は鸞《らん》・丹鳳《たんぽう》まで、さまざまである。魚にも、小は泥鰌《どじょう》から、大は鯨や伝説上の鮫龍《こうりょう》まで、実にさまざまである。

それら、無数の動物たちには、それぞれの種族が得意とする技があり、そこが他の種族と違っている点なのである。だから、猫と虎を比べてみたら、虎が猫よりも強いことは当然であるけれども、鼠を捕《とら》えるという点に関しては、弱いはずの猫の方が、強大なはずの虎よりもきっと優れていることだろう。

人間にも、それと同じことが言える。身分というか、立場上は、首座が虎で、典座の潙山和尚が鼠であろう。だが、鼠を捕える能力において猫が虎よりも優れているように、禅の真理に関しては、首座よりも典座の方が深く悟っていたのである。

首座が、「浄瓶を、棒切れと呼ぶわけにはいかないでしょう」と答えたのも、見所《みどころ》がないわけではない返答だった。けれども、潙山和尚が浄瓶を蹴飛ばして、その場を去ったのは、まさに猛虎がそれまで自分を収納していた檻《おり》を飛び出した瞬間を連想させる。この時、潙山和尚は、猫から虎へと変貌したのである。猫の長所を持ったままで、虎の力を手に入れた。

ここまで悟りを開いた潙山和尚に敵《かな》う者は、もういない。彼が開山として赴いた潙山という山は、人を多く集める魅力があった。人は、それを「肉山《にくざん》」と呼んだ。逆に、多くの人を集められないのが、肉に対する「骨」である。潙山和尚の師である百丈和尚は、大変に立派な禅者だったけれども、「骨人《こつじん》」だった。

多くの人が集まる肉山である潙山に、たとえどんな妖婦が現れて、潙山の主となった潙山和尚を誘惑しようとしても、それは絶対に失敗に終わるに違いない。

なぜ、ここに妖婦が出てくるのかと言えば、「肉山」という言葉が「肉山脯林《にくざんほりん》」という故事を連想させるからである。古代中国に夏《か》という国があって、桀《けつ》という悪王が統治していた。桀は、末喜《ばっき》という美女を愛し、彼女を喜ばせるために淫蕩な宴会を開き、それがために国は滅びたとされる。殷《いん》の紂《ちゅう》が妲己《だっき》に溺れ、「酒池肉林」の宴を開いたことも思い合わされる。桀の心をとろかせ、狂宴を催させた妖婦である末喜が、仮に肉山の開山となった潙山和尚の心を誘惑しようとして近づいても、虎のような和尚からはまったく相手にしてもらえないだろう。

そうは言ってもまったく、獣には麒麟《きりん》という霊獣がいるし、鳥にも金翅鳥《こんじちょう》という鳥の王がいるそうだ。潙山和尚は、人間の麒麟であり、金翅鳥なのだろう。

さて、ここからは、それがし慈雲の出番じゃ。智月殿は、和歌を書き記しておられなんだ。そこで、愚僧が替わりに一首。

深山路《みやまぢ》や道の泥濘《ぬかり》の谷伝《たにづた》ひ行《ゆ》くも小瓶《こがめ》の水の雫《しづく》に

奥山の道は、ぬかるんでいて、歩きにくい。谷伝いに歩いていても、小瓶からひっきりなしに水がこぼれているようで、進むのも、戻るのも、容易ではない。

いかがかな。この公案に出てくる「浄瓶」から愚僧が連想したのは、「小瓶《こがめ》」という言葉だった。そして、『古今和歌集』の「玉垂《たまだ》れの小瓶《こがめ》や何《いづ》らこよろぎの磯《いそ》の波分《なみわ》け沖に出《い》でにけり」という古歌じゃった。和歌に詳しい智月殿はよく御存じじゃろうが、「こよろぎの磯」は「こゆるぎの磯」とも言い、相模《さがみ》の国の歌枕じゃ。磯とあるからには海辺なのだが、愚僧は奥山の情景で「小瓶」を詠んでみたかった。

進むのも、戻るのも、そして立ち止まることも容易ではない。そういう状況に、百丈和尚は弟子たちを直面させて、どのような反応をするかを試されたのじゃ。

ある者は、この公案に関して、次のように言っておる。「潙山和尚が、浄瓶を蹴って出て行って以来、潙山和尚本人もその弟子たちも、この浄瓶の中に入ったり出たりするだけで、全く新しい悟りの地平を切り開いてはいない。潙山和尚は、潙山の住持となってから、肉山と呼ばれるにふさわしく、千七百人を超える多くの弟子たちを集めて養成したけれども、その弟子たちは潙山和尚の境地を良しとしてあがめるのみで、それ以上の精神的な高みに達することを放棄してしまっている」と。

潙山和尚は、言っておる。「上座は、讃嘆を謝す」、と。

仰山和尚は、このように言っている。「この潙山和尚のことは、はるか昔の出来事である。何が真実であったか、もう確かめようがないので、今は何も言わないでおこう」。

41　達磨安心《だるまあんじん》

『無門関』第四十一則

達磨大師《だるまだいし》は少林寺で、洞窟の壁に向かってひたすら坐禅していた。後に後継者となる慧可《えか》和尚《おしょう》は、弟子となって教えを請うために、雪の中に立ち尽くしている。

慧可和尚は、真理を求める心の純粋さを証《あか》し立てようとして、自分の左臂《ひじ》を斬り落とした。そして、言った。「弟子である私の心は、いつまでも安まりません。お願いです。師よ。どうか私に、心の安らぎを与えてください」。

達磨大師は、このように言った。「お前さんの心とやらを、ここに持ってきなさい。そうしたら、お前さんのために、安らぎを与えてあげよう」。

慧可和尚は、言った。「その心を求め続けているのですが、見つからないのです」。

達磨大師は、言った。「今、この瞬間に、私はお前さんのために、心に安らぎを与えてあげたよ」。

この公案について、わたくし、智月こと染子は、次のように考える。

慧可和尚、こと神光《じんこう》和尚は、達磨大師の弟子となって、永遠に色あせない仏法の真理を求めたいと願った。雪の白さや松の緑が永遠に変わらないように、不滅の真理があると考えられたのだ。時に、十二月九日の夜のことだった。十二月を「春待ち月」とも言うが、神光和尚は「春」のような真理を、心から渇望していたのだろう。その求道心《ぐどうしん》ゆえに、深く降り積もる一方の大雪などものともせず、入門が許可されるまで、ひたすら立ち続けて、とうとう朝を迎えた。これは、めったにないほどの心の強さであると、今も称讃されている。

　これほどの熱意を示しても、達磨大師から、「軽心《けいしん》や慢心《まんしん》があっては、修行ができぬ」とすげなく言われ、自分の求道心が疑われているように思われ、その思いをどうすることもできず、自らの左の臂を刀で斬り落として、達磨大師に差し出された。そして、入門を許され、慧可と名前を改めたのだった。

　まことに、「六出《りくしゅつ》の花」と呼ばれ、六角形をした結晶である美しい雪は、冬でも色あせぬ五葉《ごよう》の松のように、色も匂いも、すばらしい。ほかの弟子たちが達磨大師の皮や肉や骨しか会得《えとく》できなかったのに対して、慧可和尚が達磨大師の髄《ずい》を会得した「礼拝得髄《らいはいとくずい》」の話は、この雪の日の入門がすでに預言していたことなのだ。まことに、尊いことだ。

　ここで、わたくしの歌を一首。すぐにおわかりになるだろうが、一休《いっきゅう》和尚《おしょう》の「仏法《ぶっぽふ》は鍋《なべ》の月《さか》代《やき》石の鬢《ひげ》絵に描《か》く竹の共擦《ともず》れの音」を借用したものである。

安心《あんじん》は昔も今も石の鬢《ひげ》鍋の月代摺絵《さかやきすりゑ》描《か》き見よ

安心を得るのは、慧可和尚の昔から、現在を生きるわたくしまで、大変に困難なことである。

もしかしたら、そんなものなど、この世には存在しないのかもしれない。

石に鬚が無く、鍋に月代が無いように。

そして、染料を擦《こす》りつけて模様を出す摺絵を、墨を浸した筆では描けないように。


ここからは、それがし慈雲の出番じゃ。智月殿よ、禅者には、あまり敬語を使って崇《あが》めなくてもよろしいのではないかな。「めったにないほどの心の強さであると、今も称讃されている」などと、大仰に書くことには、わしは反対じゃ。ここは、カットしよう。和歌も、次のようにしたらどうだろうか。

谷《たに》の戸《と》のさしてそれとも分《わ》かぬ間《ま》に隙無《ひまな》く埋《うづ》む雪の白妙《しろたへ》

谷の入口が閉ざされてしまったかのように、光が差し込まない夜になったので、暗くて、どんな様子なのか、よくわからない。

夜もすがら、無念無想でひたすら慧可和尚がたたずんでいるうちに、あたりは、一面の雪景色。

すると、その雪の光で、あたりが急に明るくなったわい。

こちらの歌の方が、雪の白さに象徴された慧可和尚の求道心の潔さが、はっきりすると思うのだが。それにしても、雪の白さや松の緑に託して仏法の真理を述べたくだりは、心に響きましたぞ。愚僧にも、こんな和歌がありますのでな。

我《わ》が法《のり》は昔も今も色変へぬ雪の白妙《しろたへ》花の紅《くれなゐ》

42　女子出定《じょししゅつじょう》

『無門関』第四十二則

昔、知恵を司る文殊菩薩《もんじゅぼさつ》が、釈迦如来のおられる場所に行った。その時、もろもろの仏たちは釈迦如来のもとへ集まり、やがてそれぞれの居所《きょしょ》へと戻るところだった。けれども、一人だけ自分の居所に帰らない女性がいた。彼女は、釈迦如来の座のすぐそばで三昧《ざんまい》に入り、無心の境地で瞑想に耽っていた。

そこで、文殊菩薩は、釈迦如来に申し上げた。「どうして、この女性だけが、このように釈迦如来の座に近づくことができて、私にはできないのでしょうか」。

釈迦如来は、文殊菩薩に告げられた。「その理由は、お前がこの女性を三昧の境地から覚まさせて、自分の口から尋ねてみるがよかろう」。

文殊菩薩は、女性の周《まわ》りを三回、巡った。指をこすってパチンと音を鳴らし、彼女を持ち上げて天上の梵天《ぼんてん》にまで連れてゆき、そこで自分の神通力を尽くしたけれども、女性の三昧を覚まし、定《じょう》から出すことができなかった。

それを見て、釈迦如来は、このように言われた。「たとえ百人、いや千人の文殊菩薩が知恵を尽くして、この女性を定から覚まそうとしても、できないだろう。そうそう、ここから下の方、十二億河沙《がしゃ》の無数の国を過ぎた国に、罔明《もうみょう》菩薩《ぼさつ》がいる。彼ならば、この女性を、よく覚まさせることができるだろう」。

そうこうするうちに、罔明菩薩が、大地から湧くように出現し、釈迦如来に向かって礼拝した。釈迦如来は、罔明菩薩に、女性の三昧を解くように命じられた。罔明菩薩は、女性の前まで行って、指をこすってパチンと音を鳴らした。その瞬間、女性は定から出て、意識が戻った。

この公案について、わたくし、智月こと染子は、次のように考える。

「垂《た》れ込めて春の行方《ゆくへ》も知らぬ間《ま》に待ちし桜も移ろひにけり」という『古今和歌集』の古歌が

あるが、簾《すだれ》を垂れ込めて、外界との接触がなく、気兼ねの要《い》らない女性だけが過ごしている部屋の中であっても、いざ改まった場合には、たいそう相手に遠慮しなければならないことがある。

　この公案は、そのようなプライベートな場所ではなく、大変に改まった場所での話である。菩薩たちがたくさん集まっていらしゃる道場での話なので、あまりにも畏《おそ》れ多くて、その場に居合わせた人間は、ひどく緊張してしまうのが普通であろう。まして、それが女性であったならば、その緊張感たるや、想像を絶するものがあったに違いない。恐ろしい憤怒《ふんぬ》の相をした不動明王《ふどうみょうおう》も、いらっしゃったことだろう。また、金剛力士《こんごうりきし》も勇み立って、お釈迦様の後ろに控えておられたことだろう。

　無門和尚《むもんおしょう》が、この公案について述べているように、文殊菩薩は、釈迦如来以前の七仏の師とされるほど、尊いお方である。その文殊菩薩ですら、お釈迦様の御座所《ござしょ》近くには近寄れないというのに、この女性は、自分が女性であることに遠慮するどころか、お釈迦様の御座所近くで三昧に入ってしまうとは、何と思い上がった振る舞いであることか。

　『維摩経《ゆいまきょう》』の「観衆生品《かんしゅじょうぼん》」には、維摩居士《ゆいまこじ》が病気になった時、たくさんの仏たちが病室を見舞ったという話がある。その時、舎利弗《しゃりほつ》が天女と問答している。舎利弗に対して天女は、「他の人は、私を見て、『あなたは女性である』と言う。それで、『自分は本当に女性なのだろうか』と、十二年間も、頭の髪の毛の先から足の爪先まで、肉体も精神も隅《すみ》から隅《すみ》まで検証して、自分の中の『女性』を発見しようとしたが、どうしてもできなかった」と、述懐している。そして、天女は、舎利弗が自分は男性であると思い込んでいることをたしなめようとして、女性へと変身させ、「男性」や「女性」であることは、この世では夢であり幻でしかない、という真実を教えた。

わたくし染子もまた女性であるから、この『維摩経』のエピソードには、はなはだ勇気づけられる。そして、この公案に登場する女性にも、興味が湧いてくる。そもそも、この女性が瞑想に耽っていたのは、どういう種類の三昧境なのだろうか。思想的に深いレベルのものなのか、それともただ、ぼーっとしていただけなのか。

文殊菩薩が彼女を持ち上げて、わざわざ梵天まで連れて行っても何の効果もなかったのに、罔明菩薩がパチンと指をこすって音を立てただけで瞑想から覚めたという。お釈迦様は、この罔明菩薩の功績に、もう少しご褒美を上げてもよかったのではなかろうか。

なるほど、「羽のある鳥は空を飛び、鱗《うろこ》のある魚は水に潜る」と言われるが、文殊菩薩と罔明菩薩にも、それぞれの棲み分けがある。男性と女性にも、世界の中で棲み分けはあるのだろうか。

最後に、わたくしの和歌を一首掲げるが、この歌を作るには少々、時間がかかった。

そのかみの契《ちぎ》りし儘《まま》を標《しるべ》にて法《のり》の道芝《みちしば》踏《ふ》みも迷はず

昔、お釈迦様は、人生に苦悩する衆生《しゅじょう》を救おうと、お誓いになった。
かく言うわたくしも、その昔、禅の道によって救われたいと願った。
その時の誓いと決意は、お釈迦様とわたくしとの「黙契《もっけい》」のようなものである。

だから、女性である自分は悟り得ないなどと一切《いっさい》迷うことなく、
この禅の道をひたすら歩き続けよう。
わたくしは女性であると同時に、「人間」でもあるのだから。

43 首山竹篦《しゅざんしっぺい》

『無門関』第四十三則
首山和尚《しゅざんおしょう》は、竹で作られた杖である竹篦《しっぺい》を手に取って、皆に見せたうえで、このように問いかけた。「お前さんたちよ。この物を、もし竹篦と呼べば、本来、名前のない物に、無理に名前を押し付けてしまうことになり、法に背《そむ》く。だが、もし竹篦と呼ばないのならば、これまで人が、この物を竹篦と呼んできた事実を否定し、伝統に背くことになる。そこでじゃ。皆の者よ、言って見よ。この物を、はたして何と呼ぶべきか」。
この公案について、わたくし、智月こと染子は、次のように考える。
『周易《しゅうえき》』に、「仁者《じんしゃ》は、これを見て仁と言い、智者《ちしゃ》は、これを見て智と言う」とある。同じもの

が、仁者には「仁」と見え、智者には「智」に見えるという意味である。このように、同じものが別々の概念で捉えられることが、世の中にはある。ならば、この世に存在するすべての物を、「竹篦《しっぺい》」という一つの言葉で呼んでよいのだろうか。

けれども、もともと白い鷺《さぎ》は、水浴びすればいよいよ白くなり、もともと黒い烏《からす》は、色を染めればいよいよ黒くなる。白い鳥を鷺と呼び、黒い鳥を烏と呼んで、人間は区別してきたのだ。このように、鷺は鷺でしかなく、烏は烏でしかない。それぞれが、一つの概念で捉えられている。ならば竹篦だけを「竹篦」と呼ぶべきであり、竹篦でないものは竹篦と呼ぶべきではないのか。

また、「耳だけに頼って音を聞こうとする者には、真実の音が聞けない。目だけに頼って物を見ようとする者には、真実の物が見えない」とも言われる。ならば竹篦の真理は、どのようにして知りうるのだろうか。

さらに、『碧巌録』などには、「過去・現在・未来の三世を見通せる仏たちですら、真理があることを知らない。狸《たぬき》や牛などのような動物の方が、かえって真理があることを知っている」という南泉和尚の言葉が書かれている。仏の悟りは、畜生にすら及ばないのだろうか。それとも、畜生は存在にとらわれており、仏たちは知ることと知らないことを超越した認識に到達しているということなのか。ならば、「知る」ということ自体に、限界があることになる。

ここで、わたくしの歌を一首。

呉竹《くれたけ》の一夜《ひとよ》の程《ほど》に音変《おとか》へて吹くも身に沁《し》む秋の初風

竹の「節《よ》」が短いように、「夜《よ》」も短い。

昨日までは夏だったのに、あっという間《ま》に、今日が立秋。

秋の初風が昨日までとは音も変えて吹いてきて、身に沁みる。

同じ風が、なぜ「夏の風」とか「秋風」などと、違う名前で呼ばれるのか。

秋風と呼ぶことで、見失ってしまう「秋風」の本質はないのだろうか。

ここからは、それがし慈雲の出番じゃ。智月殿よ、そなたと同じ「竹」を用いて、愚僧が和歌を詠んでみよう。そなたの歌と、どう違うかな。

照《て》る月の心も知らで窓の外《と》に己《おの》が影とや靡《なび》く弱竹《なよたけ》

風が吹いている。

窓に映《うつ》った、なよ竹の影が、動き続けている。

なよ竹は、自分の影を、きっと自分の一部だと思っていることだろう。

自分が月の光に照らされることで、影が生まれたことなどは知らずに。

なよ竹が知りうる「真理」とは、所詮はそういうものだ。

物と名前の関係も、なよ竹とその影の関係と同じことじゃろう。なよ竹の影を作り出した「月」。その月に該当するものを、名前を持った物、いや名前を持たされた物の背後に見なければなりませぬぞ。

44　芭蕉《ばしょう》拄杖《しゅじょう》

『無門関』第四十四則

芭蕉和尚《ばしょうおしょう》は、弟子たちを教え導いて、このように問いかけた。「もし、お前が拄杖《しゅじょう》を持っているのなら、お前に拄杖をくれてやろう。もし、お前が拄杖を持っていなければ、お前から拄杖を取ってしまうぞ」。

この公案について、わたくし、智月こと染子は、次のように考える。

『詩経《しきょう》』に、「鳶《とび》は飛んで天に戻《いた》り、魚《うお》は淵《ふち》に躍《おど》る」とある。動物は、天の摂理に従って自由に生きているし、人間は理想の君主の下で楽しみを謳歌する。

『雲門広録《うんもんこうろく》』には、「南山《なんざん》に鼓《つづみ》を打てば、北山《ほくざん》に舞う」とある。南山の鼓はそこから遠く離れた北山では聞こえないはずなのに、南山で打たれる鼓の音に和《わ》して、北山の人々が舞うというのだ。広い世界の中には、必ず自分を理解してくれ、自分の本性を引き出してくれる人がどこかにいる、という教えである。

ここから、「杖」に関する思索に移ろう。

わたくしたち凡俗にとっては、お釈迦様こそが、わたくしたちにこの世に存在する価値を教えてくれる存在である。かつて、お釈迦様がまだ生きておいでの頃、一人の老人がお釈迦様の説法を聞きたいと思って、霊鷲山《りょうじゅせん》の険しい山道をよじ登ったことがあった。けれども、半分くらい登ったところで、苔むした岩に足を滑らして、つまずき倒れてしまった。阿難尊者《あなんそんじゃ》が、その一部始終をお釈迦様にお話しされると、お釈迦様はこのようにおっしゃった。「これからは、老人や病人は、杖を突いて登ってきてもよろしい」。おそらく、お釈迦様が杖となって、老人を助けるという志を表明されたのだろう。

四国の霊場を回るお遍路さんたちは、杖を持っているが、この杖は弘法大師の化身とされる。杖を一つ持つだけで、二人分の力が加わるのだ。無辺身菩薩《むへんしんぼさつ》は、お地蔵様と同一視される仏様だが、お地蔵様は手に錫杖《しゃくじょう》を持っておられる。無辺身菩薩がお一人でなされることには限りがあるけれども、杖を突きながら六道《ろくどう》を隈《くま》なく歩くことで、限りなき知見を得ようとされているのだ。

杖と言えば、恐ろしい話もある。かつて、お釈迦様から「神通第一《じんづうだいいち》」と称えられた目連尊者《もくれんそんじゃ》は、竹杖《ちくじょう》外道《げどう》によって撲《なぐ》り殺されてしまったという。その外道は、竹杖の中に剣を隠し、目連に向かって、「お坊様こそ、恐ろしい心を持っておられますな」と偽りを口にしながら、殴りかかったのだという。

百丈和尚《ひゃくじょうおしょう》が、弟子である潙山和尚《いさんおしょう》に、「杖」に託して真理を教えたのは、親が子どもを思う親心のような、師匠が弟子を思う老婆心からであろう。すなわち、牛に杖を見せることで、他の田を荒らしてはいけないと教えるように、人間の欲望も手なずけてうまく付き合うことが大切だと、百丈和尚は懇切丁寧に教えてあげたのである。親が子どもを思うと、心配のあまり目の前が真っ暗になると言うが、百丈和尚もそんな気持ちだったのだろうか。ちなみに、この潙山和尚とは、浄瓶《じんびん》を蹴倒したことで有名な潙山和尚［霊祐］ではなく、その弟子で潙山の第二世となった潙山和尚［大安］のことである。

また、『碧巌録《へきがんろく》』に、「蓮華庵主不住《れんげあんじゅふじゅう》」という公案がある。蓮華峯に住んでいる和尚がいた。彼は、人々に問いを発したが、誰も満足な答えができなかった。すると、和尚は杖を横ざまに持って、そのまま千峰万峰《せんぽうばんぽう》の中へ入って行かれた、という。これは、いささか気が短い振る舞いのようにも思う。

さて、この公案に関して、無門和尚《むもんおしょう》は、このように述べている。「心の中に杖がしっかり存在していれば、途中から壊れている橋があっても、それを通って川を渡ることができるし、月のない闇夜でも、無事に村に戻ることができる」。それも、すべてはこの杖の力によるのである。

ここで、わたくしの和歌を一首。

有無《あるなし》を担《にな》ひ持てゆく人はただ枌《あふご》に支《ささ》ふ杖を頼みに

本当に有るのか無いのか、わからないのが人生の真実。
肩に担ぐ天秤棒《てんびんぼう》の片方に「有る」を、もう片方に「無い」を乗せて、
人間は、人生という長く苦しい旅を、よろよろしながら歩いてゆく。
彼のたった一つの頼りは、手に持っている「杖」。
杖がなければ、苦しい人生はとても生きてゆけないだろう。

ここからは、それがし慈雲の出番じゃ。最後の和歌じゃが、次のように推敲してはいかがかな。智月殿は、「枌《あふご》」という言葉をお使いだが、この言葉は、『古今和歌集』の「人恋ふる事を重荷《おもに》と担《にな》ひ持てあふご無《な》きこそ侘《わ》びしかりけれ」という歌のように、「天秤」という意味の「枌《あふご》」と、「逢《あ》ふ期《ご》」（巡り会える時）との懸詞《かけことば》である点が、大切じゃ。そなたの歌では、懸詞にはなっていないのではないかな。

それに、この公案は確かに「杖」が眼目じゃが、最後の和歌は、もう「杖」にこだわらない方がよろしかろう。杖は、あくまでも支柱であって、支えられている「自分の心」こそが肝要なのですぞ。そんなことでは、いつまでも杖に頼る心がなくならず、真理には到達できますまい。

有無《あるなし》を肩も休めず担《にな》ひ持《も》て朸《あふご》をそれと知らぬ山路《やまぢ》に

人生には意味が有る。なおかつ、人生には意味が無い。
そのどちらもが真実である人生を、人間は必死に生きてゆく。
それは、まさに深い山路を歩むようなもの。
「朸《あふご》」を肩から下ろさずに、険しい山道を歩き続ける人は、
いったい、いつ、真理に出会える「逢《あ》ふ期《ご》」が来るのか、見当も付かない。

45　他是阿誰《たぜあた》

『無門関』第四十五則
法演和尚《ほうえんおしょう》は、このように問いかけた。
「釈迦仏《しゃかぶつ》も、弥勒仏《みろくぶつ》も、人々の救済者だが、それでも彼らは『あの人』に仕える僕《しもべ》でしかない。では、この『あの人』とは、いったい誰なのか。さあ、皆の者、言ってみよ」。

この公案について、わたくし、智月こと染子は、次のように考える。

この公案は、わたくしが柳沢吉保公の嗣子・吉里《よしさと》様をお生みした前後で、立て続けに四人の子どもを早世させてしまった哀しみを乗り越えようとして、禅の道に志した当初、わたくしのために与えられた公案である。龍興寺《りゅうこうじ》の雲巌全底和尚《うんがんぜんていおしょう》が、この公案をわたくしに授けてくださった。『故紙録《こしろく》』という書物に、その間の事情や、わたくしがどのようにしてこの公案と格闘したかは書き記したことがある。

そのタイトルを『故紙録』としたのは、悟りを開いた後は、その心持ちこそが大切であって、言葉はそれを十全には表せない、という「不立文字《ふりゅうもんじ》」の覚悟を示すためだった。だから、ここに、この公案に対するわたくし自身の見解を、言葉で書き表すことはしたくない。

少し唐突な喩えかもしれないが、この公案で問われている「あの人」とは、男の人が心から愛している恋人のような存在であろう。その人と逢《あ》えるのならば、何に替《か》えても惜しくない。すべてをその人のために捧げようと、決意している恋人。それが、「あの人」である。

『古今和歌六帖』に、次のような歌がある。

夜《よ》もすがらなづさはりつる妹《いも》が袖名残《なごり》恋しく思《おも》ほゆるかな

「一晩中、撫でて親しんでいた恋人の袖の移り香《が》が、わたしの袖に染《し》みついている。けれども、それは香りだけで実態がないので、早く恋人本人に逢《あ》いたいと思われてならないことだ」という

龍興寺にある雲巌全底の墓（東京都中野区）

龍興寺にある夭逝した子どもの墓（東京都中野区）

龍興寺にある飯塚染子の墓（東京都中野区）

意味である。

真理を求めている段階は、男の人が昼間、孤独な状態で恋人を思い、苦しみ、迷っている状態と似ている。それを乗り越えて、この公案の「あの人」の正体がわかり、ありありと対面することができるのであれば、香りだけで実態のなかった芳香の本体が「妹が袖」であることがわかるように、「あの人」がほかの誰でもない、この人だということが、大いなる満足感や法悦を伴って理解できることだろう。

それは、恋人という他人であるだけでなく、その人を心から愛している自分自身でもあるのだ。

ここで、わたくしの歌を一首。


誰《た》ぞ殿《どの》を何時《いつ》か見初《みそ》めて誰《たれ》にまた誰《た》そと問はれて言はぬ誰《た》ぞ殿《どの》

釈迦仏や弥勒仏でさえ奉仕する「あの人」、その誰かさんは、どこにいるのか。早く、その人を一目でも見たいものだ。

すると、その誰かさんは、わたくしに向かって、

「仏ですら奉仕するという私は、誰に奉仕するためにいるのか、わかるか」と、問うだろう。すると、またまた、わたくしは新たな難問に逢着してしまう。

「真実の自分」にたどり着いたと思った瞬間に、それは逃げ水のように遠のいてしまう。本当

のわたくし自身である「あの人」もまた、わたくしから逃げ続け、かくれんぼうをするのではないだろうか。
わたくしの歌を、さらにもう一首。

尽《つ》きまじな八百万代《やほよろづよ》の神路山《かみぢやま》榊葉《さかきば》分《わ》けて出《い》づる月日《つきひ》は

仏教の仏たちは、我が国の神々となって垂迹《すいじゃく》されたという。
ならば「あの人」は、人間が信奉している神様たちですら、奉仕されるお方。
数限りもない無数の神々が集う伊勢の国の大神宮《だいじんぐう》のお山の、
みずみずしい榊の葉の間から、出入りする太陽や月は、永遠に尽きることはない。
「守る／守られる」という人間と神仏の絆《きずな》も、いつまでも続くことだろう。

わたくしを禅の世界に導いて下さった夫である柳沢吉保公は、神道と儒教と禅の三つの世界を立体化することに成功しておられる。駒込の山里に造営なさった六義園《りくぎえん》にも、神道と儒教と禅の三位一体《さんみいったい》への祈りが込められている。吉保公は、既に何人もの「あの人」と出会っておられるのではないだろうか。

さて、ここからは、それがし慈雲の出番じゃ。智月殿よ、そういう深い因縁が、そなたとこの公案とにあったとは、全く知らなんだ。だが、そなたの詠んだ一首目は、少し表現を変えれば、もっと深い思想を込めることができるように思う。ちと、添削して進ぜよう。

誰《た》そ殿《どの》を誰《たれ》知り初《そ》めて誰《たれ》にまた他《た》はこれ誰《た》そと問ひぞ侘《わ》びぬる

「あの人」など、どこにもいない人かもしれない。

ならば、いったい誰に向かって、「あの人」は誰なのかと問えばよいのだろう。

他人に聞けないならば、ひたすら自分の心に向かって、

問い続けるしかあるまいに。

二首目は、次の歌に差し替えましょうぞ。じゃが、この歌は詠むのに難儀しましたぞ。最初は、「面影《おもかげ》の亡《な》き後《あと》までもその儘《まま》に恵みを添《そ》ふる露の言《こと》の葉《は》」としたのだが、最終的には次のようになりました。

亡《な》き影の有《あ》りし恵みをその儘《まま》に袂《たもと》に宿《やど》す露の言《こと》の葉《は》

釈迦仏は、遠い昔に入滅《にゅうめつ》された。

でも、釈迦仏が説かれた尊い教えは、心を潤《うるお》す言葉となって、

今でも、そのまま受け継がれている。

「あの人」を追い求め続ける人が、いつの世にも絶えることがないので、教えの恵みの露がなくなることはないのだ。

なお、智月殿が詠まれた「尽きまじな八百万代の神路山榊葉分けて出づる月日は」の歌を参考にして、愚僧も次のように詠ませてもらった。感謝しますぞ。

亡《な》き後《あと》と何《なに》思ふらむ神路山光差し添ひ出《い》づる日影《ひかげ》を

46　竿頭進歩《かんとうしんぽ》

『無門関』第四十六則

石霜和尚《せきそうおしょう》は、このように言った。

「高さが百尺、すなわち三十メートルもある竿《さお》の天辺《てっぺん》に立っていると仮定しよう。この時、どのようにすれば、新たな一歩を前へ進めることができるだろうか」。

また、昔、長沙和尚《ちょうさおしょう》という賢人は、このように言った。

「高さが百尺もある竿の天辺《てっぺん》で、心静かに坐禅している人がいたとしても、彼は真実を悟ったわけではない。高さが百尺もある、この竿の先で立ち上がり、なおかつ、さらに一歩、前へと足を進めて、自分の全身全霊を、十方世界《じっぽうせかい》にあまねく行き渡らせなければ、悟りを開いたとは言えない」。

この公案について、わたくし、智月こと染子は、次のように考える。と書きたいところだが、ここに来て体調がきわめて優《すぐ》れない。いきなりで申しわけないけれども、和歌を記すことにしよう。むろん、わたくしの和歌である。

世を捨てて身は亡《な》きものと思へども雪の降る夜《よ》は寒くこそあれ

世間の価値観をすべて捨てて出家した者は、もう俗世間の埒外《らちがい》を生きているから、「この世の人」ではない。けれども、雪の降る、寒い冬の夜には、世間一般の人と同じように、寒さが身に沁《し》みてならないことだ。

出家とは、高さが百尺もある竿の天辺まで登ることと似ている。そして、出家した者が、雪の降りしきる冬の夜の寒さを寒さとも感じない心境に達した時に、竿の上でさらなる一歩を前へと踏み出すことができるのだろう。それは、第四十一則の慧可和尚《えかおしょう》が、雪の中で立ち尽くしていた姿とも重なる。また、第十七則で記した、わたくしの寒さに関する文章も、思い出していただきたい。

さらに、もう一首。これは、「諸《もろもろ》の一切種《いっさいしゅ》と、諸《もろもろ》の冥《みょう》を滅《めっ》し、衆生《しゅじょう》を抜《ぬ》き、生死《しょうじ》の泥《でい》から出《い》でしむ」という経文《きょうもん》の心を、和歌に詠んだものである。

峰よりも諸一切種《しょいっさいしゅ》と上《あ》げたれば谷より応《こた》ふ入相《いりあひ》の鐘

倶舎論《くしゃろん》のありがたい教えでは、お釈迦様は、考えられるすべての方法を駆使して、ありとあらゆる生き物の心の闇を滅し、輪廻転生《りんねてんしょう》のサイクルから抜け出させてくれる、という。

今、深い峰の底から、吹き上げる風の音が、皆を救おうという仏の声に聞こえる。

それに応《こた》えるように響き渡る、夕べの鐘。

この鐘の響きこそ、百尺の竿の天辺にいる人の魂が印《しる》した「あと一歩」だろう。

そして、三首目。これは、わたくしの歌ではなく、法然上人《ほうねんしょうにん》のお歌である。

阿弥陀仏《あみだぶつ》と言ふより外《ほか》は津の国の難波《なには》の事《こと》もあしかりぬべし

難波《なにわ》の四天王寺《してんのうじ》から西の海に沈む太陽を拝み、ひたすら、「南無阿弥陀仏」と唱えましょうぞ。それ以外の修行は、無意味。難波の浦には、「蘆刈《あしかり》」をする人が多いが、まさに、「南無阿弥陀仏」以外のことは「悪《あ》しかり」で、よくないことじゃ。

法然上人にとっては、自力救済の限界を悟り、「南無阿弥陀仏」と唱えることで、他力による成仏の可能性に賭けることが、百尺の竿の上で、新たな一歩を先へと進めることだったのだろう。それ以外の修行だと、真っ逆さまに百尺の下へと転落してしまうと、上人は考えた。ならば、わたくしにとっての「南無阿弥陀仏」は、何なのだろうか。

もう考える時間は、そんなにたくさんは残されていないだろうが、それでも考えを一歩でも、半歩でも前へと進めたいものだ。

ここから、それがし慈雲の出番じゃ。智月殿、よほどお体の具合が悪いようじゃ。そなたが記された和歌三首のうち、二首目の「峰よりも」の歌は、残そう。「世を捨てて」と「阿弥陀仏と」は、カットしましょう。

それでは、この公案に関して、どういう和歌がふさわしいか。愚僧が思いつくままに書き並べてみるとしましょうか。

我《わ》が法《のり》は縮《ちぢ》み頭《がしら》に然《さ》も似たりとくにとかれずいふにいはれず

「妙の字は若き女の乱れ髪ゆふにゆはれずとくにとかれず」とか、「わが恋は柳の糸の乱れ髪とくもとかれずいふもいはれず」などとも言う。ちりちりと丸まった髪の毛は、梳《くしけず》ろうにも、解《と》くに解《と》けない。結《ゆ》おうにも、結《ゆ》えない。仏法の真理は、あまりにも深淵で、説《と》くに説《と》けない。言おうとしても、うまく言えない。

我が法は朝夕撫《あさゆふな》づる妹《いも》が髪《かみ》とくもとかるるいふもいはるる

一つ前の歌と、対《つい》になっておる。朝・晩、夫が愛《め》でつつ撫でている妻の髪の毛は、解《と》こうとすれば解《と》くことができるし、結《ゆ》おうと思えば結《ゆ》うこともできる。仏法の真理も、言葉で説こうとすれば何とか説くことができるし、言おうと思えば言うこともできる。

我が法は障子《しやうじ》の引《ひ》き手《て》に峰《みね》の松燧袋《ひうちぶくろ》に鶯《うぐひす》の声

これは、「我が恋は障子の引き手に峰《みね》の松燧袋《ひうちぶくろ》に鶯《うぐひす》の声」という恋歌を、仏教的な道歌《どうか》に詠み替えたもの。「障子の引き手」と「燧袋」は卑近なもので、恋する自分をへりくだる意味。「峰の松」と「鶯の声」は気高いもので、恋する相手を高めている。仏法も、真理への愛という点では、恋とよく似ている。

ちょっと、くだけすぎたかのう。ここからは、智月殿のように、まじめに参ろうか。

峰よりも諸一切種《しよいっさいしゅ》と上《あ》げたれば谷より応《こた》ふ入相《いりあひ》の鐘

これは、智月殿も上げておられた歌じゃ。次のは、弘法大師《こうぼうだいし》の歌だ。

法性《ほつしやう》の室戸《むろと》と聞きて我住《われす》めば有為《うゐ》の波風立《た》たぬ日も無《な》し

四国の室戸の洞窟で、波の音を聞きながら二年間修行して、『三教指帰《さんごうしいき》』の悟りを開いたとされる伝説的な歌じゃ。弘法大師も、洞窟の中で、次なる一歩を、大きく踏み出されたのだろう。

迦維羅衛《かゐらゑ》の共《とも》に契りし甲斐《かひ》有《あ》りて文殊の御《み》顔《かほ》相《あひ》見つるかな

これは、『拾遺和歌集』に載っている婆羅門僧正《ばらもんそうじょう》の詠んだ歌じゃ。婆羅門僧正は、インドから中国、そして日本へと渡ってきて、東大寺の大仏供養に参列した僧じゃ。彼のインドから日本への歩みは、まさに百尺の竿の上から、何歩も前へと進む決意でなされたものであろう。

斑鳩《いかるが》や富《とみ》の小川《をがは》の絶《た》えばこそ我《わ》が大君《おほきみ》の御名《みな》は忘れめ

これも、『拾遺和歌集』に収められておる。聖徳太子《しょうとくたいし》が、飢えた人を哀れんだ歌を詠まれたところ、飢えた人はこの歌を詠んで、聖徳太子に感謝したという。この後で、聖徳太子が服を与えたけれども、その人は死んでしまった。だが、埋葬してからしばらくして墓を掘り返してみたところ、遺体は無くなっていたという。この飢えた人の正体が、何と禅の祖である達磨大師《だるまだいし》だったとする伝説まであるようじゃ。

もし、この人が達磨大師だったとすれば、先の婆羅門僧正と同じように、インドから中国へ、そして中国から日本へと、禅宗の教えは大きな足跡を進めたことになる。

さらに、一歩を進めて、次の歌で、この公案を閉じよう。智月殿にふさわしく、優雅な恋の歌にしようかの。「行く」という動詞も、二回使われておるし。

茜《あかね》さす紫野《むらさきの》行き標野《しめの》行き野守《のもり》は見ずや君が袖振《ふ》る

『万葉集』で有名な額田王《ぬかたのおおきみ》の歌じゃ。彼女は、大海人皇子《おおあまのおうじ》（天武天皇《てんむ》）と、中大兄皇子《なかのおおえのおうじ》（天智天皇《てんじ》）という、兄弟関係にある二人の男性から愛されて苦しんだ。これは、天智天皇の後宮に入った後で、大海人皇子が自分に向かって袖を振るのを見て、詠んだ歌だとされる。

額田王に向かって袖を振った大海人皇子も、恋への情熱をバネとして、大いなる一歩を踏み出そうとしている。それを見た額田王の心にも、「一歩を印《しる》す」気持ちが湧いてきたことじゃろう。まことに、恋心と仏法の真理を求める心は、よく似ておるのう。

47 兜率三関《とそつさんかん》

『無門関』第四十七則
兜率和尚《とそつおしょう》は、三つの関門を設けて、真理の道に志す修行者たちに、このように問いかけた。
最初に、第一の関門。「苦しい草枕《くさまくら》の旅を繰り返して、名僧や高僧を尋ねる目的は、『見性《けんしょう》』、つまり、心の目を開いて、自分自身の本質を見届けるためである。ならば、今、この時におけるあなたの本質は、一体どこにあるのか」。

次に、第二の関門。「もし、あなたが自分自身の本質を知りえたとすれば、人間の生死《しょうじ》の苦しみや迷いなど、軽々《かるがる》と脱することができよう。ならば、あなたの目から光が失われ、あなたの魂がこの世からあの世と旅立つ臨終の時、あなたはどうやって現し世《うつしよ》の存在を逃れるのか」。

最後に、第三の関門。「人間の生と死の苦しみから逃れられたならば、すぐに、自分がどこへ向かってこの世から去るべきかが、わかる。人間の身体を構成している四つの要素、つまり『地《ち》・水《すい》・火《か》・風《ふう》』の四大《しだい》がバラバラになってしまう時、あなたはどこへ去ってゆくつもりか」。

この公案について、わたくし、智月こと染子は、次のように考える。

まず、第一の関門。「苦しい草枕の旅を繰り返して、名僧や高僧を尋ねる目的は、『見性』、つまり、心の目を開いて、自分自身の本質を見届けるためである。ならば、今、この時におけるあなたの本質は、一体どこにあるのか」、ということについて、わたくしはこう考える。

この公案で言う「自分自身の本質を見届ける」とは、いったいどういうことであろうか。「自分自身の本質」など、本当に存在するのだろうか。

第四十一則で言及した一休和尚の和歌を、もう一度、ここに掲げよう。

仏法は鍋《なべ》の月代《さかやき》石の鬚《ひげ》絵に描《か》く竹の共擦《ともず》れの音

鍋に、月代《さかやき》などありはしない。胡子《こす》（達磨大師《だるまだいし》）には鬚《ひげ》があるが、石には、鬚は付いていない。絵に描いた竹からは、葉擦れの音などはしない。それらを、一休和尚は「仏法」に喩えた。わたくしは、それらが「真実の自分」の比喩だと考える。石に鬚がないように、自分には「真実の自分」など存在しないのではあるまいか。

また、次に掲げる作者未詳の和歌も、有名である。

鳴子《なるこ》をば己《おの》が羽風《はかぜ》に任《まか》せつつ心と騒ぐ村雀《むらすずめ》かな

鳴子は、音を立てて雀を追い払い、稲穂を守るための農具である。雀たちは、自分たちで鳴子に触れて音を立てておきながら、自分たちの立てた音に驚き、恐怖に駆られて一心に逃げてゆくのである。自分で自分を翻弄している。どこに、「本当の雀」がいるのだろうか。

思い返せば、わたくしが禅に志したのは、幼子を四人も相次いで亡《な》くしたからだった。夫である柳沢吉保公は、わたくしに次の和歌を示され、その意味をよく考えるようにとアドバイスして下さった。

闇の夜《よ》に鳴かぬ烏《からす》の声聞けば生まれぬ先の父ぞ恋しき

わたくしは、何百回・何千回もこの歌を唱え、その心を考え続けたが、ついに悟りを開けなかった。自分がこの世に生を受ける以前の「父」とは、もしかしたら「自分」というものの潜在的な可能性、すなわち「真実の自分」のことかもしれない。「生まれぬ先の吾子《あこ》」も、「真実の自分」であろうか。烏は、闇夜では鳴かない。けれども、その声無《な》き声を聞くことが、自分を越えた自分を願うことにつながるのかもしれない。

この「声無き烏」を捕《とら》えようとする狩人《かりゅうど》は、「陰陽《いんよう》」とか「有無《うむ》」などという二項対立の理屈を越えた場所で、網を張って獲物を待ち受けているのだろうか。真実の自分を捕える場所が、極楽なのだろうか。

「不萌枝上《ふほうしじょう》に花開《はなひら》き、無影樹頭《むようじゅとう》に鳳舞《ま》う」という禅語もある。「枝の無い木」や「影の無い木」は、「声の無い声」とよく似ている。この影の無い木は、極楽に生《は》えているというが、「鳳」はいかにも極楽にふさわしい。だが烏は、どうだろう。声の無い声で鳴いている烏たちが、鋭い嘴《くちばし》で、羽を毛づくろいながら、影の無い木の上に群れ集まっているとしたら、そこはどうも極楽ではないような気がする。「真実の自分」を発見した人は、極楽へ行けるのだろうか。それとも、地獄へと転落してしまうのか。もしかしたら、本当の自分など、最初から追い求めない方がよいのかもしれない。極楽へ連れて行ってくれない替わりに、地獄にも行かずに済むのだから。

ここで、わたくしの和歌を一首。

身を思ふ心こそまづこの世より身を苦しむる心なりけれ

「我が身」という自分の殻《から》に執着する限り、自由な魂は得られない。「大切な自分」だと思うことが、地獄への転落の始まりなのだ。我が身を愛することが、我が身を苦しめる結果になる。ならば、「真実の自分」を求めたいわたくしは、「自分ではないもの」を求めよう。どうして人間は、自分が自分でしかないことに気づかないのだろう。

この歌は、西行の「心から心に物を思はせて身を苦しむる我が身なりけり」という古歌を参考にして詠んだものである。「自分」を思う「自分の心」から自由になって初めて、「真実の自分」と対面できるのかもしれない。

さらに、もう一首。

思ふべき我《わ》が後《のち》の世は有《あ》るか無《な》きか無《な》ければこそはこの世には住め

むろん、できることならば、来世では極楽に生まれたい。だが、本当に、来世《らいせ》というものは存在するのだろうか。

自分は、いつまで経《た》っても「真実の自分」とは巡り会えない。
だから、真実の自分の住むべき極楽など、想像もつかない。
わたくしは、わたくしのままで、この世に生き続ける。

けれども、病弱なわたくしには、刻一刻と命の終わりが近づいてくるのがわかる。その不安をまぎらわすためにも、この『鳥の空音』の執筆は必要なのだ。しかし、命が尽きるまでに、この『鳥の空音』を完成させることができるだろうか。その時には、後の世に、誰かがわたくしの思いを受け止めて、書き継いで完成させてくださることを願わずにはいられない。

次に、第二の関門。「もし、あなたが自分自身の本質を知りえたとすれば、人間の生死の苦しみや迷いなど、軽々《かるがる》と脱することができよう。ならば、あなたの目から光が失われ、あなたの魂がこの世からあの世と旅立つ臨終の時、あなたはどうやって現《うつ》し世《よ》の存在を逃れるのか」、ということについて。

わたくし、智月こと染子は、こう考える。わたくしの命が失われる瞬間のことを、心静かに想像してみよう。

『古今和歌集』に、有名な古歌がある。

久方《ひさかた》の光長閑《のどけ》き春の日に静心《しづごころ》なく花の散るらむ

のどかな春の光は、永遠に続いてほしい。命も、永遠であってほしい。けれども、春のさなかに、桜の花は散ってゆく。静の中に動は生まれ、生の極みで死は芽生えるのだ。

それにしても、「死出《しで》の旅」とは、どのようなものなのだろうか。これから旅立つにしても、四方《よも》のどこを眺めても、いよいよ高く、険しい山で囲まれていて、どの方角を目指せばよいのか、見当もつかない。この日のために新たに裁縫してくれた、白い死装束《しにしょうぞく》を着て、たいそう心細い気持ちで出立《しゅったつ》するまさにその時、人間が死後に向かうという六つの世界への分かれ道である「六《ろく》道《どう》の辻《つじ》」には、雲や霧が立ちこめている。真っ暗で、先はまったく見えない。

三途《さんず》の川《かわ》を渡ろうにも、風が激しく吹きつけるので、川波が高い。とても、無事に向こう岸に渡れそうにも見えない。渡れないどころか、ほんの少しだけでも風を避けて木の下に宿ろうとしても、木陰などどこにもない。まして、わたくし以外には誰もこの場所にはいないので、あの世とやらへの道を尋ねることもできない。

たった一人で行くしかない、あの世への道を歩くわたくしは、「夕闇《ゆふやみ》は道たどたどし月待ちて帰れ我《わ》が背子《せこ》その間《ま》にも見む」という古歌を、思い浮かべる。こんな時にも和歌が口をついて出てくるほどに、わたくしは和歌に執着して生きてきたのだと痛感する。そして、今の自分が、夕闇の中、道を間違えながら帰ってゆく男を心配する女ではなく、自分自身が闇の中を蹌踉《そうろう》と歩む立場になっていることに気づき、愕然《がくぜん》とする。

それにしても、この死出の道は、何と広々としていて果てしなく、真っ暗で視界が悪いことだろう。生と死という「二つの海」が、目の前に茫々《ぼうぼう》と広がっている。

ここで、わたくしの和歌を一首。


始《はじ》め無《な》く終《を》はり渚《なぎさ》も白波《しらなみ》の寄せては返る風の海面《うみづら》

生と死の輪廻転生《りんねてんしょう》のサイクルは、果てしなく続く。

そこには、始まりもなく、終わりもない。

そのような生と死の二つの大海が、目の前に広がっている。

白い波は、寄せては帰ってゆくというサイクルを無限に繰り返している。

それこそが、輪廻を断絶できない、弱い人間の姿なのだ。

これは、「自分の本質」を知った後に、生死の苦しみや迷いを乗り越えた目に映った光景なのか。それとも、苦しみ続け迷い続けている目に映る光景なのか。それは、もうわからない。

ここで、それがし慈雲が口を差しはさみ申す。愚僧は、藤原俊成《しゅんぜい》卿が撰んだ『千載和歌集』に載っている宮内卿永範《くないきょうえいはん》の和歌を、ここに掲げることにしよう。『維摩経《ゆいまきょう》』で無常の典型とされる十の比喩のうち、「この身は水中の月の如《ごと》し」という教えを詠んだ和歌じゃ。

澄《す》めば見ゆ濁れば隠る定め無《な》きこの身や水に映《うつ》る月影

露や雷と並んで、はかないものの代名詞とされる「水中の月」。

確かに、実態がないのだから、水中の月ははかないものには違いない。

しかも、水が濁っていたら、空にお月様が照っていたとしても、光は見えない。

だが、水が澄めば、水中の月は光って見える。

水中の月は空しいものだが、澄んだ水に映る月は、月そのものよりも透明だ。

智月殿、「水中の月」を目指しなされ。いや、そなたの心は、まさに清らかな水面《みなも》に映った「水中の月」そのものじゃろう。優婆夷《うばい》として生き、正式の尼にならなんだとはいえ、「智月」という法名の何という清らかさ。愚僧が、智月殿の深い思いと祈りの籠《こ》もった『鳥の空音』に、言葉を書き加えたり、言葉を削ったりしているのも、そなたの心の月の光をいっそう明るく輝かせたいという一心からなのじゃ。すると、愚僧の心まで輝き始めましたぞ。

それでは再び、第三の関門についての智月殿の考えを傾聴いたしましょうか。

最後に、第三の関門。「人間の生と死の苦しみから逃れられたならば、すぐに、自分がどこへ向かってこの世から去るべきかが、わかる。人間の身体を構成している四つの要素、つまり『地《ち》・水《すい》・火《か》・風《ふう》』の四大《しだい》がバラバラになってしまう時、あなたはどこへ去ってゆくつもりか」、ということについて。

わたくし、智月こと染子は、こう考える。

「水は水に、火は火に帰《き》す」と言うが、人間の体を形作っている四つの元素は、人間の命が滅びれば、「地・水・火・風」のそれぞれに戻ってしまう。その無常の運命は、必ず人間に訪れるし、思ったよりも迅速《じんそく》に訪れるものだ。

それを喩えれば、朝顔の花に、美しい白露が宿っているようなものだ。朝顔の花は、「一日《いちじつ》の栄《えい》」と言われるほどはかないものだし、露もまたすぐに消えてしまう定めである。僧正遍照《そうじょうへんじょう》に、「末《すゑ》の露本《もと》の雫《しづく》や世の中の後《おく》れ先立つためしなるらむ」という和歌がある。この歌は、露と雫のどちらが早く消えるだろうかという内容だが、朝顔と白露もどちらが長続きするということはなく、どちらも同じくらいにあっけなく消滅してしまう。

けれども、朝顔の花は、一つの花が散っても、その翌朝には別の花が一日の栄を誇り、草葉に置く夕露も、すぐに消えるとはいえ、翌日の夕方にはまた、たくさん露が置き加わっている。一方、朝顔や露よりも長いと思われている人間の命は、一度失われたらそれっきりである。だから、人間の命がはかないことは、物に喩えることができないほど明らかである。『仏説処処経《ぶっせつしょしょきょう》』には、「吐いた息が戻ってこなければ、直ちに人間の命は失われる」と書いてあるそうだ。

このような無常の運命は、人間の身の上にだけ起きるのではない。倶舎論《くしゃろん》の世界観によれば、この宇宙も壊滅《かいめつ》を免れないという。世界が崩壊する「壊劫《えこう》」、世界に何も存在しない「空劫《くうこう》」、世界が新たに形成される「成劫《じょうこう》」、世界が存続する「住劫《じゅうこう》」というサイクルを二十劫《こう》ずつ繰り返すという。世界が壊れる時には、七つの太陽が同時に空に出現し、劫火《ごうか》が烈しく燃えさかって、梵天王《ぼんてんおう》の宮殿まで灰燼《かいじん》に帰《き》してしまうという。

このように宇宙全体が崩壊してしまう時、わたくしの体を構成している「地・水・火・風」は、どこに行ってしまうのだろう。空《くう》に帰したわたくしの魂は、どこへ行くのだろうか。この三つ目の関門に答えることの、何と困難なことか。

ここで、藤原定家《ていか》卿が撰んだ『新勅撰和歌集《しんちょくせんわかしゅう》』から、藤原公衡《きんひら》の歌を、掲げることにしたい。

伝へてもいかに知らせむ同じ野《の》の尾花《をばな》が下《もと》の草の所縁《ゆかり》に

尾花（薄《すすき》）の下に生《は》えるのは、「思い草」。
尾花が生《お》い茂る原で生い育った思い草のように、
愛する人とゆかりのあるあなたに、
私の深い思いを、どうしたら伝えられるだろうか。

わたくしの命も、まもなく尽きるだろう。命だけでなく、わたくしの体を形作っている四つの要素も、いつかは宇宙の崩壊と共に失われてしまうだろう。その時、わたくしという人間が生きていた証《あか》し、死の間際《まぎわ》まで血縁や地縁でつながる愛《いと》しい人たちのことを思い続けたわたくしの「心」は、どうすればほかの人に伝えることができるのだろうか。わたくしの魂の叫びは、親しい人にも受け止めてもらえないのだろうか。

ここから、それがし慈雲の出番じゃ。先ほどは、思索の途中で口を差し挟んで、失礼いたした。智月殿、よくぞ、ここまで考えを進められた。ところで、『老子』という書物がある。この本は、老子が関所を通る時に口述した教えとされておる。そこには、国を武力で守ることの限界が語られておる。

さて、この公案で提示されている三つの関所じゃが、最初に第一関を通過して第二関に向かい、その第二関を通り過ぎることができたら、第三関に至るのか。それとも、いっぺんに、三つとも関を越えてしまうか。二つの方法がある。どうも、智月殿は、律儀に、一つずつ関を越えてゆく最初のやり方を採用しておられるようじゃな。でも、それは守りの姿勢ではないかのう。守りに限界があるとは、老子の教えにもあった。

もしも、愚僧がどちらの方法がよいかと聞かれたら、次のように答えよう。「関所を越える順番は、自由でよい。たとえば、一二三四五六七八の順番でなくても、一二三七六八でもよいのじゃ。道に達した人は、数字にこだわらないで、自在に楽しむことができる。今は、徳川幕府の政治がうまくいっており、平和な時代が続いておる。戦《いくさ》がないので、箱根の関所も、どこの関所も、門を鎖《とざ》すことはない。同じように、この第四十七則で示された三つの関所も、さらには『無門関』の全部で四十八の公案という関所も、決して鎖されていない。だから、この関所を自在に通り越して、行きたいところまで行かれるがよい。まさに、七通八達《しちつうはったつ》の境地に達して。宇宙の滅亡も、滅亡した宇宙の新生も、しっかり見届けられよ。そなたが『無門関』の四十八の関を越えようとして思索し続けた魂は、この『鳥の空音』がこの世にある限り、不滅である。それに愚僧も協力できて、うれしく存ずる。

48　乾峰一路《けんぽういちろ》

『無門関』第四十八則

乾峰和尚《けんぽうおしょう》に、ある僧が問うた。「『首楞厳経《しゅりょうごんきょう》』というお経には、十方《じっぽう》の諸仏が皆、一つの道を通って、涅槃《ねはん》の門に入った、と書いてあります。私はまだ見つけられないでいるのですが、この道というのは、どこにあるのでしょうか」。

乾峰和尚は、拄杖《しゅじょう》を手にすると、それで空中に横の線を一本描いて、このように言った。

「その道は、ここにある」。

後に、この僧は、雲門和尚《うんもんおしょう》のもとで修行したのだが、この事について、どういうことだったのかと問うた。

すると、雲門和尚は、扇子《せんす》を手にすると、このように言った。「この扇子は、天高く飛び上がって、須弥山《しゅみせん》の頂上にある三十三天にまで登り詰め、帝釈天の鼻の穴を突くことができる。また、東海に住んでいる鯉を一打ちすると、とたんに盆を引っ繰り返したかのような雨を降らせることができる」。

この公案について、わたくし、智月こと染子は、次のように考える。

涅槃《ねはん》への道。真実の自分自身への道。その道を、わたくしは禅の思索を通して、ずっと歩き続けてきた。この一筋にどこまでも続いている道を、踏み間違うことなどあるはずもない。

『江湖風月集《ごうこふうげつしゅう》』には、「路《みち》に糧《かて》をつつまず、笑いてまた歌う。三更月下《さんこうげっか》、無何《むか》に入る」とある。

涅槃への旅には、普通の旅とは違って、携帯する食料は要《い》らない。

ところで、『韓非子《かんぴし》』には、「国に盗賊無く、道に遺《お》ちたるを拾わず」とある。これは、政治家が善政を施した時に出現する、平和な状態を称えた言葉である。唐の太宗《たいそう》が、「貞観《じょうがん》の治《ち》」と称えられる善政を行った時にも、民衆は、道に遺ちたるを拾わず、商人は野宿するほどに、平穏な旅を愉しむことができた。

今、わたくしが生まれ合わせた元禄の御代《みよ》は、まさに理想の政道が広く行われた幸福な時代であると、確信を持って言える。将軍の綱吉様を、わたくしの夫である柳沢吉保公が支えてすばらしい政治を行ったので、旅をするにも食料を持ち歩く必要はなく、道に落ちている物を拾うほどに困窮している人もいない。だからこそ、わたくしは、理想の涅槃への道をひたすら歩いてゆけるのだ。

いや、わざわざ涅槃という理想郷を目指して遠くへ旅立つ必要などさらさらなく、今、ここで、幸せに暮らすことこそが、涅槃に生きることだと気づいたのだ。

すばらしい時代に巡り会えた喜びと、最高の夫と出会えたうれしさを、わたくしが拙い和歌で歌うことを、許してほしい。

八隅知《やすみし》る君が恵みの雨に猶分《なほわ》きて潤《うるほ》ふ身こそ嬉《うれ》しき

綱吉様の理想の政治の恩恵は、地上にあまねく雨が降るように、この国を広く覆《おお》っている。すべての民が、その恩を受けている中で、側用人《そばようにん》として綱吉様の御恩寵を受けた柳沢吉保公の妻の一人であるわたくしは、とりわけ、ありがたい恵みを受けた。

この喜びは、この世に生きる意味を見出したわたくしの喜びと重なる。

このように、「今、ここ」で生きることが、そのまま涅槃であるのだが、この世には生老病死《しょうろうびょうし》の苦しみが存在する。死があっての生であり、悲しみがあっての喜びであるからだ。

春の夜空を月が渡ってゆく間《あいだ》じゅう、ずっと月を眺めていると、かつて一緒に暮らした大切な人たちのことを思い出す。別離の悲しみの涙は、いつしか紅涙に変わり、袖を真っ赤に染めあげる。

そうこうしているうちに、早くも夏が過ぎて秋となり、その秋も終わりとなる。初秋の七月には、庭で鳴いていた蟋蟀《きりぎりす》も、寝室の壁近くで鳴く初冬の十月となった。蟋蟀がいつまでも鳴いているように、春から泣き始めたわたくしの涙も、まだ尽きることはない。涙で濡れそぼった袖を絞っても絞っても、新たな涙が袖を濡らしてしまう。

王朝の頃に小野小町が、「有《あ》るは亡《な》く亡《な》きは数添《かずそ》ふ世の中にあはれ何《いつ》れの日まで嘆かむ」と歌ったように、生きている人は、次から次へと鬼籍に入ってしまう。それを嘆いている自分も、遠くはない時期に「故人《こじん》」となってしまう運命である。

けれども、自分が生きている間は、自分の死を思うことは少ない。かつて楽しい時間を共有した大切な故人たちの面影が次から次へと心に浮かんでくるので、生きる喜びを忘れることはできないと、世間では言っているようである。

謡曲などに、「生死《いきしに》の海山《うみやま》を離《か》れやらで」という言い回しがある。この世に恨みを残した霊魂が、成仏《じょうぶつ》できないことの苦しみを意味している。だが、わたくしの大切な人たちは、皆、生死の海山を必ずや逃れて、まことの浄土へ旅立たれたことだろうと、しみじみと思い出される。

まことに、人間の命は、真実の悟りに達するまでは、ここで死んだかと思うと、あちらで生まれるというように、輪廻転生《りんねてんしょう》を免れない。それは、自分を愛し、他人をそねむ心が、解脱《げだつ》を妨げ、涅槃への道を塞いでいるからである。

春には、咲き誇る花の香りに触れては、形而上学的な真理を悟り、秋には、木の葉が枝から落ちるのを見ては、無常の理《ことわり》を知る。けれども、そういう修行だけでは、悟りには到達できないだろう。憧れたり、はかなんだりする主体としての「自分」は、明日になったならば「昨日の夢」となり、滅びているかもしれないからだ。

『禅林句集』に、「水月《すいげつ》の道場に坐し、空華《くうげ》の万行《まんぎょう》を修《しゅう》す」という禅語がある。月の光が水に映っているけれども、月は、自分が水に映ったとも思わないし、水の側でも、月を映しているとも思わない。そういう境地が、理想だというのである。そういう高い次元での「水月」を求めることは、さかしらな喜怒哀楽に染まったままでは、とうていできはしない。大空に架かる月ではない、「もう一つの月」が水の中に実在すると錯覚して、それをうっとりと眺めることの、何というつまらなさであろうか。

「空華」も同じことで、霞んだ目で空を見ると、そこに花が咲いているように見える。それなのに、実際に花が咲いていると確信して、どこにも存在しない花の色や香りに惑溺したりすることも、愚かしいことである。

考えてみれば、わたくしが書き継いできた、この『鳥の空音』も、「水月の道場に坐し、空華の万行を修す」という理想の境地からは、ほど遠いものだったかもしれない。だが、わたくしは『無門関』という、真実の認識に到達した昔の和尚たちの四十八のエピソードに対して、古代から現代までの漢籍や和歌、そして物語の言葉から連想した個人的な思索を書き加えてきた。

既に、冬枯れの庭のように、わたくしの人生の終わりが近づいている。冬枯れの庭や野辺を歩けば、新生の春を願う気持ちが湧いてくるように、禅の教えに導かれて極楽への往生を願ってひたすら心に浮かぶよしなし事《ごと》を、わたくしはそこはかとなく書き付けてきた。この書物は、わたくしの後に生きる人々にとっては、いったいどんな思い出となることであろうか。

この『鳥の空音』が、わたくし亡《な》き後の読者にとって、「心の友」となることを祈り、万感の思いを込めて、ここに筆を置くことにしよう。

ここからは、それがし、慈雲の出番じゃ。「水月の道場に坐し、空華の万行を修す」という言葉で、この著作の最後を結ぼうとしたのは、なかなかのアイデアだと存ずる。ただし、その言葉に関する解説は、もう少し推敲が必要ではないかな。「月の光を捕えようとしたり、花の色を追い求めようとする」などと、人間の愚かさを強調した方がよいかと思う。

それはともかく、最後に、この『鳥の空音』全編を読んだ愚僧の感想を、和歌で書かせていただくとしようか。
木枯《こがらし》の吹き敷《し》く儘《まま》に搔《か》きぞ集む名のみありその森の言の葉《ことは》
冬の木枯が、森の木々から、木の葉《こは》を吹き散らしてゆく。
冬という季節は、生の厳しさ、とりわけ晩年期に直面する苦しさを思わせる。
けれども、智月殿は、よくぞ吹き飛ばされた言葉を、ここまで搔き集められた。
そなたが集めたのは、枯葉ではなく、言の葉。命の通った、まことの言葉。
ここから、新しい命が萌《も》え出《い》でよう。
そなたが生きた森の名は、この世のどこにもない、「ありその森」。
「荒磯《ありそ》」という言葉はあるが、それは海であって、山や森ではない。
智月殿は、どこでもない、それゆえ、どこでもありうる「思索の森」の奥深く、
自らの心と対話しながら、見事な「思索の言の葉」を書き綴られた。
この『鳥の空音』こそ、まことの言の葉の森であろうぞ。
そこから響くそなたの声は、「空音《そらね》」などではなく、魂の声そのものじゃ。

跋文・1

ある人が、智月《ちげつ》という優婆夷《うばい》がかつて書き著した『鳥《とり》の空音《そらね》』という写本を、『あなたも、読んでみたらいかがですか』と勧めてくれた。それで読んでみたのだが、著者の人柄や教養を映し出す文体がまことに清らかで雅やかであることに驚いた。表現が秀でているだけでなく、内容も素晴らしく、禅の真実に達していることに感嘆した。私は、この『鳥の空音』の著者が向かいあった禅の世界に疎い者ではあるが、その素晴らしさに感動するだけでは我慢できなくなって、このように拙い筆遣いで書き写したのである。この稀《まれ》に見る秀作が、一人でも多くの人の目に触れることを望んで止まない。

入道前大納言・花押

安永二年の夏

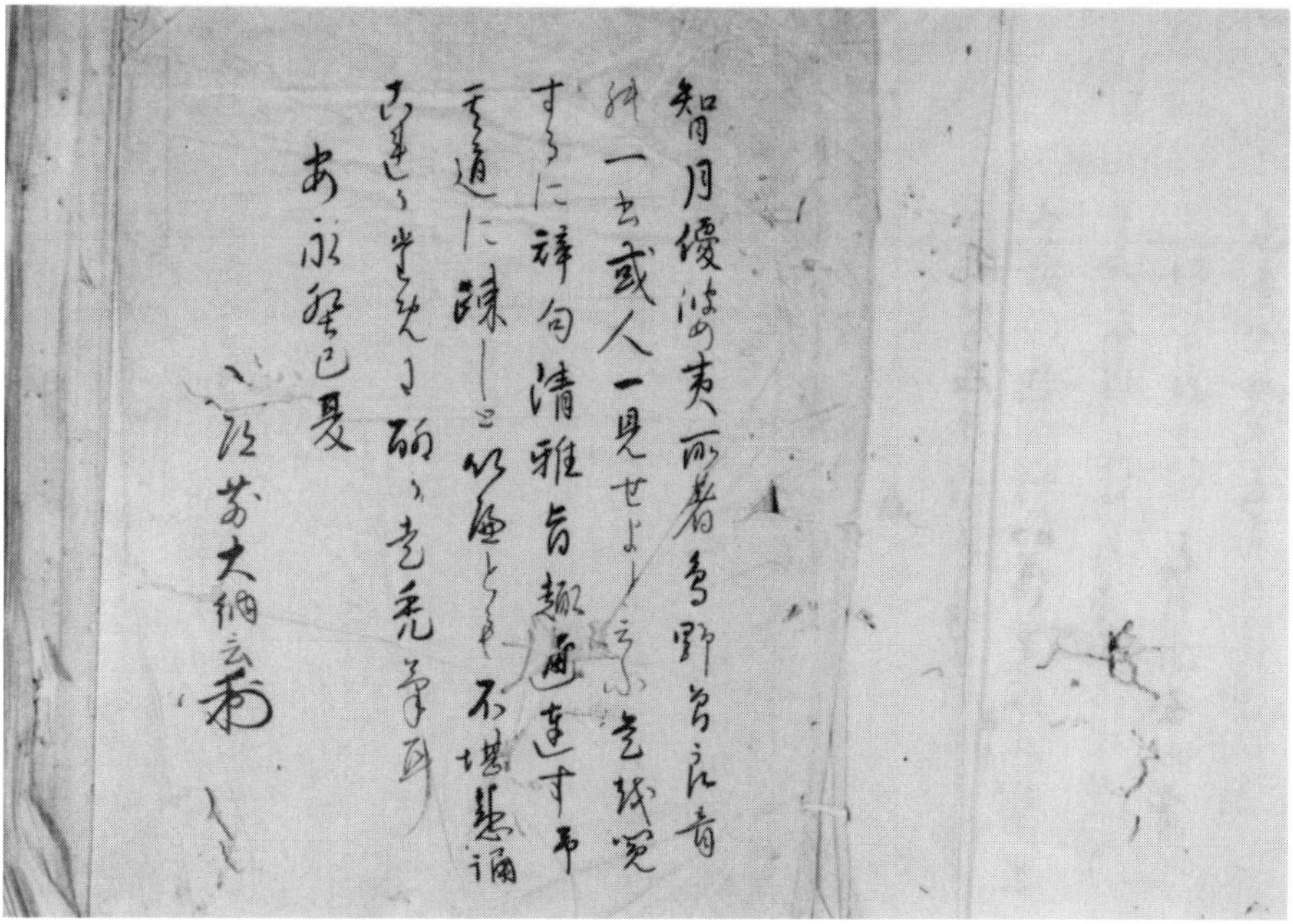

修禅寺蔵『鳥の空音』の跋文・1

跋文・2

この『鳥の空音』という作品は、大坂の柏屋の知月（智月）と申された優婆夷の著述である。それを、彼女が亡《な》くなった後で、これまた亡《な》き大和上様《だいわじょうさま》である慈雲尊者《じうんそんじゃ》が、細かな表現にお手を入れられて、このように見事な書として完成したのである。

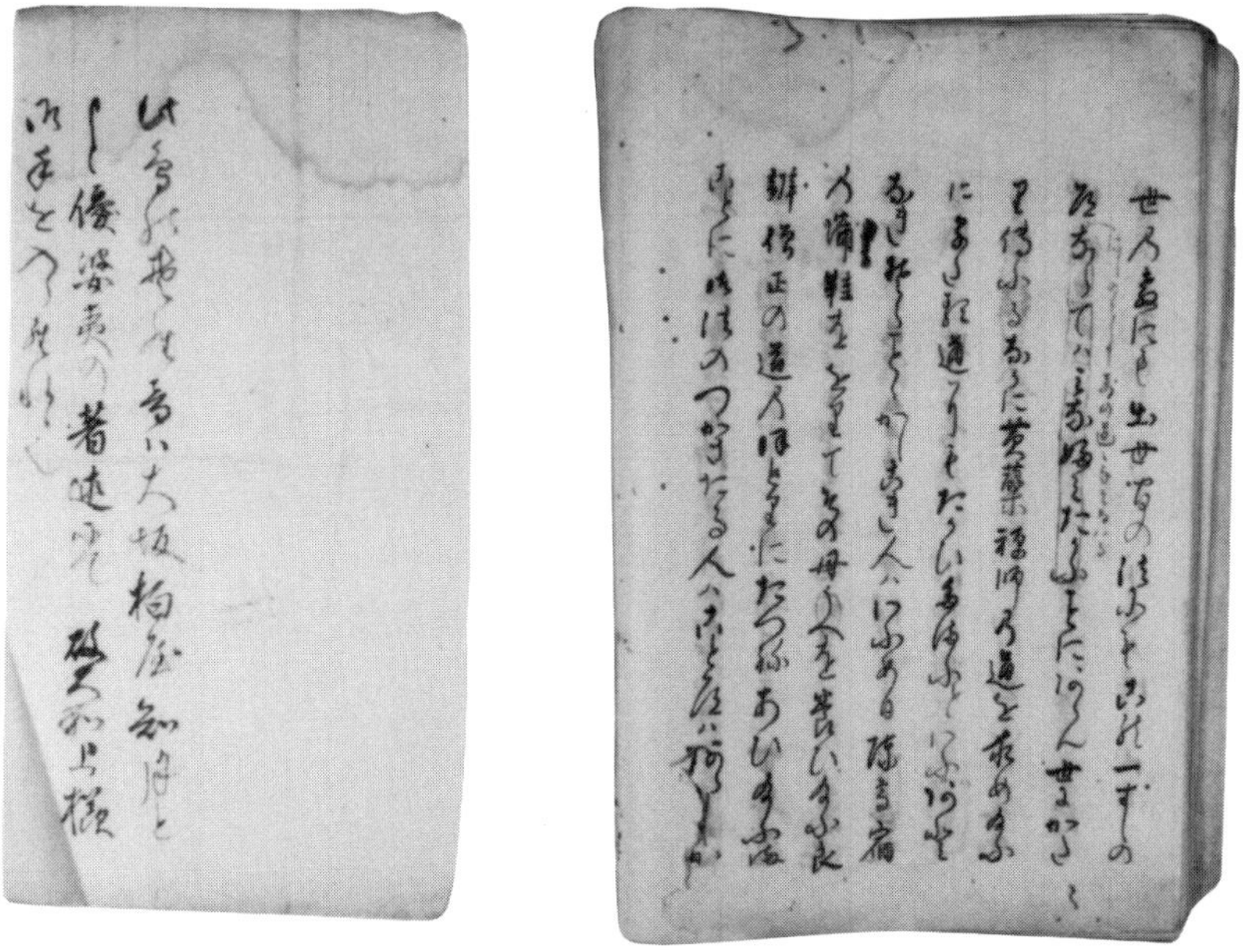

修禅寺蔵『鳥の空音』に挿入されているメモ（跋文・2）

Ⅱ　解説――『鳥の空音』の発見

日本文化のキーパーソン・柳沢吉保

私は、『源氏物語』の研究をライフワークとしている。なぜならば、『源氏物語』の影響を受け、『源氏物語』に憧れる求心力が、日本文化には常に作用し続けたからである。そして、『源氏物語』の圧倒的な重力から脱却したいという遠心力も、常に作用し続けたからである。これほど、日本文化の根幹に存在し続けた作品は、ほかには存在しない。

『源氏物語』は、文学や芸術であることを越え、「文化」そのもののシンボルだった。もっと正確に言えば、『源氏物語』は日本文化を創るものであり、「日本文学の命」であり、「日本文化のＤＮＡ」だったのである。

この求心力と遠心力。憧れと戦い。それが、日本文化の伝統を守りつつ、いつの時代にも新たな日本文化の革新を可能にした秘密だと考えられる。そして、わが国が明治維新の際に、怒濤のように押し寄せてきたヨーロッパの先進文化を、見事に摂取できたのも、『源氏物語』に対する求心力と遠心力を使い分ける絶妙のバランス感覚を、ヨーロッパの先進文化に対しても適用したからだと考える。

『源氏物語』への憧れと『源氏物語』との戦いが作り上げた日本文化を、私は「源氏文化」と呼びたい。源氏文化は、鎌倉時代・室町時代・安土桃山時代、そして江戸時代の最高の文化人たちの手で、鍛えられ続けた。およそ一流の文化人と目される芸術家や思想家で、源氏文化の発展と更新に貢献しなかった人はいない。

中でも江戸時代は、源氏文化にとって特色のある時代だった。江戸時代に、源氏文化が根付き、全国的規模で広がったことが、近代化を準備し、近代化を成功させたと言っても過言ではない。

ここで、スポットライトを当てたい人物がいる。柳沢吉保《やなぎさわよしやす》（一六五八〜一七一四）である。彼は、武家政治家である。江戸幕府の五代将軍である徳川綱吉の側用人《そばようにん》として、絶大な権力を振るい、「元禄文化」と呼ばれる源氏文化の特異なバージョンを華麗に演出した。

柳沢吉保というキーパーソンの出現によって、源氏文化は、「異文化統合システム」としての機能を確立したと言えるだろう。

日本・中国・インドの文化統合

柳沢吉保がめざしたのは、和歌を中心とする日本文化、儒教・漢詩文を中心とする中国文化、仏教の経典を中心とするインド文化を「三層構造」として立体化させる「文化秩序」の創造だった。これは、神道・儒教・仏教の三位一体を可能にする「思想統合システム」でもあった。

柳沢吉保の慧眼は、異文化統合の際の、最も基礎となる「要《かなめ》」の位置に、日本文化の中の日本文化、古典の中の古典である『源氏物語』を据えたことである。

彼が抜擢した源氏文化の体現者が、北村季吟《きたむらきぎん》（一六二四〜一七〇五）である。この季吟は、柳沢吉保とよく似た思考パターンをする人物だった。すなわち、鎌倉時代から江戸時代までの、すぐれた『源氏物語』の研究者たちの学説を、無数に積み重ねることに成功したのである。

『源氏物語』が古典となり、研究対象となったのは、藤原定家が「青表紙本《あおびょうしぼん》」という本文を定めてからである。すなわち、鎌倉時代の初頭であった。鎌倉時代は、武家と公家の文化が拮抗した時代だった。この文化的対立の中から源氏文化が流れ始めた。次なる室町時代には、応仁の乱をきっかけにして戦国時代が始まり、戦乱と混乱の時代の中で、日本文化のたいまつが必死に守り継がれた。源氏文化は、この危機の時代に最高潮を迎え、画期的な注釈書が続々と生まれた。そして、江戸時代には天下太平の世となった。時代が変われば、『源氏物語』の読み方も変わる。文学や文化の役割も変わってくる。

けれども、北村季吟は、自分以前のすべての学説を蓄積したうえで、その中のどれが現代的な観点から最も妥当かを、瞬時に判断できた。それが、『源氏物語湖月抄《こげつしょう》』という奇蹟の注釈書を生み出した。『源氏物語』は、男と女の愛をテーマとしている。すなわち、人間関係の発生と発展と持続が、テーマなのである。その「人と人とをつなぎ合わせる機能」を、和歌が果たしている。すなわち、源氏文化は「和歌の文化」でもあった。

中世では、源氏文化の担い手が、例外なく『古今和歌集』の秘説を伝える「古今伝授《こきんでんじゅ》」の継承者だった。その理由は、ここにある。古今伝授に関わる文化人にとって、和歌の「和」は、異なる個性と価値観を持った人々を一つにつなぎ合わせ、調和・和合させるエネルギーを意味していた。このエネルギーを正しく活用すれば、必ずや戦乱に終止符が打たれ、平和な世界が出現するだろう。それが、和国と呼ばれる日本の理想である。

北村季吟が受け継ぎ、集大成した、このような「和」の思想を、これからの日本文化の推進に役立てたいと見抜いたのが、柳沢吉保のおそるべき慧眼だった。そして、元禄二年（一六八九）、吉保は京の都から北村季吟を江戸に招聘《しょうへい》し、幕府歌学方《かがくかた》という役職を与えたのだった。

吉保は、江戸時代を代表する儒学者である荻生徂徠《おぎゅうそらい》（一六六七〜一七二八）を召し抱えていた。また、若い頃から禅の修行に励み、日本人の高僧だけでなく、中国から渡来した宇治の黄檗山万福寺《おうばくさんまんぷくじ》の住持《じゅうじ》たちや、小倉の広壽山福聚寺《こうじゅさんふくじゅじ》の住持たちと、高度な禅問答を展開した。

このような柳沢吉保の向学心は、北村季吟の「和」の思想を取り込むことで、「日本・中国・インド」の異文化統合を成し遂げた。ここに、江戸時代後期の文化の成熟への道が切り開かれ、明治維新へと続く歴史の変革が始まったのである。

柳沢吉保が、江戸郊外の駒込の山里に造営した大名庭園の最高傑作が、六義園《りくぎえん》である。この六義園は、和歌の教えと儒教の教えと禅の教えが、三層構造になっている。そして、その三つの文化を調和させる要が、「和歌」だったのである。

私は、柳沢吉保と北村季吟の出会いの情景を、『北村季吟――この世のちの世思ふことなき』（ミネルヴァ書房・二〇〇四年）に書いた。そして、柳沢吉保をめぐる人間関係のネットワークを、『柳沢吉保と江戸の夢――元禄ルネッサンスの開幕』（笠間書院・二〇〇九年）で探究した。そして、六義園に込めた柳沢吉保の文化統合の理念を北村季吟が代弁した『六義園記』に注目し、その注解を、私家版でまとめたりした(『「六義園記」注解』・二〇〇九年)。柳沢吉保というキーパーソンに着目すれば、現代につながる源氏文化の本質が解明できると直感したからである。

柳沢吉保の二人の側室

柳沢吉保が日本文化を接着剤とすることで、儒教や仏教を立体化させたのに対応するかのように、吉保の妻室たちも「日本・中国・インド」の文化を統合することに成功している。

その中で、現在まで異色の文学者として知られるのが、正親町町子《おおぎまちまちこ》(一六七六頃~一七二四)である。町子は、吉保の側室であり、越後の黒川藩主となった経隆《つねたか》と、三日市藩主となった時睦《ときちか》を生んだ。この二つの藩は、どちらも一万石だったが、幕末まで存続した。

町子は、『源氏物語』と瓜二つの文体で、『松陰日記《まつかげにっき》』を著した。これが、近世屈指の女性文学の名作だと見なされてきたのである。公家の血を引く町子が書いた『松陰日記』は、『源氏物語』に学び、『源氏物語』の世界に憧れたもので、『源氏物語』との戦いはない。吸引力の強さに比して、遠心力はほとんど作用していない。そこに、『松陰日記』が佳作あるいは名作に留まり、時代を突き抜けた傑作になりえなかった理由がある。『松陰日記』には、新しい時代を作り、未来を自分の手で引き寄せようとする気概が不足している。

同じく側室の一人である飯塚染子《いいづかそめこ》(一六六五~一七〇五)は、吉保の後継者である吉里《よしさと》を生んだ。吉里は、甲府藩十五万石を領した後、国替《くにが》えのために大和郡山藩《やまとこおりやま》に移封《いほう》されたが、同藩は幕末

月桂寺にある正親町町子の墓（東京都新宿区）

まで十五万石を守り通したことで知られる。

吉里の生母である染子は、吉里のほかにも四人の子どもを産んだが、全員が数えの三歳を越えることなく夭折する、という悲劇と直面しなければならなかった。母親として直面したこの悲しみを乗り越え、天下太平の世に女性として生きることの意味を見つけようとして、染子は禅の世界に入った。吉保から、『無門関《むもんかん》』と向き合うようにと勧められたのである。

禅によって悟りを開くまでの染子の魂の彷徨の記録は、『故紙録《こしろく》』として残っている。甲斐の恵林寺《えりんじ》など、柳沢家ゆかりの寺院に奉納されたので、現在まで伝わったのである。

元禄時代が生んだ女性哲学者、あるいは女性思想家と言うべき染子の『故紙録』については、拙著『柳沢吉保と江戸の夢』で紹介し、そのすがすがしい生き方を記す強靱な文体について、称賛の念を禁じ得なかった。そして、この『故紙録』を文学作品として正当に評価すべき必要性を説いたのだった。『松陰日記』には希薄な、未来を見据える視点が、この作品には強く感じられる。すなわち、源氏文化からの遠心力が存在する。だからこそ、強烈な現代性があるのだ。

『鳥の空音』という書物

私は『柳沢吉保と江戸の夢』を執筆中に、偶然、『鳥《とり》の空音《そらね》』という書物の存在を知った。それは、古書店でたまたま一冊の大型の単行本を目にし、購入したからである。

表紙には、次のように印刷されていた。

橘　染子　無門関　参禅録
鳥のそら音　附　故紙録

「えっ、故紙録?」と思って本文を読むと、確かに飯塚染子の『故紙録』が附載されていた。清和源氏の流れを汲む甲斐源氏である柳沢吉保は、「源」が本姓である。飯塚染子は、「橘」を本姓とする。『故紙録』も、橘染子の名で書かれている。

ここまでは、私の理解の範囲内だったのだが、『鳥のそら音』という、『無門関』に真っ向から真剣勝負を挑んだ参禅録も、飯塚染子の著作だというのである。

ページをひもとく時間ももどかしい思いで、私はこの書物に目を通した。まことに驚くべき内容の、驚嘆すべき作品であった。これほどの傑作が、どうしてこれまで文学史の闇の中に埋もれていたのだろうかと、自分を含む国文学者の怠慢に対して義憤すら感じた。『故紙録』を上回る思想性と文芸性にあふれていた。

特に感銘を受けたのは、『源氏物語』や『徒然草』などの古典文学を咀嚼し尽くした文体で書かれており、なおかつ『源氏物語』や『徒然草』の世界を越えようとする野心が息づいていたことである。ここが、『源氏物語』に寄生している正親町町子の『松陰日記』との最大の違いだと思われた。その遠心力の度合いは、『故紙録』よりも格段に大きく、たくましかった。

正直に言って、この奇蹟の名著が「飯塚染子」の作品であることを証明する直接の証拠があるわけではない。『故紙録』の英語訳を出版した日本仏教学の権威である末木文美士氏も（サリー・キング氏との共訳）、解説に当たる序文で、「『鳥のそら音』という『無門関』の注釈書も染子の手になると言われている」と、断定を避けて述べている。末木氏は別の論文でも、『鳥のそら音』の著者が「染子と同一人物であるかどうかという点に関しては、なお多少の疑問が残されているようである」と述べる（「橘染子の禅理解」）。

『鳥のそら音』という作品は、仮に誰が作者であったとしても、そして作者が誰であるかが遂にわからなかったとしても、一流の作品である事実は変わらない。この『鳥のそら音』は、近世日本文学史の奇蹟として、顕彰すべきである。そして、現代の読書人にもっと読まれてほしい。もしそれが、柳沢吉保の側室だった飯塚染子の手になるものであれば、さらにいっそう我が国における源氏文化の流れがダイナミックに浮かび上がることになるだろう。

さて、この『橘　染子　無門関　参禅録　鳥のそら音　附　故紙録』は、東京都八王子市の兜《と》率山《そつざん》廣園寺《こうおんじ》の丹羽慈祥老師が発行されたものである。廣園寺は、応永十二年（一四〇五）に、『無門関』を板行したことで知られる古刹である。

丹羽慈祥老師は、碩学として知られる南禅寺の柴山全慶《しばやまぜんけい》老師（一八九四〜一九七四）が、戦前の昭和十七年五月に書き写した『鳥のそら音』の忠実な影印を載せておられた。柴山老師が戦時中に書写した際の「親本《おやほん》」がどこの所蔵であったかは、明らかではない。ただし、この『鳥のそら音』

の奥書には、「安永癸巳夏《みずのとみ》」（安永二年＝一七七三、夏）に、「入道前大納言」が書写したことが明記されている。

廣園寺が刊行した『鳥のそら音』のありがたい点は、影印に加えて、河原笙子（小林河原笙子）氏による翻刻文が全編にわたって付されていることであった。けれども一読して、翻刻の不備があることに気づいた。これは一つに、昭和十七年の柴山老師による転写を翻刻したものであるので、「原作者 → 前大納言 → 柴山全慶」と、少なくとも二回の転写を繰り返しているうちに、意味が取れなくなった箇所が多々あることが最大の要因であり、致し方のないことである。

さらには、『源氏物語』や『徒然草』などの古典文学を深い次元で摂取しているので、よほど古典文学に精通していないと、それらの古典に由来している古語を読み誤ってしまう。それにしても、河原氏の翻刻は、労作であった。私が一から翻刻を始めたら、もっとたくさんの数の翻刻ミスを犯したかもしれない。

ここで一言、書名の表記について、おことわりしておく。私がこの書のタイトルを述べる際には、『鳥の空音』と書くことにする。この表記で、この著作を文学史上に位置づけ、顕彰したいと願っているからである。ただし、廣園寺から刊行された影印と翻刻に言及する際には、その出版物のタイトルに従って、『鳥のそら音』と表記する。

『鳥の空音』の翻刻を始める

私は、まず『国書総目録』で調べてみた。すると、次のような記載があった。

鳥の空音　とりのそらね　二冊　㊫禅宗　㊅智月　㊢修禅寺（安永二写）＊新纂禅籍目録による

すなわち、伊豆の古刹である修禅寺に、安永二年に書写された『鳥の空音』の写本が存在する、ということである。安永二年という年号は、廣園寺から刊行されている『鳥のそら音』の奥書の年号と一致している。

この『国書総目録』は、編纂に当たって、実地に修禅寺の写本の実物を確認したのではなく、『新纂禅籍目録』の記述を信じて、それを採録した、ということらしい。

そこで、駒澤大学図書館編の『新纂禅籍目録』を見てみると、次のように記載されていた。

鳥の空音　②二冊　③智月　④写（安永二）　⑤修禅寺　⑦無門関ノ解説書

確かに、『国書総目録』が、この『新纂禅籍目録』を基にしていることがわかった。なお、このすぐ横に、次のような記述があるのを目にしたが、その時は深い意味を感じることができず、そのままにしてしまった。後になって、これが大きな意味を持っていたことが判明する。

鳥の啼音　②二冊　③慈雲飲光　④写　⑦無門関ノ著語、無門関鑰説及び慈雲尊者全集等ニアリ

この時点で、すぐに修禅寺に『鳥の空音』の写本の有無を問い合わせるべきかどうかで迷ったが、当時は修禅寺にこれといったツテがなかったこと、および『国書総目録』でも『新纂禅籍目録』によるとしたのみで、所在を確認していないようなので、現在も修禅寺に『鳥の空音』の写本が実在する可能性は高くないだろうと判断したこと、それらの理由で、修禅寺には問い合わせをしなかった。

次に、私は、『鳥の空音』の著者とされる「智月」という女性が、本当に「飯塚染子＝橘染子」であるかどうかを、知りたかった。

そこで、廣園寺の丹羽慈祥老師の著作をすべて古書店で入手し、熟読したうえで、老師に手紙を書いた。「智月が染子であるということを、どういうふうにお知りになりましたか」という内容だった。老師からは、末木文美士氏が『故紙録』を英訳した貴重な本を送っていただいた。さらに、河原笙子氏を通して、「智月が染子であることは、柴山老師やそのほかの先師たちから、直接に何度も聞いた」という老師のお返事もいただいた。

けれども、これ以上の手がかりは、ないようだった。柴山老師が昭和十七年に筆写された『鳥のそら音』の写本が、現在も南禅寺にあるかどうかもわからないということだった。それで、私はとりあえず、廣園寺の『鳥のそら音』の影印をベースにして、正確な翻刻文を作成することとした。既に河原氏による翻刻があったので、その不備を修正するという作業から開始できたことは、大変にありがたかった。そして、この翻刻をしながら、著者が本当に飯塚染子であるかを「内部徴表」から考え続けた。

けれども、「正確な翻刻」は、困難を極めた。翻刻文を確定するだけでなく、和歌や物語や仏典や儒教や漢詩などからの膨大な引用を発見し、その出典・典拠を突き止める必要があったからである。

私は『源氏物語』の研究をライフワークとしているが、『源氏物語玉《たま》の小櫛《おぐし》』を著した本居宣長《もとおりのりなが》が、『源氏物語』の本文を「この箇所は、本来はこうであったに相違ない。後の時代に誤って筆写してしまったのだ」とたびたび推定し、その推定に従って本文を修正した理由がわかったような気がした。これまでの自分の古典研究の蓄積を踏まえた「学力」が問われている、と何度も感じた。

半年ほどかかったけれども、廣園寺版『鳥のそら音』に基づいた私の『鳥の空音』の翻刻作業は、可能な範囲では完了した。「可能な範囲では」と書いたのは、どうしても本文を確定できない箇所が十数箇所、残ったからである。それを何とか解決し、信頼できる本文を確立したい。そして、読みやすい校訂本文を確定して、『鳥の空音』のすばらしさを世の中に広く問いたい。その願いが、強まる一方だった。

けれども、何もできないうちに、何年かが過ぎた。

修禅寺を訪れる

研究の転機は、偶然、しかも突然に訪れた。私は、放送大学の静岡学習センターで、平成二十二年から三年間にわたり、三島市、浜松市、静岡市の順序で、『源氏物語』に関する面接授業（スクーリング）を担当する機会があった。

当時の静岡学習センターの所長は、徳川家康などの武将の研究で知られる本多隆成氏であった。面接授業の企画や実施については、今井清隆氏のお世話になった。そして、平成二十四年の四月、静岡市で面接授業を行った時に担当してくれたのが、植田質氏だった。今井氏の後輩でもある植田氏と話をしているうちに、彼が「修善寺」という場所に住んでいるだけでなく、お寺の「修禅寺」とも関係があるということがわかった。

初めて、修禅寺へのツテが出現した瞬間だった。私は今井氏と植田氏とに手紙を書き、研究目的を告げ、修禅寺のしかるべき方に、『鳥の空音』の写本が存在するかどうかを尋ねてもらえないかとお願いした。

すると、「開けゴマ」の言葉ではないけれども、一挙に運が開けたのである。私は、厚い雲間

修禅寺の本堂（静岡県伊豆市）

が途切れて、太陽が顔を出し、燦々と日光が降り注ぐ光景を目にしたように思った。大きな海が二つに割れて地面が出現する奇蹟を、目の当たりにするようでもあった。

植田氏は、修禅寺の住職である吉野真常老師に、私の話をしてくれた。そして、現在、修禅寺の文化財は悉皆調査の途中であるから、その調査を担当している伊豆市立修善寺郷土資料館の館長である田中之博氏に問い合わせるように、との吉野老師の言葉をいただいた。

そこで田中氏に手紙を書いて、なぜ『鳥の空音』を研究するのかという目的を改めて書いたうえで、写本の所在についての確認をお願いした。すると、「修禅寺の書庫から、まる一日かかって『鳥の空音』の写本を発見しました。その全編を写真に撮りましたから、データを送ります」ということで、東京の書斎に居ながらにして、修禅寺蔵の『鳥の空音』の写真データを入手できたのだった。信じがたい僥倖であった。

おそらく、文化財調査の専門家である田中氏でなければ「発見」できなかった写本だったのではないかと思われる。田中氏の御尽力には、心から御礼申し上げたい。

送られてきたデータを一見して、腰を抜かしそうになった。下巻（二冊目）に、膨大な分量の書き込みがあった事実が、初めて明らかとなったからである。また、かなりの字数の削除箇所もあった。この削除された部分は、廣園寺版『鳥のそら音』からは想像もできない文章だった。

修禅寺蔵本で表現が修正されたり、新たに書き加えられた部分は、廣園寺版では本文の中に完全に溶け込んでいた。しかし、何箇所かは、書き込みがあるべき箇所にうまく挿入されていなかったので、廣園寺版『鳥のそら音』には意味不明の箇所が残ってしまっていたのである。修禅寺蔵『鳥の空音』の出現によって、私の『鳥の空音』の翻刻文の確定は、九十九パーセントが完了した。残りの一パーセントは、恥ずかしながら、私の学力不足で「読めない」箇所である。

それにしても、いったい誰が、下巻に、これほど大量の書き込みをしたのだろうか。

田中氏が撮影してくれた『鳥の空音』には、一枚の紙が挿入されていて、それによれば、「知月」という女性が書いた文章に「大和上」が筆を加えた、という内容だった。この「知月」は廣園寺版では「智月」と表記されており、柳沢吉保の側室である飯塚染子のことだと推定される。それでは「大和上」とは何者であろうか。「やまとのうえ」ではなく、「だいわじょう」あるいは「だいおしょう」であろう。

ここで、思い出したのは、先ほどの『新纂禅籍目録』で「鳥の啼音」の著者とされている「慈《じ》雲飲光《うんおんこう》」である。あの「慈雲尊者」だったのか。慈雲尊者は、真言宗以外にも禅などの諸学に通じ、梵学《ぼんがく》にも詳しく、仏教・儒教・神道が融合した「雲伝神道《うんでんしんとう》」を創出した高僧である。

それでは、染子と慈雲尊者はつながるのだろうか。

染子が生んだ柳沢吉里は、甲府から移封されて大和郡山藩を開いた。調べてみると、吉里の孫に当たるのが、柳沢保光《やすみつ》（一七五三～一八一七）である。その柳沢保光が、慈雲尊者に厚く帰依《きえ》したという。ここで、染子と慈雲尊者はつながった。

そう考えると、飯塚染子（一六六五～一七〇五）の書き残した文章に、慈雲尊者（一七一八～一八〇四）

が添削したものが、『鳥の空音』である、という結論になる。何と、この作品は二人の合作だったのだ。その比率は、下巻に見る限りは、染子が八割、慈雲尊者が二割くらいだろうか。染子の個性的な思索と文体に、画竜点睛を加えたのが慈雲尊者だということになる。

なお、修禅寺蔵の『鳥の空音』上巻（一冊目）には、ほとんど慈雲尊者による添削の痕跡がない。おそらく、修禅寺の二冊は、上巻が慈雲尊者の添削を取り込んだ完成版であり、下巻が慈雲尊者の添削の実態をそのまま伝えている「推敲段階」の写本だということになる。ならば、下巻の書き込みは、慈雲尊者本人の筆であると考えるのが、自然であろう。種々の文献で知りうる慈雲尊者の筆跡と、修禅寺蔵「鳥の空音」下巻の書き込みは、酷似した筆跡だと、私には見える。

ここまで考えが煮詰まったうえで、平成二十四年、初夏の修禅寺を訪ねた。吉野真常老師に御挨拶して、修禅寺蔵の『鳥の空音』を底本とした著書を書き下ろしたい旨を告げると、快くその承諾をいただけた。本当に、ありがたいことだった。

そして、写本の現物と向かい合って、本文で疑問が残っていた箇所を、一つ一つ確認し、解決していった。特に、下巻で慈雲尊者がカットしたと見られる染子の文章の多くが、塗りつぶされた線の下から透けて読めたのが幸運だった。写真では読めなかった部分が、実物ではかなりの部分、読み解けたのである。これによって、染子の原文を慈雲がどのように変えたのか、はっきりと理解できた。むろん、それでも解読できなかった塗りつぶし部分も残っている。

修禅寺の一室で、『鳥の空音』の写本をめくっているうちに、私は、飯塚染子と慈雲尊者のそれぞれの肉声を聞いたように思った。すると、この作品を読書界に紹介する際には、現代語訳がどうしても必要だと思うようになった。この本に込められた深い思いは、原文だけではうまく伝わらない。何人もの人々の深い思いの籠もった『鳥の空音』の価値は、原文よりも現代語訳の方が力強く伝えることができるのではないか。むろん、校訂本文は必ず必要であるが。

その日、修禅寺から帰宅してすぐに、現代語訳に着手した。これが、思ったより何倍も、いや何十倍も困難な仕事だった。

慈雲尊者からの探索

私は困難な現代語訳に取り組みながら、同時並行して、『鳥の空音』の背景についても探索を続けた。すると、慈雲尊者のラインから、これまで見落としていた単行本の存在に気づいた。それは、木南卓一氏編の『慈雲尊者和歌集 幷 鳥のそらね・法語・漢詩文抄』（三密堂書店）という本であった。昭和五十一年の刊行である。ここに、抄出とはいえ、『鳥の空音』の翻刻が載っていたのである。

木南氏は、慈雲尊者が開いた高貴寺《こうきじ》が所蔵する『鳥の空音』の写本を実見されたようである。それには、『鳥のそらね』という表記で、タイトルが記されていたのだろう。この抄出は、和歌の前後の文章を翻刻するという方針なので、全文でないことが惜しまれる。

木南氏の解説では、『鳥の空音』が「慈雲の著述であることは明らかである」と結論してある。

それで、『鳥の空音』に含まれる和歌のほとんどを慈雲尊者の作だと認定して、この『慈雲尊者和歌集 并 鳥のそらね・法語・漢詩文抄』に掲げてあるのである。

けれども私は、既に修禅寺蔵の『鳥の空音』の写本を見ているので、木南氏の見解に対して、明瞭な立場を表明することができる。

既に述べたように、飯塚染子の原作に、慈雲尊者が加除修正を施したのが、『鳥の空音』である。挿入されている和歌には、古典和歌だけでなく、染子の歌もあれば、慈雲尊者の歌もある。下巻は、染子と慈雲尊者の和歌を区別することができる場合が多いけれども、上巻ではその区別がむずかしい。

なお、高貴寺の『鳥の空音』の写本を手にとって調査する機会には、残念なことにまだ恵まれていない。現時点では所在不明とのことだった。けれども、この高貴寺蔵の『鳥の空音』の本文は、木南氏の著書で見る限り、私が確定した校訂本文と大きな異文はない。そこで、高貴寺の『鳥の空音』は上下二冊とも、慈雲尊者の推敲本を弟子の誰かが清書したものだと推定される。つまり、修禅寺蔵本は、下巻に慈雲尊者の推敲のプロセスをそのまま留めている点が貴重なのである。ということは、まだ未発見だが、どこかに慈雲尊者の推敲プロセスを留めた『鳥の空音』の上巻があるはずなのだ。

ちなみに、高貴寺には、慈雲尊者に帰依した柳沢保光の毛髪を納めた「遺髪碑」があるという。御住職からは、「この『鳥の空音』の写本は、先代住職が心から大切にしていた」という貴重なお話を聞くことができた。

慈雲尊者と柳沢保光を結ぶライン

このように、飯塚染子の曾孫に当たる柳沢保光は、慈雲尊者と深く関わっている。このラインをさらに調査すべく、私は柳沢吉保に始まる柳沢家の文化の中心地である大和郡山市に趣き、柳沢文庫を訪ねた。柳沢文庫には、前著『北村季吟』『柳沢吉保と江戸の夢』『六義園記』注解』以来、御配慮を頂いている。心から感謝している。柳沢文庫に結晶している「柳沢文化」は、日本文化の最も大きな本流である「源氏文化」の有力な支流の一つである。

柳澤とも子理事長、吉井保孝常任理事、そして平出真宣学芸員の御理解と御支援によって、柳沢保光と飯塚染子関連の貴重な資料の実物を、多数熟覧することができた。中でも、染子の筆跡を伝える『染子歌集』は、圧巻だった。

また、吉保の正室だった曾雌定子が、和歌を推敲していたプロセスを示す『定子歌集』も、すばらしかった。

残念ながら、柳沢保光が藩主だった時期の公式記録である『虚白堂年録《きょはくどうねんろく》』には、私が関心を持つ点についての記述はみつからなかった。

ただし、平出氏から、柳沢保光に関する信頼すべき伝記考証として、米田弘義氏の『松平甲斐守保光――柳澤堯山《ぎょうざん》」(『甲州御流百年史』)という論文の存在を教えてもらえた。政治家としてだ

柳沢文庫所蔵の『虚白堂年録』

けでなく、和歌・俳諧・華道・茶道・香道・盆石・絵画などの芸術、儒学と仏教に造詣の深かった文人大名の一生を、柳沢文庫所蔵の信頼すべき文献から描き上げた労作だった。

この論文によって、保光と慈雲尊者の関係を調べてみると、いつから交流が始まったかは不明である、とのことだった。天明八年（一七八八）に、大和郡山で豊臣秀長《ひでなが》の二百回忌が行われた際の導師が慈雲尊者であり、それが証明可能な慈雲尊者と郡山の結びつきの最初ということである。だが、慈雲尊者が『鳥の空音』に加筆したり添削したりしたのは、それ以前の可能性もある。保光と慈雲尊者の出会いは、もっと早いと思われるからである。

保光は、寛政十一年（一七九九）に、慈雲尊者から「古今伝授」を受けている。これは、慈雲尊者が武者小路実陰《むしゃのこうじさねかげ》から受けた伝授を、保光に伝えたのである。慈雲尊者は、和歌の奥義にも達していた。だからこそ、『鳥の空音』において、新しく創作和歌を書き足すことが可能だったのだ。

文化元年（一八〇四）に慈雲尊者が没した後も、保光は慈雲尊者を敬愛し続けた。保光は「飲明」とも号したが、これは慈雲尊者の「飲光」という号に因んでいる。

柳沢保光と慈雲尊者との間に、これほど深い交流があったのならば、保光から慈雲尊者に対して『鳥の空音』の加筆修正と完成が依頼されたと推定するのは、ごく自然なことであろう。

安永二年に『鳥の空音』を書写した「入道前大納言」は誰か

柳沢文庫でコピーした米田弘義氏の論文は、実に有益で、論文の中味や付載されている年譜から、さまざまの示唆が得られた。

ところで、『鳥の空音』の写本には、修禅寺蔵本にも廣園寺版にも、「入道前大納言」という人物の奥書がある。

《智月優婆夷《ちげつうばい》、所著《あらはすところ》、『鳥野曾良音《とりのそらね》』の一書、或る人、「一見せよ」と言ふ。これを閲《えつ》するに、辞句、清雅、旨趣、通達す。予《よ》、その道に疎《うと》しと雖《いへど》も、不堪感誦《かんしようするにたへず》。これが為《ため》に、聊《いささ》か走禿筆耳《とくひつをはしらするのみ》。
安永癸巳夏
入道前大納言（花押）》

「安永癸巳夏」は、安永二年（一七七三）の夏という意味である。米田弘義氏作成の「柳澤保光略年譜」によれば、この年の三月に、保光は、趣味人として知られる父の信鴻《のぶとき》から、隠遁と家督相続の話を聞かされている。それが現実のものとなり、信鴻が駒込の六義園に隠棲し、保光が家督を継いだのは、十月のことだった。ちなみに、保光が初めて藩主として大和郡山にお国入りしたのは、翌安永三年のことである。

藩の相続という大きな問題が進行中である安永二年の夏に、「入道前大納言」は『鳥の空音』を書き写していたのだった。

ならば、この「入道前大納言」は、柳沢保光ではなく、その父の信鴻をめぐる人脈の中から捜すべきなのだろうか。信鴻は、染子が生んだ吉里の四男である。けれども私は、「入道前大納言」に『鳥の空音』の書写を依頼したのも保光だった、と考えたい。

柳沢保光は、安永二年の時点では、「入道前大納言」に『鳥の空音』の清書をしてもらうつもりだったのではないか。だが、その後の慈雲尊者との交流や自身の人生観と宗教観の深まりによって、『鳥の空音』が未完成であることを残念に思うようになった。それで、安永二年の後に、今度は慈雲尊者に『鳥の空音』の完成を依頼したと考えたいのである。

それで、柳沢保光をめぐる人間関係のネットワークを探索してみる。「入道前大納言」は、誰なのだろうか。

保光の和歌の師は、日野資枝《ひのすけき》（一七三七～一八〇一）と冷泉為泰《れいぜいためやす》（一七三六～一八一六）であった。また、保光の正室である永子は、高崎藩主・松平（大河内）輝高《てるたか》の娘であるが、輝高の家臣には宮部義正《みやべよしまさ》（一七二九～九二）がいた。宮部義正は、冷泉家中興の祖とされる冷泉為村《ためむら》（一七一二～一七七四）に和歌を学んだ、関東屈指の武家歌人として知られている。

ちなみに、飯塚染子が生んだ大和郡山の初代藩主である柳沢吉里は、北村季吟のほかに、冷泉為久《ためひさ》に和歌を師事している。吉里が石山寺に奉納した『詠源氏物語巻々和歌《えいげんじものがたりまきまきわか》』には、為久の奥書がある。その為久の子が為村であり、為村の子が為泰である。柳沢家と冷泉家は代々、深い糸で結ばれている。

冷泉為村は、権大納言になったあと、明和七年(一七七〇)に出家している。『鳥の空音』が「入道前大納言」によって書写された安永二年は、冷泉為村の没する前年、ということになる。為村が仏教に深い関心を寄せていたことは、彼が母親の菩提を弔うために、多数の釈教歌《しゃっきょうか》を詠んでいることからも窺える。原雅子氏の『冷泉為村と摂津富田本照寺』(自照社出版・二〇〇一年)には、為村の釈教歌が紹介されている。

ちなみに、為村の子の為泰も大納言に至っているが、出家したのは寛政十一年(一七九九)なので、安永二年の段階では「入道」とは名乗れない。

このように考えると、正室・永子の縁で、冷泉為村・冷泉為泰父子と和歌の道で結ばれた柳沢保光が、「入道前大納言」である冷泉為村に『鳥の空音』の浄書を依頼したという可能性が、否定しきれない。なぜなら、『鳥の空音』には大量の和歌が挿入されているからであり、それを和歌の権威である冷泉為村に見てもらいたいという気持ちがあったのではないか、と推測される。『鳥の空音』の写本には、修禅寺蔵本も廣園寺版も、「入道前大納言」の後に、花押が記されている。修禅寺蔵本も、「入道前大納言」の直筆ではなく、それを転写したもののように思われる。だから、本人の書いた花押ではなく、他人の花押を模写したものである。その花押と、小倉嘉夫氏が「冷泉家歴代花押集成」(片桐洋一氏編『王朝文学の本質と変容・韻文編』・和泉書院・平成十三年)で掲載している為村の花押とを比較してみると、同じではない。今後の、検討課題の一つである。

また、冷泉為村は「定家様《ていかよう》」の名手であるが、修禅寺蔵の『鳥の空音』の筆跡は、定家様ではない。これは、為村の筆跡を別人が転写したものが修禅寺蔵本であるからなのか、為村も定家様ではない筆跡で書写することがあったからなのか、二つの理由が考えられる。

なお、柳沢家と縁戚関係にある公家としては、外山《とやま》家と風早《かざはや》家などがあった。柳沢保光の娘が、外山光施《みつはる》と婚姻したのである。外山光施は、光実《みつざね》の子。その光実は、烏丸光胤《からすまるみつたね》の子である。烏丸光胤（一七二三〜一七八〇）は、屈指の堂上《とうしょう》歌人《かじん》（公家歌人）として知られる。権大納言に至ったが、一七六〇年に出家している。だから、この烏丸光胤も安永二年の時点で、「入道前大納言」と名乗る資格があるわけである。ただし、現在のところ、冷泉為村と烏丸光胤の二人の「入道前大納言」の候補のうち、私は前者の方に可能性を感じている。さらには、第三、第四の候補を模索中である。

風早家と伊豆を結ぶ線

ところで、『鳥の空音』の貴重な写本を修禅寺において発見してくださった田中之博氏から、興味深い話を伺う機会があった。修禅寺のすぐ近くの熊坂の生まれで、江戸時代後期に活躍した菊池袖子（一七八六〜一八三八）という女性歌人の存在である。

菊池袖子は、堂上歌人である風早実秋《さねあき》（一七五九〜一八一六）からも、その才能を高く評価され、交流があったという。この事実を田中氏から教示された時、私は『鳥の空音』の貴重な写本が、なぜ伊豆の修禅寺に所蔵されているのかについて、一つの可能性が浮上してくるのを感じた。

というのは、この風早実秋の妻が、柳沢保光の叔父・信昌の娘だからである。柳沢保光は、風早実秋を「和歌の道の師範」とまで呼んでいた。柳沢文庫に所蔵されている『再昌《さいしょう》』は、中世源氏学の中心だった三条西実隆《さんじょうにしさねたか》（一四五五〜一五三七）の家集だが、これは三条西家に秘蔵されていたものを、風早実秋が書写し、それをさらに柳沢保光が書写したものである。それほどまでに、風早実秋と柳沢保光は、親しかった。その柳沢保光が慈雲尊者を敬慕していた。

何年も探索してきて、初めて「修禅寺と柳沢家」が繋がったのを感じた。田中氏によれば、袖子と風早実秋を結んだのは、現在の京都府亀山市にある法常寺の住持だった定渓で、この定渓が伊豆の出身だったという。

まだ、風早実秋と修禅寺をつなぐ直接の資料を発見するに至っていないけれども、伊豆の修禅寺文化圏に属する女性歌人が、風早家、さらには柳沢家と、一脈の糸で繋がっていることは、今後の探索に一つの方向性を与えてくれた。

飯塚染子や菊池袖子など、江戸時代には、再評価しなければならない女性文学者が多い。

飯塚染子の妹の名前

『鳥の空音』には、安永二年にこの本を書写した「前大納言入道」によって、「智月優婆夷《ちげつうばい》、所著《あらはすところ》、『鳥野曾良音《とりのそらね》』の一書」と、その作者名が書かれている。

さて、本当に、この「智月」が飯塚染子なのだろうか。染子の戒名は、「霊樹院殿月光壽心大《れいじゅいんでんげっこうじゅしんだい》姉《し》」である。「智月」そのままではないが、「月」とゆかりのある名前である。ここで連想されるのが、染子の妹とされる「智善《ちぜん》上人」の存在である。

智善上人は、大坂の阿弥陀池《あみだいけ》のほとりに建立《こんりゅう》された和光寺《わこうじ》の住職を勤めた。阿弥陀池は、かつて蘇我《そが》氏と物部《もののべ》氏とが仏教受容をめぐって激しく衝突した時に、物部氏によって難波の堀江に捨てられた阿弥陀本尊を、七世紀に本多善光《ほんだよしみつ》がここから拾い上げて持ち帰り、長野の善光寺に祀ったと言われる伝説の場所である。

　この和光寺は、智善上人の時代の元禄十一年（一六九八）、千八百坪もの土地を幕府から賜った。むろん、徳川綱吉と柳沢吉保の方針である。

　そして、智善上人は、長野善光寺の尼上人となった。奇《く》しくも同じ元禄十一年のことである。上野の寛永寺に根本中堂を建立した柳沢吉保の宗教政策は、大坂や長野にまでも及んでいたのである。さらに、智善上人は、江戸の谷中《やなか》にあった善光寺（別院）を青山に移した。歴代の尼上人は、江戸ではこの青山の善光寺にいることが多かったとされる。

　智善の略伝については、小林計一郎氏の著書『善光寺史研究』、および論文「善光寺大本願上人歴代」（『長野』昭和四十七年九月号）などに記載がある。また、『善光寺史』の「年表」にも、しばしば智善の名前が見える。これらの資料の収集については、長野県立長野図書館資料情報課のお世話になった。「智月」とは、あるいは妹の「智善」を踏まえたネーミングでは、なかったのだろうか。

和光寺の本堂（大阪府大阪市西区）

和光寺の智善碑（大阪府大阪市西区）

和光寺の阿弥陀池（大阪府大阪市西区）

ちなみに、修禅寺蔵の『鳥の空音』には、「此の『鳥の空音』は、大坂・柏屋、知月《ママ》と申し候優婆夷の著述」であるという紙が、挿入されている。この著述に対して、「故大和上様」こと慈雲尊者が、大幅に手を加えたというのである。この記述を信用すれば、『鳥の空音』の著者は飯塚染子ではなくて、大坂の柏屋の女性ということになる。柏屋が地名なのか、屋号なのか、不明である。

「柏屋」が商家の屋号だとすれば、興味深い資料がある。『大阪市内所在の仏像・仏画　和光寺の仏像・仏画について』（大阪市文化財総合調査報告書四五、大阪市教育委員会）という報告書である。ここには、和光寺の歴史と共に、和光寺の仏像等の文化財の報告がなされている。この報告書の中に、文化十四年（一八一七）の施主や結縁者の一覧があり、そこに「柏屋庄七」という名前が見える。文化十四年は江戸時代後期なので、慈雲尊者（一七一八〜一八〇四）の時代からも、そう遠くはない。この時代に、「大坂・柏屋」は、実在したのであろう。

けれども、その柏屋の妻女が「智月」（あるいは「知月」）と称して『鳥の空音』を書いたとは、私にはとても思えないのである。飯塚染子の妹が重要な役割を果たした和光寺のゆかりの「柏屋」の名前を利用して、実際の作者名を隠したのではないだろうか。

和光寺のすぐ近くにある大阪市立中央図書館の郷土資料を閲覧して、和光寺について調べてみると、和光寺の水引《みずひき》が綱吉の生母である桂昌院の寄進であることがわかる。桂昌院は、生前に従一位を朝廷から授かるために、柳沢吉保に朝廷工作をさせていた。また、『摂津名所図会《せっつめいしょずえ》』には、北村季吟の息子である北村湖春《こしゅん》の俳句と、北村季吟の弟子である松尾芭蕉の俳句を掲げている。湖春の句は、「はづかしや蓮《はす》に見られてゐる心」。和光寺の山号が「蓮池山」であることにちなんでいる。芭蕉の句は、「寺に寝てまこと顔《がほ》なる月見かな」で、『鹿島紀行《かしまきこう》』初出のものだが、この和光寺の箇所に挿入された理由は、よくわからない。けれども、北村季吟は柳沢吉保が抜擢した文化人であるので、季吟のラインから考えれば、「湖春と芭蕉」の二人は自然な印象がある。

『鳥の空音』の表現と飯塚染子

もしも、『鳥の空音』が大坂・柏屋の商家の妻女が書いた作品だったとしよう。その場合、和・漢・禅の幅広い教養を、商家の妻女が持ち得たかどうか、私は大変にいぶかしむ。おそらく、無理ではなかろうか。

それでは、なぜ、『鳥の空音』には飯塚染子作だと明記してないのかという反論もあるだろう。『故紙録』には、「橘染子」という作者名が本姓で明記され、その作者名ごと、柳沢吉保ゆかりの複数の寺院に奉納されている。しかし、『鳥の空音』には、そういうことがなされていない。

ここで気づくのは、『故紙録』は飯塚染子の参禅録ではあるが、徹頭徹尾、夫である柳沢吉保を賛美する目的で書かれた「柳沢吉保賛歌」であるという事実である。吉保の教えと援助に導かれて、染子はやっとのことで悟りに達することができた。正親町町子の『松陰日記』は、さらに吉保賛歌の度合いが強く、「賛美」の次元をはるかに通り抜けて「神格化」の域に達している。

それに対して、『鳥の空音』の本文自体には、「柳沢吉保」という人名は一度も登場しない。本書の「心訳＝現代語訳」には、何箇所か「わたくしの夫である柳沢吉保公」について言及したが、それは『鳥の空音』に凝縮されている膨大な情報を「解凍」して、現代の読者の理解を容易ならしめるための訳者苦心の措置だった。

『鳥の空音』は、夫である柳沢吉保を賛美する目的のために書かれたものではない。だから、柳沢家ゆかりの寺院にも、奉納されなかった。柳沢吉保の名前を「永遠」にするために書かれた作品ではなかったがために、『鳥の空音』という傑作は文学史上の闇に消えてゆく運命にあったのである。

言ってみれば、『鳥の空音』は、飯塚染子の「個人的な思索メモ＝カイエ」であり、公表を前提としたものではなかったのだろう。すなわち、飯塚染子は『鳥の空音』を自分のために書いたのである。しかも、自分の名前を永遠にしようとか、自分の人生を他人にわかってもらいたいなどという文学者にありがちな野心は、まったくなかった。

だから、草稿段階のまま、長くそのままになっていたのだろう。私は、『無門関』四十八則のすべてにわたる染子の思索が書き尽くされておらず、未完成、ないし今後の補訂を必要とする状態に留まっていたと想像している。それは、各則の末尾に据えられるべき和歌を含まない箇所が、あるからである。それが、染子の曾孫（子である柳沢吉里の孫）の柳沢保光の時代に、「入道前大納言」によって清書され、慈雲尊者によって加筆されて、定稿となったのである。

柳沢保光には、「大和郡山藩の初代藩主・柳沢吉里の生母」が書いたものであるという伝承は、あったことだろう。けれども、飯塚染子の自筆の『鳥の空音』の草稿も、慈雲尊者によって完成した『鳥の空音』も、現在、柳沢文庫には残っていない。

柳沢吉保の名前を出さないのに、なぜ私が『鳥の空音』の作者「智月」を飯塚染子であると、判断するのか。その最大の根拠は、第十三則に寄せる思索の最後のくだりである。

《名《な》も面白《おもしろ》き和歌の浦の満潮《みつしほ》に、蘆辺《あしべ》を指《さ》して鳴き渡る鶴《たづ》の声《こゑ》に、千年《ちとせ》の春の曙《あけぼの》の景色《けしき》を、

眺《なが》め来《こ》し人の言葉《ことば》に色添《そ》ひて共《とも》に千代《ちよ》経《へ》む和歌の浦松《うらまつ》

かく、長閑《のど》けき春と見えしに、ただ三年《みとせ》と言ふに、はかなく成《な》り給《たま》ひしは、如何《いか》に。》

この箇所は、私は次のような「心訳」で現代語訳した。再録する。

《「末後の句」ということで、わたくしにも考えるところがある。それは、わたくし自身の人生とも深くかかわっている。わたくしの夫である柳沢吉保公は、将軍の徳川綱吉様に仕えて、理想の政治を実現したいものだと努めてこられた。綱吉様から駒込の山里に広大な土地を賜《たまわ》って、

六義園《りくぎえん》という庭園を造られたが、そこは和歌の教え・儒教の教え・禅の教えが一体となった、素晴らしいお庭だった。

元禄十五年九月に完成したのだが、翌元禄十六年三月に、綱吉様のご息女の鶴姫《つるひめ》様が、この六義園に足を運ばれた。綱吉様が鶴姫様をご寵愛なさったので、一般の人は「鶴」という漢字を使えなくなったと言われている、その原因となったほどのお姫様である。

六義園は、鶴姫様がお輿入《こしい》れなさった紀州藩主である徳川綱教《つなのり》様ともゆかりが深い。この庭が、紀州の「和歌の浦」の景色を模したものだからである。園内には、山部赤人《やまべのあかひと》の名歌「和歌の浦に潮《しほ》満ち来《く》れば潟《かた》を無《な》み蘆辺《あしべ》を指《さ》して鶴《たづ》鳴き渡る」の心を象《かたど》った池がある。その池の中にある島に渡るための橋が、「仙禽橋」である。せんきんきょう、たづのはし、という二つの読み方がある。これこそ、鶴姫様のお名前である「鶴」のことである。紀州徳川家にお輿入れなさった鶴姫様が、紀州の和歌の浦を象った六義園の仙禽橋をお渡りなさるのは、この瞬間のために六義園が造られたのかと思うばかりの盛儀だった。

そう言えば、鶴姫様が六義園に入られたとたんに、一番《ひとつがい》の鶴が、まるで道案内をするかのように飛び立ったのも、つい昨日《きのう》のように思い出される。主人の柳沢吉保公も、銀製の鶴の香炉を献上し、皆も口々に、「千代《ちよ》までもお幸せに」とお祝いしたのだった。その時に、わたくしはこういう歌を詠んだ。

眺《なが》め来《こ》し人の言葉に色添《いろそ》ひて共に千代《ちよ》経《へ》む和歌の浦松《うらまつ》

この六義園の景色は、和歌の浦の美しい風景を写したもの。
だから、この庭に遊ぶ人は美しい言葉が心から湧いてきて、
それが、美しい和歌となってあふれてくる。
そして、この庭にたくさん生《は》えている松の緑の、何というみずみずしさ。
その永遠の生命にあやかり、鶴姫様もわたくしたちも、千代まで生きたいもの。

このように、のどかで平和な春がいつまでも続くと思われたのに、鶴姫様はその翌年である宝永元年四月に、疱瘡《ほうそう》のためお亡《な》くなりになってしまった。鶴姫様が六義園の春を満喫されてから、足かけでも二年しか経《た》っていなかった。

そして、わたくしがこの『鳥の空音』を書いている今が、宝永二年。わたくしの体力は弱りつつあり、「千代」どころか、来年の春に生きて巡り会えるかどうかもわからない。今年、わたくしが「末後」を迎えるとすれば、あの楽しかった春から数えて、ちょうど三年目である。

それなのに、わたくしは人間について、自分について、鶴姫様について、世界について、幼くして死んでいった何人もの我《わ》が子たちについて、何もわかっていない。誰か、巌頭和尚が徳山和尚に密かに告げたように、わたくしに向かって「末後の句」を教えてくれる名僧がいないものだろうか。

いや、柳沢吉保公のお勧めで、わたくしが『無門関』を学んでいるのは、自分自身で「末後の句」を見つけねばならないからだ。そう思えば、わたくしが書き続けているこの『鳥の空音』こそ、わたくしにとっての「末後の句」なのだろう。》

この箇所には、和歌の浦の景色を模した駒込の六義園の出来事が、書かれている。そのように私は判断したので、このような心訳となった。紀州の和歌の浦を模して作られた六義園には、「蘆辺」などという名所があり、紀州藩主と結婚した鶴姫が訪れるのに、最高の舞台であった。

この箇所は、大坂の商家の妻女が、紀州の和歌の浦を訪ねた体験を書いているのではなく、六義園に鶴姫を迎えた柳沢吉保の側室が書いたと考えてこそ、喜びと悲しみが感じられる。

『鳥の空音』に見られる個人的な体験

廣園寺版『鳥の空音』には存在せず、修禅寺蔵『鳥の空音』にのみ存在する本文の記述は、慈雲尊者が手を加える段階で削除された箇所だと推定される。それらの中には、『鳥の空音』の作者の個人的な体験を記した箇所も含まれ、きわめて注目される。

まず、第二十七則に寄せる思索。私の心訳を掲げよう。

《というわけで、これからは、深遠な禅の教義ではなく、わたくし個人の体験を書くことにしょう。わたくしがいつぞやか、父親に先立たれて、その喪《も》に籠《こ》もっておりました頃に、わたくしと親しい女性の友だちが、お子様を亡《な》くされたことがあった。その知らせを聞いた瞬間に、わたくしが彼女に詠み送った和歌がある。

訪《と》ふ人も訪《と》はれし袖の涙にも比べ苦《ぐる》しき化野《あだしの》の露

あなたを弔問するわたくしの袖には、父を喪《うしな》った哀しみの涙の露。
わたくしから弔問されるあなたの袖には、我が子を喪った哀しみの涙の露。
そして、亡骸《なきがら》を葬る化野《あだしの》には、朝夕の露がびっしりと。
わたくしの涙の露、あなたの涙の露、そして化野の露。
この三つの露は、どれが真実の露なのでしょうか。
あるいは、この三つのどれも真実の露ではないのでしょうか。》

父を亡くした女性が、同じ時期に子どもを亡くした女性を慰めるという体験は、大坂の商家の妻女も、大名の側室も、誰しもが体験することではあろう。けれども、それを和歌で行うというのは、どうにも商家の雰囲気ではないように思われる。

「わたくしと親しい女性」も、ただの友人ではないのではないか。柳沢吉保には、多くの妻室がいた。正室の曾雌定子には子どもがなかったものの、側室たちは多くの子どもを生んだ。けれども、医学が進歩していなかった時代では、大名の家に生まれた恵まれた子どもたちでも、その多くが幼くして夭折した。他の大名家の妻室たちとも、交流があったことであろう。

飯塚染子本人が、四人の子どもを早世させてしまった痛恨の体験を持つ。だからこそ、わが子を失った女性の悲しみに寄り添うようにして、慰めの和歌を送ったのではないだろうか。

なお、飯塚染子の父親は、飯塚政次とされるが、その没年はわからない。

『鳥の空音』で、作者の実体験が語られているもう一つが、第三十六則。

≪ 去年のことだが、ある講席の場で、尊い座主《ざす》がおっしゃった話は、まことに深遠で、わたくしの理解をはるかに超えていた。菩薩には「十地《じゅうじ》」と言って、十種類の悟りのランクがあるのだが、そのうちの八番目である「八地」という位《くらい》は、その上に求めるべき仏もなく、その下に助けるべき衆生《しゅじょう》もない、ある意味で孤独な境地であるそうだ。

「阿娑婆那伽三昧《あしゃばなかざんまい》」とかいう境地で、行動を止《や》めて留《と》まっておられるそうである。この時、もしも小さな存在である諸仏たちが、「七観《しちかん》」という橋を架けてあげることがなかったのならば、阿娑婆那伽三昧の境地から、「声聞縁覚地《しょうもんえんがくち》」とかいう深い穴へと陥ってしまわれるそうなのだ。阿娑婆那伽というのは、「無浅身」とも言うと、座主はおっしゃった。

わたくしにはとても理解の及ばないお話だったが、一つ疑問に思ったことがある。それは、諸仏たちがいったいどのような手段で、阿娑婆那伽三昧という境地で活動を停止しておられる八地

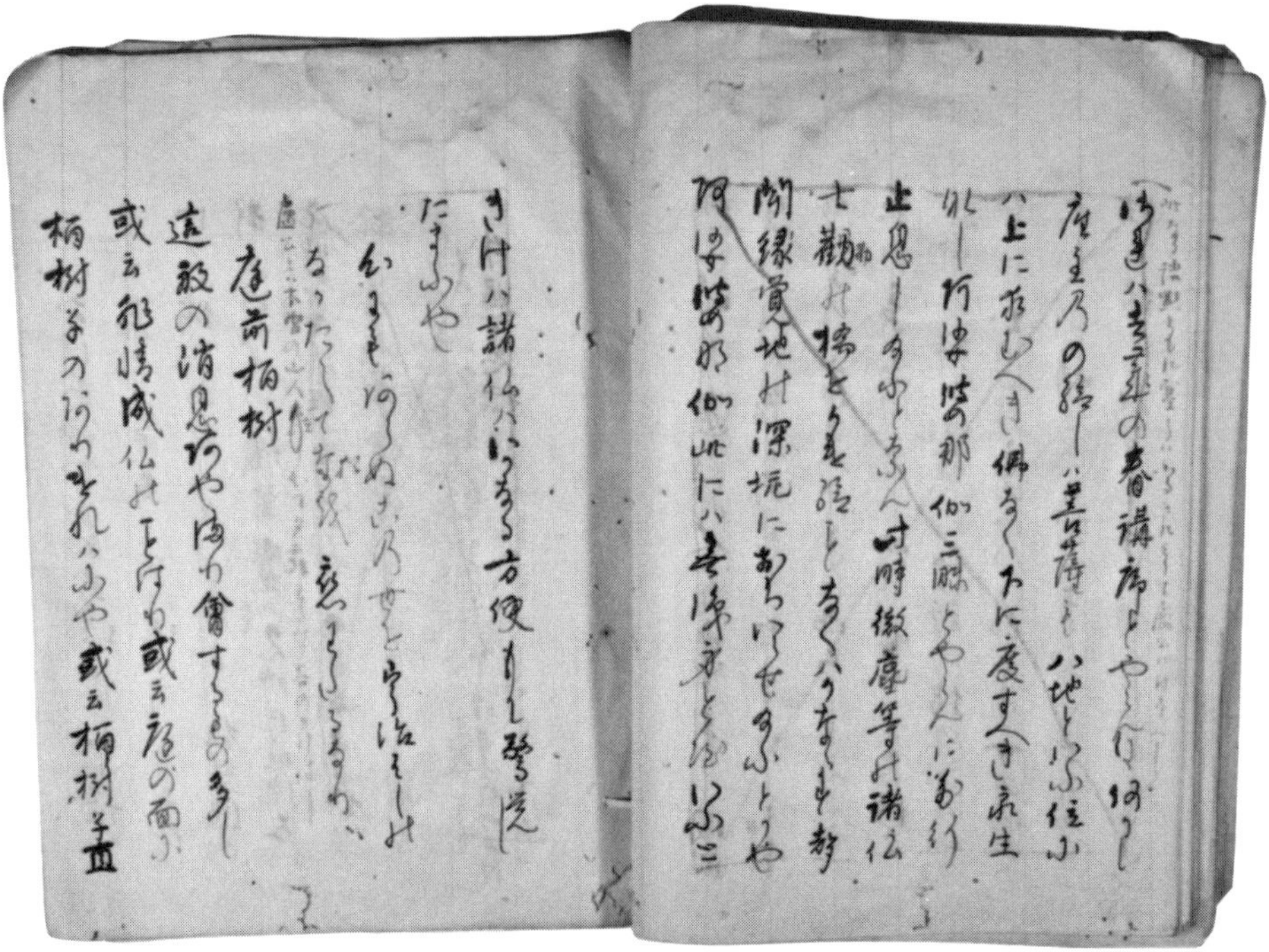

『鳥の空音』第三十六則（修禅寺蔵）

の菩薩を驚覚策励《きょうがくさくれい》して、三昧の境地から覚まさせることができるのだろうか、ということである。この『無門関』の「路逢達道《ろほうたつどう》」の公案は、師僧にどういうふうに接するべきかを問うているのだが、わたくしは逆に、修行僧たちの陥っている悩みを覚醒させるためには、師僧が言葉で話しかけてもならないし、沈黙で接してもならないという問題であるように思われる。》

座主の講話を聞く機会は、大坂の妻女にはほとんどないだろう。柳沢吉保の側室なればこそ、この場に参列できて、聴聞の機会を得たのではないだろうか。吉保の六義園には、上野寛永寺の座主も訪れたことがある。また、禅の高僧たちとも、染子は接した。そのような仏教界の最高権威の講話を直接に聞いた体験が、この記述に重みを与えている。

善光寺の慶雲

元禄十一年に、智善は善光寺の尼上人となった。智善は、善光寺の記録では柳沢吉保の「娘」とされているが、柳沢家の側では飯塚染子の「妹」とされる。

よく知られているように、善光寺は天台宗の大勧進《だいかんじん》と、真言宗の大本願《だいほんがん》が共同管理している。このうちの大本願が尼上人であり、智善は善光寺の大本願になった、ということである。「長野商工会議所だより」の二〇一一年六月号において、郷土史家の小林一郎氏は、善光寺再建に果たした柳沢吉保の役割の大きさを指摘している。

実は、智善と同じ時期に、善光寺の大勧進の貫主《かんす》の職にあったのが、慶雲《けいうん》である。寛永十九年（一六四二）に焼失した善光寺の本堂は、宝永四年（一七〇七）に再建された。この再建に多大の功績があったと称えられるのが、この慶雲である。彼は、秘仏の善光寺の阿弥陀本尊を全国各地で回国開帳《かいこくかいちょう》し、莫大な寄進を集めて本堂の再建に漕ぎ着けた。この慶雲が、何と柳沢吉保の「甥《おい》」とされているのである。

柳沢吉保は、側室・飯塚染子の「妹」である智善と、自分の「甥」である慶雲を送り込んで、善光寺の再建を図った。この慶雲に関しては、大正十年に善光寺別当大勧進から刊行された小冊子『慶雲大僧正』で、「寛文四年辰年三月八日、上総国夷隅郡で出誕」と記されている。ただし、近年、千葉県いすみ市岬町の法興寺において、歴代住職位牌の中から、「慶雲　矢作村、弓能家氏」と記した位牌が発見されたという。「弓能家」は、ユノゲと発音する苗字である。彼が柳沢吉保の「甥」であるのは、善光寺に入る際に箔をつけるための「表向き」の偽装だと考えるのが自然だが、もう一つの可能性がある。

それは、飯塚染子が夷隅郡の近くの一之袋《いちのふくろ》（現在の東金市《とうがね》）の出身であるという事実に注目すれば、可能となる推測である。染子の「妹」の智善が善光寺の尼上人（大本願）となったように、慶雲は染子の「甥」ないし遠縁だったという可能性も考えられなくもないのだ。側室の甥ならば、「柳沢吉保の甥」と言っても決して間違いではない。『鳥の空音』で示された染子の類いまれな宗教的な素質を考慮すれば、この可能性も否定できないと考える。

善光寺の大本願（長野県長野市）

善光寺の大勧進（長野県長野市）

善光寺の本堂（長野県長野市）

柳沢吉保が禅に造詣が深かったことは、既に述べた。また、天台宗に属する上野寛永寺の根本中堂は元禄十一年に落成したが、それには吉保の多大の功績があった。寛永寺の公弁法親王《こうべんほっしんのう》は、元禄十四年、駒込の六義園を訪れるほど、吉保と親交を結んでいた。また、徳川綱吉の生母である桂昌院が発願して建立された護国寺は、真言宗の寺である。江戸城から見て、鬼門（艮《うしとら》＝北東）の位置に寛永寺、ほぼ真北に六義園、神門《しんもん》（乾《いぬい》＝北西）の位置に護国寺が配置され、これらは緊密に結ばれて綱吉の繁栄をもたらしていた。綱吉が生まれた小石川御殿（白山御殿《はくさんごてん》）は、寛永寺・六義園・護国寺に守られているのだ。

小石川御殿、寛永寺、六義園を結ぶものとして、千川上水がある。千川上水は、綱吉が立ち寄るこれらの場所を繋いでいた。この千川上水は、浅草寺にも通じている。浅草寺は、現在は独立寺院だが、当時は天台宗に属していた。そして、綱吉の時代には浅草寺が寛永寺の支配下に置かれていたのである。

前述したように長野の善光寺も、智善が尼上人を勤める大本願は浄土宗だが、慶雲が貫主を務める大勧進は天台宗である。国家的規模での宗教政策を、将軍綱吉の腹心として柳沢吉保が画策していたことが、おぼろげではあるが見えてくる。

柳沢吉保の生母

飯塚染子が柳沢吉保の側室となった経緯を説明するためには、吉保の生母のことを話さなけれ

月桂寺にある柳沢吉保の両親（父親と養母）の墓（東京都新宿区）

ばならない。

柳沢吉保の父は、安忠《やすただ》。彼は正室との間に、男児が恵まれなかった。そういう時に、安忠の所領である上総《かずさ》の国の東金にある一之袋村から奉公のために江戸に出ていた「きの」という女性（本姓は、佐瀬）との間に、吉保が生まれた。上総の国の東金は、かつて将軍の鷹狩りが催されたこともあり、幕臣の所領が集中していたのである。

「きの」は、安忠の正室の嫉妬もあったのだろう、上総の国に戻った。そして、二度の再婚をして、三人の男児を生んだ。吉保は、自分の育ての母である安忠の正室が亡くなった時に、初めて出生の秘密を知った。

吉保が仕える徳川綱吉は、「孝」の教えを信奉し、かつ実践していた。その綱吉を側用人《そばようにん》として支える吉保が、実の母親の存在を知って、江戸に呼び寄せないはずがない。母親だけでなく、三人の異父弟も引き取った。異父弟の二人（隼人・大蔵）は藩の重職に取り立て、もう一人（虎峰玄章《こほうげんしょう》）は川越の多福寺《たふくじ》の二代目の住職とした。

注目すべきは、「きの」の最後の夫である大沼林斎《おおぬまりんさい》には、上総の国に逼塞《ひっそく》していた荻生徂徠と共に学んだという言い伝えがあることである。徂徠は父親の不祥事で、現在の茂原市で勉学に励んだのだった。庶民の生活を多年にわたって身近に知りえたことが、後年の彼の学問の完成に大きく寄与したとされる。いわゆる「南総之力《なんそうのちから》」である。

柳沢吉保にとって、自分を生んでくれた母親（きの）、側室として家の跡取りを生んでくれた飯塚染子、儒者として召し抱えた荻生徂徠が、「上総」の人間関係のネットワークから現れたことになる。なおかつ、長野善光寺の再建のために吉保が送り込んだ智善と慶雲の二人も、「上総」の人であった。さらにさかのぼれば、吉保は川越藩主となる以前に、短期間だが、上総の佐貫《さぬき》藩（現在の千葉県富津《ふっつ》市）を任されていた。時代を下ると、養女の黒田土佐子の子は、上総の久留里《くるり》藩主である。

さて、「きの」が吉保に迎えられて江戸に出る際に、侍女として付き添ってきたのが、飯塚染子である。染子の父親は、飯塚政次（庄次）とされ、一之袋の郷士とも浪士とも言われる。

東金市を訪ねる

私は、柳沢吉保の母親と側室の出身地である上総の国の一之袋を、ぜひとも訪れたく思った。東金市教育委員会生涯学習課の稗田利恵子氏の協力を得て、東金における柳沢吉保との関わりを示す文献を、市立図書館で収集することができた。『東金市史』『九十九里町誌』『千葉県女性人名辞典』『荻生徂徠・その父と兄弟』などである。また、東金市の文化財を紹介したパンフレットなどの印刷物を、多数入手できた。

資料的な観点から言えば、飯塚染子とその父親（飯塚政次）に関わる直接の史料を発見することはできなかった。ただし、地元で千葉県の苗字について調べると、千葉氏の一族である椎名氏の出身で、現在の匝瑳《そうさ》市飯塚に居住した人が、飯塚氏を称したことがわかった。だが、千葉氏ならば平家だから、飯塚染子が「橘染子」と名乗ったこととは矛盾する。

その後、一之袋と二之袋を実地踏査する際には、稗田氏だけでなく、東金市郷土研究愛好会の山口英利氏と布留川貞夫氏にも同行していただき、詳しい説明を伺うことができた。布留川氏は、東金に伝わる平将門伝説を伝える家系であるばかりでなく、柳沢吉保の生母である「きの」の生まれた佐瀬家の本家とも縁戚関係にある方だった。山口氏の運転する車で、「きの」と飯塚染子ゆかりの土地を周り、佐瀬家の本家を訪れ、「きの」の二度目の再婚先である大沼家を遠望し、茂原市にある「荻生徂徠勉学之地」まで実見できた。

一之袋に向かう途中、将門が母の菩提《ぼだい》を弔ったという伝説の舞台でもある帝立山妙善寺《ていりゅうざんみょうぜんじ》を訪れた時に、はっとしたのは、この寺の紋が「橘」(三つ寄せ橘)だったことである。ここに、「橘染子」の「橘」の淵源があるのかもしれないなどと、夢想したりもした。橘は、しばしば日蓮宗の寺院の紋として用いられている。吉保の実母であるきのも、日蓮宗に帰依し、江戸に出て没した後は、日蓮宗の浄心寺に葬られた。飯塚染子が「橘染子」と称した根本には、吉保との出会いをもたらした日蓮宗への思いがあったのだろうか。

一袋山延命寺などを見て、すぐ近くの妙経寺《みょうきょうじ》境内の大沼田檀林《おおぬまただんりん》跡に回った。ここは、日蓮宗の根本道場として、学僧たちが集った所である。少女時代の染子が、仏教にまつわる知識を育む風土が、一之袋にはあったのである。

妙善寺の橘の紋（千葉県東金市）

延命寺（千葉県東金市）

大沼田檀林跡（千葉県東金市）

荻生徂徠勉学之地（千葉県茂原市）

飯塚染子の研究の新たな一歩は、『鳥の空音』から

歴史・時代小説の世界では、柳沢吉保を「悪役」として描くのが「お約束」となっている。けれどもそれは、源氏文化という観点から光を当てた場合に見えてくる画期的な「異文化統合システム」の開発者に対して、不当きわまりない評価である。

中でも、講談の世界では、柳沢吉保邸に将軍綱吉が「御成《おなり》」を繰り返したのは、吉保の側室である「おさめ」と爛《ただ》れた関係を持つためであったとか、吉里が実は綱吉の子であった、などと説かれている。この「おさめ」が、「染子＝おそめ」を指していることは言うまでもない。

このような誤解に挑み、払拭したのが、柳沢文庫の常務理事であった森田義一氏である。氏の著書『柳沢吉保』（新人物往来社・昭和五十年）は、飯塚染子の実像を浮かび上がらせた最初の著作であり、それ以後の研究者も、森田氏の調査成果をほとんど先へ進めることができていない。

森田氏の描く飯塚染子の生い立ちは、次のようなものである。

・飯塚染子の父は、一袋村の浪士・飯塚杢太夫政次で、三男四女のうちの三女。ちなみに、四女が、善光寺の尼上人となった智善である。
・柳沢吉保の実母は、一袋村の佐瀬氏と再婚しており、吉保に江戸に迎えられる際に、染子を侍女として連れてきた。

ちなみに、飯塚「本太夫」は、宮川葉子氏の『柳沢家の古典学（上）――「松陰日記」』（新典社・平成十九年）によれば、「本大夫」が正しい。柳沢家の「門葉譜」には、本大夫（自得院）の長男・彦右衛門は、「高五百五十石」と記載されている。ちなみに、長女は、「花房宮内妻」、次女は「樋口扶休妻」とある。

これ以上には、飯塚染子の前半生はわかっていない。このような研究の遅れが、『鳥の空音』の研究の遅れにも繋がったと思われる。飯塚染子とは、どういう女性であったか。それは、『鳥の空音』という作品を通してうかがわれる圧倒的な教養の持ち主である、ということに尽きよう。『源氏物語』や『古今和歌集』という源氏文化を基盤としながら、儒教や仏教にも精通し、「今、ここ」で生きることの意味を徹底的に考え抜いた女性。それが、飯塚染子という女性なのである。

修禅寺蔵『鳥の空音』の上巻と下巻の成り立ち

それでは、『鳥の空音』には、どの程度、慈雲尊者の手が加わっているのだろうか。廣園寺版の『鳥のそら音』の影印は、わずか数箇所ではあるが、脱文の補入がある。また、脱落した文章を、どこに補入するのかが、よくわからない箇所もある。最初は、この写本を書き写した柴山全慶老師が書き漏らしたのを後から加筆したのか、柴山老師が筆写した基になった写本自体の書き込みなのか、私には判断できなかった。

けれども、修禅寺蔵『鳥の空音』を一見するに及んで、謎は完全に解けた。染子の文章に慈雲尊者が抜本的な加除修正を施した痕跡が残っており、それが廣園寺版『鳥のそら音』の挿入箇所となって残っていたのだ。

ところが、修禅寺蔵『鳥の空音』は、上下二巻に別れているが、慈雲尊者の大胆な書き込みの痕跡が、如実に残っているのは下巻である。上巻にも若干の書き込みがあるが、これは単純な書き忘れや書き間違いを後日に補ったものと思われる。

廣園寺版『鳥のそら音』には、わずかながら、上巻の和歌の作者名を「智月」「知月」と記した箇所のほか、「百不知」と記した箇所もある。この「百不知」は、慈雲尊者の別称である。

修禅寺蔵の『鳥の空音』上巻の本文は、基本的に廣園寺版『鳥のそら音』と同じである。ならば、下巻ほど詳細な加筆の痕跡は見られないものの、修禅寺蔵『鳥の空音』の上巻にも慈雲尊者は加筆していたはずであり、それを第三者が清書したものだと見なされる。修禅寺蔵『鳥の空音』の下巻は、清書本ではなく、慈雲尊者の書き込みがそのまま残っている貴重な下書本である。

どこかに、慈雲尊者の膨大な書き込みが残った、『鳥の空音』の上巻の推敲過程を伝える写本が残っている可能性が高い。それが発見されれば、上巻における慈雲尊者の推敲の実態が、具体的に明らかになるだろう。

このように、修禅寺蔵『鳥の空音』の上巻と下巻は異なった成立事情を持っている。上巻には、句読点の位置を示す朱点も打たれており、まさに「定本」というべき趣きである。それに対して、下巻は推敲過程そのままの「草稿」だと言える。

ならば、この慈雲尊者の推敲を清書した『鳥の空音』の下巻の「定本」も、どこかに存在するのだろうか。どうして、異なる成立事情を持つ上巻と下巻が、ワンセットで伊豆の修禅寺に伝えられたのだろうか。

謎が謎を呼び、真実はまだ霧の中である。

慈雲尊者の和歌から

木南卓一氏が、『鳥の空音』全編を慈雲尊者の作品だとする説を提出していることは、既に述べた。確かに、『慈雲尊者全集』第十五巻には、慈雲尊者の歌集が載っており、そこには『鳥の空音』と重複する和歌が散見している。

中でも、注目されるのは、『鳥の空音』下巻の最後に据えられた和歌である。三句目が、字余りになっている。

木枯《こがらし》の吹き敷《し》くままに掻《か》きぞ集む名のみありその森の言の葉

この和歌は、『慈雲尊者全集』第十五巻に収録された九種類の慈雲尊者の歌集のうち、四本に出ている。その詞書《ことばがき》を示そう。

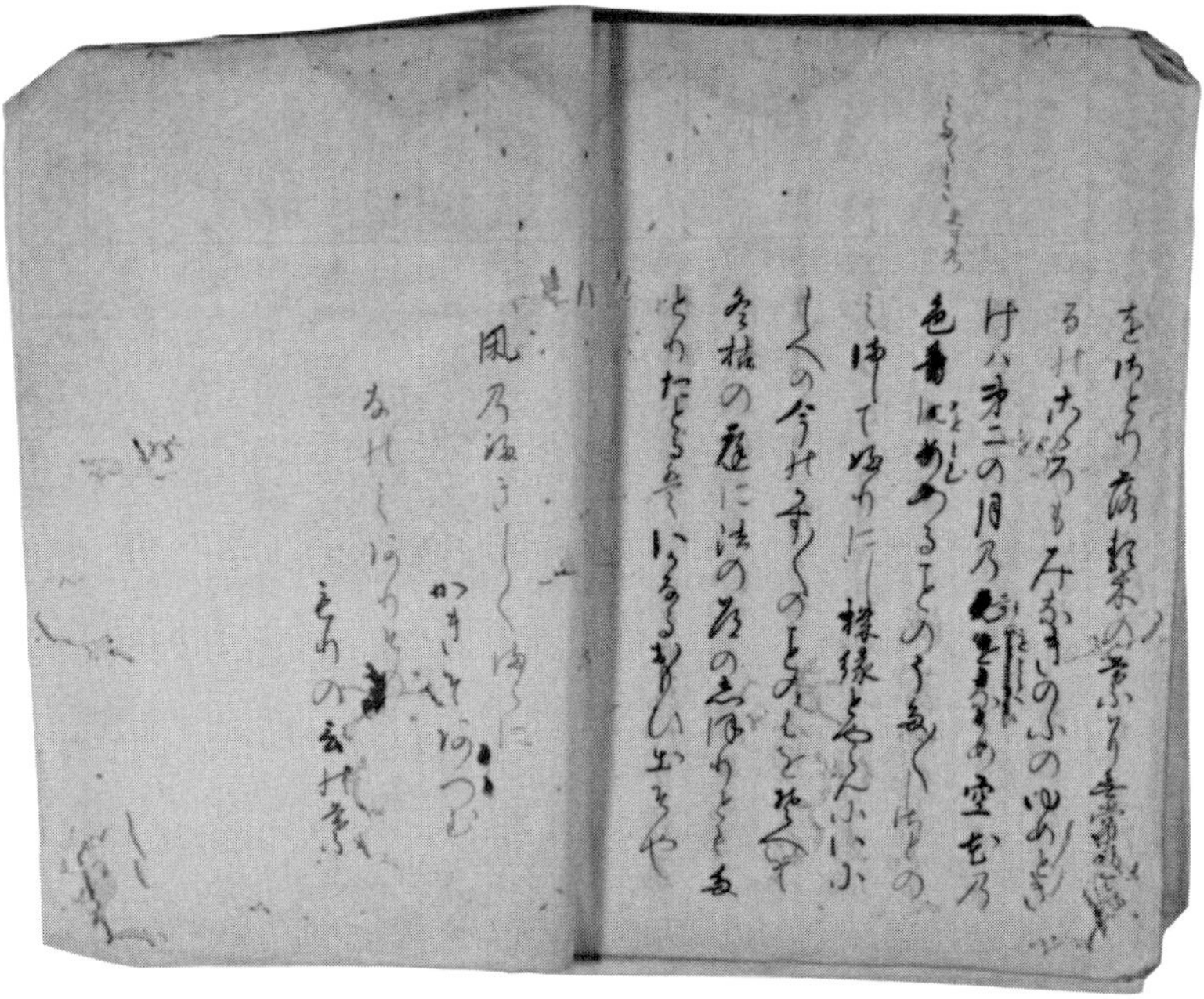

『鳥の空音』（修禅寺蔵）の巻末

①『飲明居士集慈雲尊者大和上御歌』
「人のもとより来ける文《ふみ》を封じ置侍《おき》るとて」。

②『恵日尼集双龍大和上御歌』
「来書を封じ給とて」

③『大和上様御尊詠』
「人のもとより来ける文を封じをくとて」

④『葛城尊者和歌集』
「人より来つる文を封じおくとて」

四本とも、和歌の本文は、「木枯《こがらし》の吹き敷《し》くままに掻《か》き集め名のみありその森の言の葉」となっており、第三句の字余りが解消されている。四本の詞書はほぼ同じだが、②だけが大きく違っている。古語の「文《ふみ》」には、書物や手紙などという意味がある。ここでは、『鳥の空音』という写本（書物）を意味している。だから、②の「来書」は、①③④の詞書から派生したもので、「文」を「手紙」の意味だと誤解して書かれたもの、ということになる。「来書」は、普通には手紙・来信を意味するからである。

興味深いのは、①の『飲明居士集慈雲尊者大和上御歌』である。「飲明」とは、慈雲尊者に帰依した柳沢保光のことである。保光がまとめたのが、この①なのである。

もし、私が推測しているように、『鳥の空音』が柳沢保光の曾祖母に当たる飯塚染子が書いた草稿を基としており、それを慈雲尊者に示して添削してもらったのも柳沢保光であるとすれば、この①の詞書には、歌集編纂者である保光の万感の思いが込められていることになるだろう。「封じ置く」は、書物の最後に総括の意味で和歌を記して、推敲作業が終わったことを明らかにした、という意味だろう。これは、『鳥の空音』の末尾に、この和歌が記されている事実と照応している。三句目が『鳥の空音』の「掻きぞ集む」ではなく「掻き集め」となっているのは、『鳥の空音』を完成させた後で、さらにこの和歌を慈雲尊者自身が推敲したからだろう。

『慈雲尊者御詠草』には、『無門関』の「世尊拈華」「非心非仏」「首山竹篦」「芭蕉拄杖」に因む四首が載る。このうち、『鳥の空音』と類似するのは、第四十四則「芭蕉拄杖」のみである。

有無《あるなし》を担ひ持てゆく人はただ朸《あふご》にささふ杖だにも憂《う》し

これは、『鳥の空音』の、「有無《あるなし》を肩も休めず担《にな》ひ持《も》て朸《あふご》をそれと知らぬ山路《やまぢ》に」と表現が重なっている。修禅寺蔵の『鳥の空音』の写本を見ると、この「芭蕉拄杖」では、和歌の初案は、「有《ある》無《なし》を担ひ持てゆく人はただ朸《あふご》にささふ杖を頼みに」であった。そして、「ささふ」に、「支」という漢字が傍記されている。私は、「有無《あるなし》を担ひ持てゆく人はただ朸《あふご》に支ふ杖を頼みに」が飯塚染子の詠んだ和歌であり、それを慈雲尊者が「有無《あるなし》を肩も休めず担《にな》ひ持《も》て枌《あふご》をそれと知らぬ山路《やまぢ》に」と推敲した、という可能性を考える。

『慈雲尊者全集』収録の『慈雲尊者御詠草』の「枌《あふご》にさそふ」は、「枌《あふご》に誘ふ」ではなく、「枌《あふご》に支ふ」であろう。「ささふ」が「さそふ」と表記されたのである。

ならば、『慈雲尊者御詠草』は、推敲して消滅させたはずの飯塚染子の和歌に、もう一度表現を引き戻して、第五句の「杖を頼みに」を「杖だにも憂し」と変えて詠んだことになる。つまり、慈雲尊者が飯塚染子の和歌を、ほとんどそのまま利用して、自分の和歌を詠んだことになるのだ。

しかし、これは、にわかには信じがたいことである。すると、新たな可能性が浮上してくる。それは、最後の表現として残った「有無《あるなし》を肩も休めず担《にな》ひ持《も》て枌《あふご》をそれと知らぬ山路《やまぢ》に」の方が飯塚染子の詠んだ歌であり、推敲過程で消去された「有無《あるなし》を肩も休めず担《にな》ひ持《も》て枌《あふご》をそれと知らぬ山路《やまぢ》に」の方が慈雲尊者の推敲を経た和歌である、と考える立場である。

この場合、修禅寺蔵の『鳥の空音』に残る膨大な書き込みは、慈雲尊者の推敲ではなく、むしろ慈雲尊者の施した推敲を飯塚染子の原作に戻すための字句の修正だったことになる。

私は、この二つの可能性を熟慮した結果、やはり最初の立場を取ることにした。慈雲尊者は、結果的に飯塚染子の和歌を利用したというか、こういう和歌を詠んだ人がいるという意識で、『慈雲尊者御詠草』の和歌を書き記したのではないだろうか。それを、弟子たちが慈雲尊者の詠んだ和歌だと思い込んだわけである。ちなみに、この和歌は、九種類の慈雲尊者の和歌集の中で、この『慈雲尊者御詠草』一つにしか存在していない。

慈雲尊者の書簡から

『慈雲尊者全集』補巻には、「慈雲尊者消息拾遺集」があり、そこに『鳥の空音』への言及が見られる。まず、安永三年の「法護求寂に答ふる書」。ここには、

一　十善上下二巻早々出来悦び入り、鳥のそらねも悦び入り候

一　下巻進之候

とある。「十善」は、慈雲尊者の代表的著作である『十善法語《じゅうぜんほうご》』のこと。その著作の執筆と共に、『鳥の空音』への書き込みがほぼ終わったことを、弟子に告げているのである。『十善法語』は安永二年から四年にかけて書かれたとされる。安永二年の「入道前大納言」の識語を持つ『鳥の空音』の写本が慈雲尊者に届けられ、安永三〜四年頃に加除修正が完了したのであろう。

慈雲尊者は、自分が朱を入れた『鳥の空音』を、もはや自らの著作と同様に位置づけている。私が興味を持つのは、「下巻進之候」とされたのが、『十善法語』の下巻なのか、それとも『鳥の空音』の下巻なのか、という点である。普通に考えれば、「上下二巻」とされた『十善法語』なのだろうが、『鳥の空音』を指すのかもしれない。そうなれば、慈雲尊者の膨大な書き込みの痕

跡が残されている修禅寺蔵『鳥の空音』下巻は、慈雲尊者の書き込みの痕跡のない上巻とは来歴が異なっている事実を説明する道が開ける。

「慈雲尊者消息拾遺集」には、もう一つ、『鳥の空音』への言及がある。「畳峰・明堂両人に与ふる書」である。そこに、

一　鳥のそらね還し申候

とある。慈雲尊者が、柳沢家へ『鳥の空音』の原本を返却したのか、慈雲尊者が手を加えた『鳥の空音』が慈雲尊者と弟子たちの間で何回も移動していたことを示すのか、はっきりとはわからない。

けれども、慈雲尊者の弟子たちの間で、『鳥の空音』が読まれ、慈雲尊者の著作と意識されて書き写されていたことは確かだろう。

慈雲尊者は、『鳥の空音』が飯塚染子の著作であることを知っていたか

私が疑問に思うのは、慈雲尊者が『鳥の空音』の著者が、大和郡山の初代藩主・柳沢吉里の実母である事実を知っていたか、という点である。慈雲尊者に帰依した柳沢保光が未完成の『鳥の空音』の完成を慈雲尊者に依頼したのではないかと、私は推定する。けれども、慈雲尊者に対し

ては、「大坂の柏屋の智月（知月）という優婆夷の著書である」という偽装が伝えられていたのではないだろうか。

だからこそ、慈雲尊者も大幅な加筆や削除を施せたし、智月の詠んだ和歌を若干推敲して、自分自身の和歌として世間に公表することも可能だったのだと思う。

ところで、修禅寺蔵の『鳥の空音』にはなく、廣園寺版の『鳥のそら音』にのみ存在する跋文がある。「I 心訳『鳥の空音』」には納めなかったので、ここに校訂した本文を掲げておく。

≪ 猶《なほ》、故宮《こみや》の菩提の道を仰《あふ》ぎ奉《たてまつ》るに、筆を染《そ》め侍りけらし。

古人、云く、名を聞かむより、面《おもて》を見むには如《し》かじ。玉簾《たますだれ》の隙《ひま》、漏《も》り来《く》る香《か》の匂《にほ》ひには、心ときめきする習ひとやらむ。

函谷関の昔は、知るべきならねど、この『鳥のそら音』の、仄聞《ほのき》こふるに、老の寝覚《ねざめ》の夢も破れて、草紙《さうし》を見侍るに、げに、関守《せきもり》は、いかに謀《たばか》られけむ、車を通《とほ》し、馬を通《かよ》はし、袖打ち振りて、行き過ぐる。大和《やまと》の言業《ことわざ》、古《いにしへ》の人々の、掻き集めたる言《こと》見れば、異国《ことくに》の賢き人々の道も、交《まじ》はり有《あ》りて、その言の葉、床《ゆか》しく思《おぼ》え侍《はべ》る。

偏《ひとへ》に、憂《う》き世《よ》を厭《いと》ふ様《さま》かと思へば、また、呉竹《くれたけ》の憂き節《ふし》にも、その趣き、疎《うと》からず。いづれの国、いつの代の人にて、歴代の祖師禅は、いづれの知識が、手を下《くだ》し置かれし標《しるべ》ならむ。

その名、床《ゆか》しけれど、その面《おもて》を見むには如《し》かず。その面の、長き、短き、肥《こ》えたる、痩《や》せたる、今、その言《こと》の葉《は》に残りて、老の暮《く》れの眼にも、同じ法《のり》の友どちと思ひ侍《はべ》るに、諸共《もろとも》に、我が大君《おほきみ》の御代《みよ》の曇り無《な》く、恵み遍《あまね》き光の影に、御法《みのり》の道をも、分《ぶん》に従ひ、かくも、辿《たど》り辿《たど》る事なむ。》

「猶《なほ》、故宮《こみや》の菩提の道を仰《あふ》ぎ奉《たてまつ》るに、筆を染《そ》め侍りけらし」という文章の書き出しは唐突なので、この前にも何かしらの内容が書かれていたように思う。いずれにしても、この跋文は、慈雲尊者が書いたと推定するのが自然である。

慈雲尊者は、柳沢保光と推定される貴顕から、『鳥の空音』の完成を依頼された。その際、著者が「大坂の柏屋の智月という優婆夷」であると告げられ、なおかつ、智月がさる「宮様」にお仕えしていて、その没後に追善の気持ちから、この『鳥の空音』を書き著した、などと告げられていたのではないだろうか。

慈雲尊者は、『鳥の空音』の真の作者を知らなかった。けれども、文章を通して、彼は智月、こと飯塚染子と、「魂の会話」を通わしていたのである。

『鳥の空音』の文学史的価値

これまで、柳沢吉保を「文化人」と見る文学史家は、一人もいなかった。まして、柳沢吉保を「文学者」として評価することは、絶無であった。側室の正親町町子だけが、『松陰日記』の存在により、「マイナー文学者」として、知る人ぞ知るという存在であった。

飯塚染子の名前は、よほど柳沢吉保に詳しい人物しか知らず、それも『故紙録』の書名のみがかろうじて知られるだけだった。講談や時代小説の世界では、吉保の側室でありながら綱吉とも関係を持つ妖女「おさめの方」として、別人格の虚像が一人歩きしていた。

拙著『柳沢吉保と江戸の夢』から始まった私の柳沢吉保の真実を探し求める旅は、『鳥の空音』という知られざる傑作と出会うことで、一つの峠を越えたように思う。

「和・漢・インド」の三つの異文化を統合するシステムとして、『源氏物語』を活用することの成功例が、この『鳥の空音』だった。世界の中での日本文化の位置づけを確定すれば、この世に生きる自分自身の位置づけが可能となる。そして、「今、ここ」で自分が生きている意味、生きねばならぬ理由が、はっきりとわかる。そのことに、吉保に導かれた染子も成功したのである。

その一例を、ここでは原文で示そう。『無門関』の第十二則「巌喚主人《がんかんしゅじん》」に寄せるエッセイである。

《　鏡に映《うつ》る影も、笑《ゑ》みを含まぬにしも有《あ》らず。谷に応《こた》ふる響きも、声無《な》しと言ふべからず。六般《ろくはん》の神用《しんよう》は、空《むな》しからねど、一道《いちだう》の神光《しんくわう》は、目に見るべきものかは。
唐土《もろこし》にも、この国にも、妻《め》の、夫《つま》を恋《こ》ひて、石《いし》と化《な》りし有《あ》り、と聞けば、この主人公《しゆじんこう》は、音《おと》こそ無《な》けれ、香《か》こそ無《な》けれ、内《うち》に凝《こ》らせば、内《うち》に凝《こ》り、外《そと》に凝《こ》らせば、外《そと》に凝《こ》る物《もの》ならむ。

雲井《くもゐ》の外《よそ》の月《つき》の国《くに》に、数論《すろん》といふ仙人《せんにん》の、二十五諦《にじふごたい》とやらむの法《ほふ》を、世に残す心の、これも、何時《いつ》しか石と化《な》りて、幾万代《いくよろづよ》を経《へ》ぬるに、陳那菩薩《ぢんなぼさつ》の因明《いんみやう》とやらむに、打ち砕《くだ》かれて、いと猛《たけ》う、泣き叫びしは、如何《いか》に忠実忠実《まめまめ》しき契《ちぎ》りの、末遂《すゑと》げず成《な》りけむ。

善妙女《ぜんめうによ》の、義湘法師《ぎしやうほふし》の舟を恋《こ》ひて、袂《たもと》を絡《から》げて、海に飛び入《い》り、生きながら龍と成《な》りて、新羅《しらぎ》の国に御法《みのり》を守《まも》り給《たま》ふは、いと艶《えん》なる心の、何《なに》しに、かくまで、尊《たふと》き契《ちぎ》りとは成《な》りし。

また、昔、六条《ろくでう》の御息所《みやすどころ》の、賀茂《かも》の物見《ものみ》の折《をり》しも、車の榻《しぢ》を折《を》られしより、いみじう妬《ねた》しと思ふ心の、「鬼《おに》」と言ふ物に成《な》り、世を隔《へだ》てても、何某《なにがし》の宮《みや》とや言ふ人の心を乱し、年もまだ盛りの頃《ころ》に、花の袂《たもと》を墨染《すみぞめ》の色に窶《やつ》させ、御仏《みほとけ》の忌《い》むと言ふ事《こと》を受けさせ給《たま》ひし。良《よ》しとや言はむ、悪《あ》しきとや言はむ。よしあしの難波《なには》の事も、この、主人公とやらむ、目も鼻も無《な》き女鬼《めおに》の、成《な》さしむる事《こと》にこそ。

瑞巌《ずいがん》の呼び出《い》だし給《たま》へる、よく答へ給《たま》ひし。誠《まこと》に、惺惺著《せいせいぢやく》。

九《ここの》つの尾《を》も隠《かく》し得《え》ぬ石の上《うへ》に怪《あや》し狐《きつね》の友呼《よ》ばふ声《こゑ》

》

飯塚染子は、「唐土＝中国」と「この国＝日本」で、女性が愛する男性を恋い慕って石と化した説話から書き始める。ついで、「雲井の外の月の国＝インド（天竺《てんじく》）」の話題となり、仏教論理学の話となる。そして、仏教からの連想で、新羅《しらぎ》に仏教を伝えた僧と、彼を愛した中国の女性の話となる。

このように、染子は、日本・中国・インド、そして新羅（朝鮮半島）まで視野に入れて、目に見える人間の身体よりも、目に見えない人間の「心＝魂」こそが本質である、という認識に達する。

ここからが、飯塚染子の思索の真骨頂となる。『源氏物語』の六条御息所《ろくじょうのみやすどころ》を具体例としながら、人間の本質である「心＝魂」が、善と悪の両面性を持っていることを論証してのけるのである。

六条御息所は、光源氏の愛人として、正妻である葵の上に嫉妬し、生霊《いきりょう》となって、彼女をたたり殺した。その霊魂は、六条御息所の死後もこの世に残り、柏木と密通した女三の宮に死霊《しりょう》となって取り憑き、彼女を出家へと追い込んだ。

飯塚染子は、『源氏物語』の第一人者であり、奇蹟の注釈書である『源氏物語湖月抄』の著者でもあった北村季吟の指導の下に、『源氏物語』を深く読み込んだ。そして、六条御息所の生き方と死に方、俗な言い方をすれば生きざまと死にざまに、深く共感したに違いない。なぜならば、ほかならぬ自分は、正親町町子によって元禄時代の光源氏と称えられた柳沢吉保の側室だからである。正室である曾雌定子への嫉妬や、正親町町子などの他の側室たちとの競争心も、きっと存在したに違いない。だが、自分は六条御息所のようには、生霊にはなりたくないし、死霊にもなりたくはない。逆に、四人の幼子を早世させたとは言え、吉保の嗣子・吉里の「生母」であるからには、他の女性たちからの嫉妬を受けて、たたられる可能性もある。自分は、六条御息所のような恐ろしい「女の鬼」に、決してたたられたくはない。

だが、ここで、飯塚染子の思索は、反転する。六条御息所の死霊は女三の宮を出家させたが、「出家」という行為はよいことである。ならば、六条御息所の心の中で凝り固まった女の一念は、結果的には良いことをしたことになる。人間の世界には、百パーセント正しいことも存在しなければ、百パーセント悪いことも存在しない。ならば人間は、ことに女性である自分は、どのように生きて、どのように死んだらよいのだろうか。

そして、飯塚染子は、「和歌」で自分の思索を締めくくる。古今東西の文学や思想や歴史が、日本の古典文学である『源氏物語』に集約され、そこで「人間とは何か」「女とは何か」という問題となって、徹底的に考えられた。そして、そこから飯塚染子の人生も、日本文化も、世界文化も、新たな流れとなって動き始めるのだ。

これが、「源氏文化」の真髄である。『鳥の空音』には、このような源氏文化を最後のよりどころとして、苦難に満ちた人生に「生きる意味」を見出そうとした女性の思索が、四十八個も書き綴られている。

それが、慈雲尊者の加筆によって、さらに普遍的なものとなった。この作品から、個人の再生と、世界の再生が始まるのではないか。二十一世紀の私たちは、グローバリゼーションやIT化の大波を受けている。そして、勃興するアジア諸国の中で、日本文化の本質について、ややもすれば自信も失いがちである。

しかし、ここに、『鳥の空音』がある。この作品を通して、私たちも、日本文化も、そして世

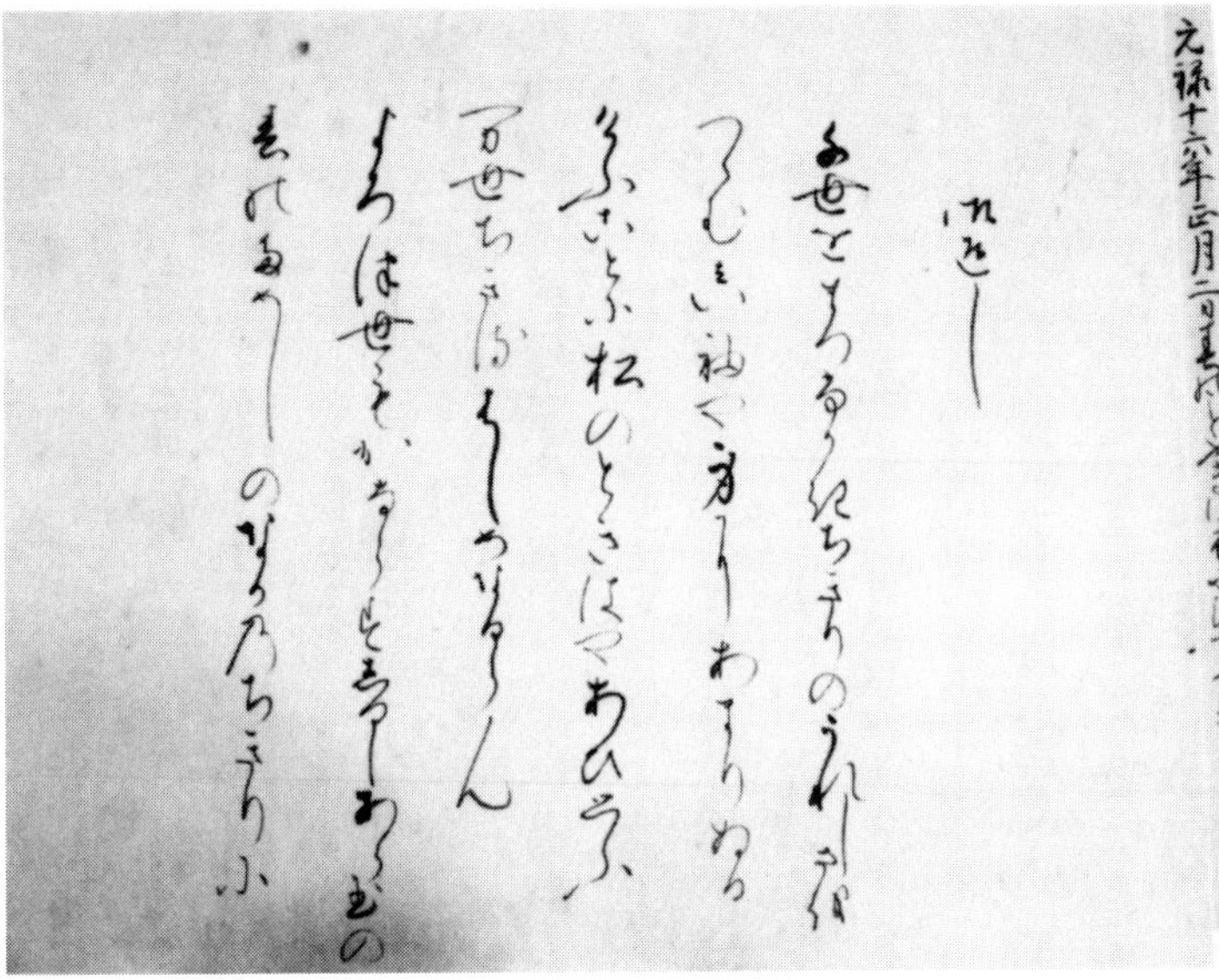

柳沢文庫所蔵『染子歌集』（自筆）

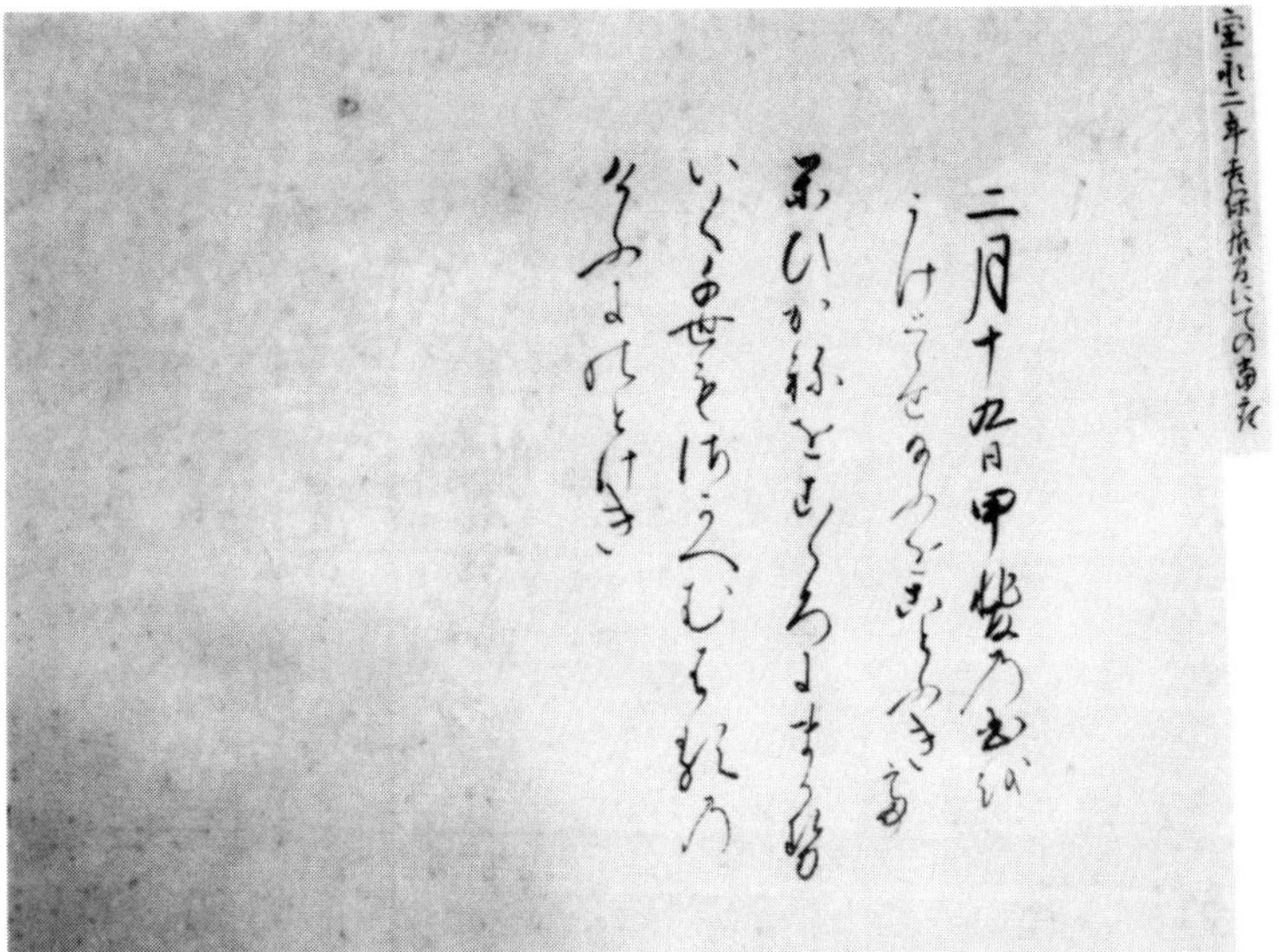

柳沢文庫所蔵『染子歌集』（自筆）

界も、再生の第一歩を記そうではないか。それだけのエネルギーを、この作品は持っている。

「心訳」という試み

「わたくしが生きること」の意味を発見した飯塚染子の『鳥の空音』を現代に蘇らせたいと思い、私は現代語訳に工夫を凝らしてみた。禅の問答は、表現は簡潔だが、非常に深い精神性が込められている。「不立文字《ふりゅうもんじ》」を唱えるゆえんである。だから、禅問答をきっかけとして綴られたエッセイである『鳥の空音』も、簡潔に書かれた言葉の底には、膨大な分量の「思い」が籠もっている。

何よりも『鳥の空音』は、「源氏文化」を体現した飯塚染子が書き、碩学として知られる慈雲尊者が加筆した作品である。源氏文化の本質は、異文化統合システムにあった。だから、一つの言葉、一つの文章の中に、「本歌取り」とも言える膨大な典拠や先人の思索が、古今東西から招き寄せられ、それぞれの居場所を与えられて、多層構造の中に位置づけられている。そのうえで、凝縮され圧縮されたのである。

だから、『鳥の空音』の圧縮された文体は、一人一人の読者の思索によって「解凍」されなくてはならない。その解凍の仕方は、読者一人一人で違っていることだろう。本書の現代語訳で私が試みたかったのは、源氏文化を体現した作品だからこそ、『源氏物語』を読み慣れた流儀で読みほどきたいということだった。

それでは、『源氏物語』のスタイルの読書法とは、どういうものか。柳沢吉保が京から江戸に呼び寄せた北村季吟は、『源氏物語』の最高の注釈書『源氏物語湖月抄』を完成させていた。この注釈書の中には、本文の背景を説明する膨大な解説が取り込まれている。それを読みながら『源氏物語』の世界に挑んだのが、飯塚染子だった。本文は、膨大な注釈を取り込むことで、「作品」として完成する。ならば、注釈を盛り込んだ本文も、ありうるのではないか。

染子の脳裏にあった膨大な思索の材料を明らかにし、彼女の思索の本質を解明すること。それが、私なりの現代語訳だった。結果として、この訳文は、「小説」あるいは「往復書簡」のようなスタイルとなった。あえて「心訳」と名のったゆえんである。

むろん、『鳥の空音』に関する最初の現代語訳であるゆえに、不十分な点や誤りが多いだろう。この「心訳」の上に、二人目、三人目と、『鳥の空音』に魅せられた人々が、各自の読みや解釈を重層的に加えていっていただきたい。その踏み台となれば、幸いである。

Ⅲ　『鳥の空音』校訂本文

凡例

・修禅寺蔵本・上下二巻を底本とし、仮名遣いや漢字表記を改めた。

・上巻には、『無門関』の本文が読み下しで掲げられているが、下巻には、『無門関』の本文が、掲げられていない。よって、下巻には、『無門関』の本文を加えた。上巻の本文が促音便を用いていないので、下巻の『無門関』の本文も促音便を避けて読み下した。

・底本には、慈雲尊者による大量の書き込みや、大量の削除があるが、それらを勘案した「完成形態」の本文を、以下に掲げることとする。

・慈雲尊者によって削除された部分は、「I　心訳『鳥の空音』」には取り込んである。

上巻

第一則　趙州狗子《てうしうくし》

趙州和尚《てうしうをしやう》と云《い》ふ、有《あ》り。因《ちな》みに、僧有《あ》りて、問ふ。「狗子《くし》に、還《かへ》りて、仏性有《ぶつしやうあ》りや。また、無《な》しや」。州、云《いは》く、「無《む》」。

「一切衆生《いつさいしゆじやう》、悉皆有仏性《しつかいうぶつしやう》」と聞けば、生きとし生ける物は、皆、無始曠劫《むしくわうこふ》の古《いにしへ》より、この方寸《はうすん》の中に、尊《たふと》き仏の御心《みこころ》を具《そな》へて、欠《か》くる事《こと》なき功徳聚《くどくじゆ》にや有《あ》らむ。

然《さ》も有《あ》らば、昔、醍醐《だいご》の何某《なにがし》の阿闍梨《あじやり》とやらむが、その妹君《いもうとぎみ》より譲り受け給《たま》ひし「黒貂《ふるき》の皮衣《かはごろも》」は、この、いと尊《たふと》き物を包み蓄《たくは》へし袋《ふくろ》なるべし。また、関寺《せきでら》の牛仏《うしぼとけ》とて、人々の拝《をが》み額衝《ぬかづ》きしも、朧気《おぼろげ》の例《ためし》にも非《あら》じかし。

花も実《み》も、同じ時《とき》なる芬陀梨《ふんだり》は、一乗実相《いちじようじつさう》の理《ことわり》、尽《つ》きし無《な》きとは聞けど、年毎《としごと》に、春を迎《むか》ふる梅枝《うめがえ》も、割《わ》りて見るべき匂《にほ》ひならず。恋《こひ》すてふ胸の煙《けぶり》も、都の富士《ふじ》とは無《な》く、恐ろしの「心の鬼《おに》」にも角生《つのお》ひ、眼《まなこ》輝くとしも見えずなむ。

　この仏性《ぶつしやう》なる物《もの》、浄妙《じやうめう》の玉《たま》の如《ごと》く、煩悩無明《ぼんなうむみやう》の穢《けが》れに染まずして、照り輝きたる質《しつ》にや有《あ》らむ。或《ある》いは、浄穢《じやうゑ》の隔てても無《な》く、凡聖《ぼんしやう》の別《わか》ちも無《な》く、本来平等《ほんらいびやうどう》の理《ことわり》にや有《あ》らむ。或いは、人々、方寸の中に有《あ》りて、修《しう》するに従ひて顕《あら》はれ、一分無明《むみやう》を断じて、一分の中道《ちゆうだう》に適《かな》ふにや有《あ》らむ。或いは、生死涅槃《しやうじねはん》の名相《みやうさう》をも絶《ぜつ》して、洞然《とうねん》・明白なるにや有《あ》らむ。丹霞禅師《たんかぜんじ》の言ひ置きし中に、「一盲《いちまう》、衆盲《しゆうまう》を誘ひ、火坑《くわかう》に入《い》る事莫《なか》れ」と聞けば、明眼知識《みやうげんちしき》なる師の、この世に跡《あと》を垂《た》れて、導き教《をし》へ給《たま》へかし。

　これは、唐土《もろこし》の昔の事《こと》とぞ。東坡居士《とうばこじ》とやらむが別荘《べつさう》に、雨注《そそ》ぎ、しめやかなる夕暮《ゆふぐれ》、門《かど》を敲《たた》く者有《あ》り。この別荘の守《まも》りなる男、立ち出《い》でて見るに、いと若き女《をんな》の、一人来《き》て、宿を乞《こ》ふにぞ有《あ》りける。男、我一人《われひとり》にて、外《ほか》に人無《な》ければ、魯《ろ》の書生《しよせい》が昔をも思ひ出《い》でて、とにかくに否《いな》みけるに、「岸の舟を拒《とど》むるを聞く、岸の舟を拒《とど》むるを見ず」とて、付き添ひ、入りぬ。男も、さすがに引き出《い》だす事《こと》も、えせで、心ならず、一夜《ひとよ》を宿《やど》しける。夜《よ》、更《ふ》けて、「同じ床《とこ》に寝《ね》む」と言ふに、男《をとこ》は、いとど、心ならず。有《あ》るまじき事《こと》と、制《せい》し、押しやれども、ただ、「岸の舟を拒《とど》むるを見ず」とて、上《のぼ》り来《き》て、寄り添ふ。男、あまりの事《こと》と思ひて、手を捉《とら》へて擲《う》てば、その軽《かろ》さ、樹葉《このは》の如《ごと》し。擲《う》たれて、猶《なほ》も猶《なほ》も、寄り添《そ》ふ。かく、互《たが》ひに、争《あらそ》ひ争《あらそ》ひて、はや、東雲《しののめ》の空に成《な》りて、鐘の声を恨《うら》み、鳴る時、「妾が頭《あたま》を砕け」と言ふ。漸《やうや》くに出《い》で去り、芭蕉樹《ばせうのき》の陰《かげ》に行《ゆ》くと見て、消え失《う》せけるとなむ。その残し置《お》きし詩も、言《こと》の葉著《はしる》く、世に伝ふ事《こと》に成《な》りけるとぞ。

この女《をんな》は、有情《うじやう》なる者《もの》にや有《あ》らむ。また、非情《ひじやう》なる者《もの》にや有《あ》らむ。もし、これを有情《うじやう》と言はば、芭蕉葉《ばせうば》に隠れ去りて、跡《あと》の尋《たづ》ぬべき無《な》し。これを非情《ひじやう》と言はば、男子《をのこ》を慕《した》ふの情欲《じやうよく》深く、詩を留《とど》め置きて、いと徒徒《あだあだ》しき世語《よがた》りと成《な》れる。

もし、ありの実《み》も、なしも、一つの菓《くわ》にて、食《く》ふに二《ふた》つの味《あぢ》も無《な》しと言はば、世相《せさう》を混雑《こんざつ》して、菽麦《しゆくばく》を誤《あやま》る。もし、有情非情《うじやうひじやう》、性相平等《しやうさうびやうどう》、その別無《な》しと言はば、水の流れも、かの業障《ごつしやう》深く、山の姿も、その積《つ》めるにや有《あ》らむ。かく、むつかしき世の習《なら》ひ、この山路険《やまぢけは》しう、木陰《こかげ》・岩根《いはね》にも、かの化物《ばけもの》・木霊様《こだまやう》の物《もの》、人を遮《さへぎ》り、惑《まど》はし、この関《せき》、越え難《がた》き事《こと》になむ成《な》りけるとぞ。

まことに、関《くわん》なるかな。関《くわん》なるかな。桜山《さくらやま》の桜花《さくらばな》は、散るも有《あ》り。今、開け初《そ》むるも有《あ》り。雪の嶺《みね》の白雪《しらゆき》は、春も夏も、消ゆる時無《な》し。この中に、半《なかば》なる偈《げ》に、身を投げ給《たま》ひし跡《あと》を模倣《まね》びなば、占波城《せんばじやう》と摩訶陀国《まかだこく》の境《さかひ》なる山の頂《いただき》に、著《しる》き神の鈴有《あ》りとも、響き絶《た》えなむ。十方《じつぱう》に遊歴《いうれき》し、三界《さんがい》に独歩《どつぽ》し、衣を思へば羅綺千重《きらちへ》、食を思へば百味具足《ひやくみぐそく》し、凡《ぼん》に入《い》り、聖《しやう》に入《い》り、浄《じやう》に入《い》り、穢《ゑ》に入《い》り、迷行《めいかう》・順行《じゆんかう》、天魔《てんま》・外道《げだう》も窺《うかが》ふ事無《ことな》く、挙足・下足《げそく》、明眼《みやうげん》の衲子《のつす》も、知る事無《ことな》からん。

駒並《こまな》べて行くも有《あ》らなむ関《せき》の戸の名も懐《なつ》かしき逢坂《あふさか》の山

針をも入れぬ、この守りに、いかに私《わたくし》の車馬《しやば》を通す消息《せうそこ》もがな。鳥《とり》の空音《そらね》の、まだ夜《よ》をこめてこそ。

第二則　百丈野狐《ひやくぢやうやこ》

百丈和尚《ひやくぢやうをしやう》、凡《およ》そ、参《さん》の次《つい》で、一老人《いちらうじん》有《あ》りて、常に、衆《しゆ》に随《したが》ひて、法を聴《き》きける。衆人《しゆうじん》、退《しりぞ》けば、老人もまた、退く。斯《か》く有《あ》りて、年月《としつき》を経《へ》にけり。忽《たちま》ち、一日、退かず、残り居《を》りける。師、遂《つひ》に問ふ。「面前《めんぜん》に立つものは、復《そも》、これ何人《なにびと》ぞ」。老人、云《いは》く、「諾《だく》。某《それがし》は、非人《ひにん》なり。過去、迦葉仏《かせふぶつ》の時、曾《かつ》て、此《こ》の山に住《ぢゆう》す。因《ちな》みに、学人《がくにん》問《と》ふ、『大修行底《だいしゆぎやうてい》の人、還《かへ》りて、因果《いんぐわ》に落つるや。また、無《な》しや』。某《それがし》、対《こた》へて云《いは》く、『不落因果《ふらくいんぐわ》』と。此《こ》の謬《あやま》り故《ゆゑ》、五百生《ごひやくしやう》、野狐身《やこしん》に堕《だ》せり。今、謂《こ》ふ、和尚、一転語《いつてんご》を代《か》はりて、貴《ねが》ふらくは、この野狐《やこ》を脱《だつ》せしめよ」。

遂に、問ふ。「大修行底の人、還りて、因果に落つるや。また、無しや」。師、云く、「不昧因果《ふまいいんぐわ》」。老人、その言下《ごんか》に大悟《たいご》し、礼をして云《いは》く、「某《それがし》、已《すで》に野狐身を脱して、山後に住在《ぢゆうざい》せり。敢《あ》へて、和尚に申《まう》す。乞《こ》ふ、亡僧《まうそう》の事例《じれい》に依《よ》れ」と、云《い》ひて消えぬ。

師、維那《ゐな》に告げ、白槌《びやくつい》して、遍《あまね》く、衆《しゆ》に告げしむ。「食後《じきご》に、亡僧を送らむ」と。時に、大《だい》衆《しゆ》、言議《ごんぎ》す。「一衆、皆安《やす》く、涅槃堂《ねはんだう》にも又、病《や》める人も無《な》し。何故《なにゆゑ》か斯くの如《ごと》く」と。食後に只《ただ》、師の衆を領《りやう》じて、山後の岩下《がんか》に至り、杖《つゑ》を以《もつ》て、一《いつ》の死野狐《しやこ》を挑出《てうしゆつ》し、火葬《くわさう》に依《よ》るを見る。

師、晩に至りて、上堂《じやうだう》して、前因縁《ぜんいんゑん》を挙《こ》す。時に、黄檗《わうばく》、便《すなは》ち問へば、「古人《こじん》、謬《あやま》りて、一転語を祗対《しつい》して、五百生の野狐に堕す。転々謬《てんてんあやま》らずは、この、甚麽《なに》とか作《な》るべき」。師、云く、「近《きん》前来《ぜんらい》、汝《なんぢ》【『無門関』では、彼】が為《ため》に道《い》はむ」。黄檗、遂《つひ》に近前《きんぜん》して、師に一掌《いつしやう》を与ふ。師、手を拍《う》ちて、笑うて云《いは》く、「将《まさ》に謂《おも》へり、胡鬚赤《こしゆしやく》と。更《さら》に有《あ》り、赤鬚胡《しやくしゆこ》」と。

「千年《ちとせ》を経《へ》し狐《きつね》は、淫婦《いんぷ》と成《な》り、人に交《まじ》はる」と、世に言ひ伝へたり。

昔、聖《ひじり》、有《あ》りける。化野《あだしの》に露を友《とも》なふ御住居《おほんすまひ》なりしが、世の言業《ことわざ》に紛《まぎ》るるとしも無《な》ければ、初《そ》夜《や》の念誦《ねんず》の数《かず》も、はや満《み》てて、鈴虫の声《こゑ》も、己《おの》がままに振り出《い》でて、折《をり》しも、二十日余《はつかあま》りの月の、雲間《くもま》に差し出《い》でたるに、何《なに》と無《な》く、窓の戸の押し開《ひら》かれて、眺め出《い》だし給《たま》ふ。庵《いほり》の傍《かたは》ら、薄一《すすきひと》群《むら》、繁《しげ》り合ひたる中、狐の、一つ出《い》で来《き》て、髑髏《されかうべ》を拾ふ、有《あ》りけり。聖《ひじり》、訝《いぶか》しと思《おぼ》し、音《おと》もせで目守《まぼ》り見給《たま》ふに、取りて、首に戴《いただ》きけるが、とにかく、落ちにき。落ちたるは、その儘《まま》にし、また、他《ほか》なるを取り、他《ほか》なるを取りて、遂《つひ》に戴《いただ》き得《え》にければ、いと艶《なま》めきたる女《をんな》と成《な》りぬ。

聖、「世語《よがた》りも偽《いつはり》ならず」と思《おも》ほして、ただ、目守《まぼ》りに目守《まぼ》り居給《ゐたま》ふ。暫《しばら》く有《あ》りて、東の方《かた》より、清《きよ》げに由由《ゆゆ》しき男《をとこ》の、馬に乗りて、この辺《あた》りを過《す》ぐる、有《あ》りける。かの女《をんな》の、道の傍《かたは》らに行きやらで有《あ》るを見て、「しかじか」と問ひ寄りけるに、げに、世にあるべうなる、哀《あは》れにも、悲しうも、理《ことわり》とも思《おも》ほしき事《こと》どもを、とにかくに、言ひ続け、ひたすらに泣きぬ。徒人《あだびと》にや有《あ》りけむ、遂《つひ》に、誘《さそ》ひ行《ゆ》きなむとす。

聖、これを見給《たま》ひ、かの男の災《わざは》ひに遭《あ》ひなむ事《こと》を憐《あは》れみ、呼び入れて、告げ給《たま》ふ。「彼《かれ》は、人には有《あ》らぬ者なり。過《あやま》ちて、身の災ひを招くまじ」と。女、云《いは》く、「かの阿闍梨《あじやり》こそ、似気無《にげな》き心、持ち給へるなれ」と。「まろ、頭《かしら》の侘《わ》びしければ、ここに侍《はべ》るなり。ただ、誘《いざな》はせ給へかし」とて、また泣きぬ。男、然《さ》も有《あ》りなむと思ふ気色《けしき》にて、同じ馬に掻《か》き抱《いだ》き、乗せ行きぬ。その後《のち》、月日《つきひ》経《ふ》るままに、かの男、怪《あや》しき病《やまひ》の床《とこ》に伏して、心も定かならで、遂に身罷《みまか》りける。かの家居《いへゐ》は、厳《いか》めしく作り成《な》して、その辺《あた》りの人々も、心寄《こころよ》せ重く、親・祖父《おほぢ》より代代経《よよへ》て、伝へ来《こ》し物を、この事に因《よ》りて、程無《ほどな》う衰《おとろ》へ行きて、気疎《けうと》き野辺《のべ》と成《な》り果《は》てけるとなむ。

また、何某《なにがし》の殿《との》にて、未練《みれん》の狐の化《ば》け損《そこ》なひしが、人に見顕《みあら》はされし事《こと》など、世に多く語り伝へたり。

げに、古《いにしへ》より、僻僻《ひがひが》しき世の末《すゑ》には、星の光・雲の立端《たちは》も、怪《あや》しき事《こと》多く、とぞ聞く。かくめでたく、長長《をさをさ》しき御代《みよ》には、山の奥《おく》・海の彼方《あなた》までも、吹く風さへ、枝鳴らさねば、まして、かうやうの事《こと》、見聞《みき》き、伝へ侍《はべ》る人も無《な》ければ、今更《いまさら》に、模倣《まね》び出《い》づべきならねど、御法《みのり》の庭《には》の不思議なる、前百丈《ぜんひやくぢやう》、一転語《いつてんご》の謬《あやま》りにて、久《ひさ》しう、涼しくも有《あ》らぬ道に迷ひ給ひしは、恐れても、猶《なほ》、恐るべし。後百丈《ごひやくぢやう》、一転語の教《をし》へに、代代経給《よよへたま》へる迷ひの心を、忽《たちま》ち、悟りとやらむ、開き給ふ。尊《たふと》みても、余《あま》り有《あ》るべし。

かく、恐ろし、尊《たふと》しと思ふぞ、五百生《ごひやくしやう》の久しき、この野狐《やこ》に賺《すか》され、惑はされけるならむか。白楽天《はくらくてん》が、「狐の人に化《ば》けたるは、然《さ》る事にて、人の狐媚《こび》を成《な》すは、それよりも恐ろし」と言ひ置きしを思へば、狐や人に化《ば》けたる、人や狐に化《ば》けたる。かの化野《あだしの》の聖《ひじり》のみや、知り給ふならむ。この野狐《やこ》が、後《のち》の事を亡僧《まうそう》の事例《じれい》に拠《よ》れ、と誂《あつら》へしは、麝香《じやかう》の、身死《みし》して香《か》を留《とど》むる如《ごと》く、野狐が亡骸《なきがら》にも、人を惑はし、賺《すか》す伎量《ぎりやう》ならむ。そのかみ、薪尽《たきぎつ》き、火も消えぬるに、後《のち》の世の今までも、支那《しな》の国《くに》より、人々を賺《すか》し来《き》て、今、この国の人人をも賺《すか》し賺《すか》すは、世《よ》に類無《たぐひな》き、その功《こう》の積《つ》もり積《つ》もりし老狐《らうこ》ぞかし。

周代《しうだい》の古《いにしへ》にありて、孔子《こうし》の怪《くわい》を語り給はぬは、今の世までも、いみじき教へならむ。この野狐が焼け残りし骨をも、飢《う》ゑたる狗《いぬ》の腹に葬《はふ》り終《を》はりて、この山の風を思ふに、もとより、余所《よそ》に異《こと》なり。春、田《た》、返《かへ》し、夏、耘《くさぎ》る。潙山《ゐさん》の水牯牛《すいこぎう》に唐鋤《からすき》をかけて、荒小田《あらをだ》を粗鋤《あらす》き返《かへ》し、鋤《す》き返《かへ》し、人の心を見てぞ止《や》みなむ。老牸牛《らうじぎう》は、老《お》い惚《ほ》れたれど、一畝《ひとうね》・二畝《ふたうね》の力は有《あ》らむ。曹渓《さうけい》の流れを引きて、苗代水《なはしろみづ》と為《な》し、石頭山《せきとうざん》までも、道や滑《なめ》らかならむ。南泉禅師《なんせんぜんじ》は、昔より隔てぬ仲《なか》なれば、かの茆鎌子《ばうけんす》を借《か》り用《もち》ゐて、百草《ももくさ》をも千草《ちぐさ》をも、刈敷《かりしき》とや成《な》し給《たま》ふならむ。稲妻《いなづま》の穂波《ほなみ》を照らす夕《ゆふ》べは、「万粒《まんりふ》の」「一粒《いちりふ》の」と言ふ、訝《いぶか》しき問《と》ひ・答へも有《あ》るまじ。

一日作《な》さざれば一日食《しよく》せぬ家の掟《おきて》の勲《いさをし》は、牛頭《ごづ》の禅師《ぜんじ》の、力を尽くして、険《さが》しき道の程《ほど》を負《お》ひ登り給ひしよりも、なかなか頼もしう。数多《あまた》の蔵《くら》に、百《もも》の棚《たな》つ物《もの》を納《をさ》め置《お》きて、落穂《おちぼ》を拾ふ雀も稀《まれ》に、下樋《したひ》の水も、氷柱《つらら》居《ゐ》る頃《ころ》、

夜《よ》と共《とも》に落つる木《こ》の葉を時雨《しぐれ》かと聞きしも文無《あやな》冬の山里

誰《た》そ彼時《かれどき》の空目《そらめ》に、立ち帰りぬる沖《おき》つ白波《しらなみ》は、夜半《よは》ならぬに、早《はや》、風激《はげ》しう。

赤鬚胡《しやくしゆこ》が擡《もた》げし腕のかひなくて末《すゑ》の世までの名こそ惜《を》しけれ

第三則　倶胝竪指《ぐていじゆし》

倶胝和尚《ぐていをしやう》、凡《およ》そ詰問《きつもん》有《あ》れば、唯《ただ》、一指《いつし》を挙《こ》す。後に、童子有《あ》り。因《ちな》みに、外人《ぐわいにん》有《あ》りて、問《と》ふ。「和尚、世《よ》の常《つね》、何の法要《ほふえう》をか説《と》く」と。童子もまた、指頭《しとう》を竪《た》つ。倶胝、これを聞きて、遂《つひ》に、刃《やいば》を以《もつ》て、其《そ》の指を断《た》つ。童子、負痛号哭《ふつうがうこく》して去る。倶胝、また之《こ》れを召す。童子、首を廻《めぐ》らす。倶胝、却《かへ》りて、指を竪起《じゆき》す。童子、忽然《こつねん》として領悟《りやうご》す。倶胝、将《まさ》に、順世《じゆんせ》せむとす。衆に謂《い》ひて曰《いは》く、「吾、天龍一指頭《てんりゆういつしとう》の禅を得て、一生受用不尽《いつしやうじゆゆうふじん》」と、言ひ訖《を》はりて、滅《めつ》を示《しめ》す。

海人《あま》を波路《なみぢ》の標《しるべ》に、何処《いづこ》の浜の苫屋《とまや》までも訪《たづ》ね見給《たま》はんと、潮垂《しほた》れ増《ま》さる袖の、乾《ほ》さむ方《かた》無《な》く、明日《あす》・明後日《あさて》と言ふに、老《おい》の波、甲斐《かひ》有《あ》る浦《うら》に立《た》ち出《い》でばやの心こそ、いと浅からぬ縁《えにし》なりけれ。何処《いづこ》にも、何処《いづこ》にも、山彦《やまびこ》の答《こた》へぬ山は有《あ》らじと聞けど、かく、細《こま》やかなる心趣《こころおもむ》けの有《あ》りし事は、げに、いみじき例《ためし》ぞかし。指頭《しとう》の禅の、山を兼《か》ね、岡に登りて、その限りも知らぬ天龍《てんりゆう》の名《な》の、隠し得《う》べきに有《あ》らず。くだくだしからぬ消息《せうそこ》の、また、幼《をさな》き童《わらべ》をも誘《いざな》ひ、雲隠《くもがく》れの夕《ゆふ》べまで、用《もち》ゐ尽《つ》くし給《たま》はぬとの言《こと》の葉《は》は、げに、妙《たへ》なる御法《みのり》ならむと、誰《たれ》も誰も思《おも》ほえるに、曹山禅《さうざんぜん》師《じ》、云く、「倶胝承当《ぐていしようたう》の処《ところ》、莽鹵《まうろ》なり」と。無是公子《むぜこうし》、云く、「曹山の言葉《ことば》は、更《さら》に更《さら》に、胡乱《うろん》なり」と。

己《おのれ》だにあらぬ姿を分《わ》きもせで人差指《ひとさしゆび》の面《つら》の憎さよ

かく記《しる》せし夜《よ》、夢に、東《ひんがし》の方《かた》に音《おと》して、障子《しやうじ》を押し開きて来《く》る人、有《あ》り。「ここに、人の」と告《つ》ぐるに、誰《たれ》も誰《たれ》も、寝穢《いぎたな》く打ち臥《ふ》して、起《お》き出《い》づる人も無《な》し。衾《ふすま》を押し遣《や》りて、見るに、羅《ら》漢《かん》・辟支《びやくし》とも思《おぼ》しき両僧《りやうそう》の、由由《ゆゆ》しげなる童子《どうじ》を率《ひき》ゐて、異口同音《いくどうおん》に曰《いは》く、「汝《なんぢ》、作麼生《そもさん》か会《ゑ》す」と。枕を拈起《ねんき》して、答へて云く、「富士《ふじ》の高嶺《たかね》に雪は降《ふ》りつつ」。

時に、有明《ありあけ》の月影《つきかげ》、西窓《にしまど》に差し入《い》り、門守《かども》る犬の声《こゑ》、いとも囂《かまびす》しう。

第四則　胡子《こす》無鬚《むしゆ》

或庵《わくあん》、曰《いは》く、「西天《さいてん》の胡子《こす》、甚《なん》に因《よ》りてか、鬚無《ひげな》き」。

我《わ》が国《くに》の吉野の山は、世に名所と言ふ中にも、古《いにしへ》より今に至るまで、詩人《しじん》の詩句《しく》、多く、歌人《かじん》の興《きよう》、深く、或《ある》いは、そこの木の下《もと》に、物食《ものく》ひ、ここの岩間《いはま》に、酒飲む。酔《ゑ》ひ伏《ふ》して、暮《く》るるをも知らぬ、有《あ》り。人に助けられて、帰り来《く》る、有《あ》り。歌ひ罵《ののし》りて、いと騒《さわ》がしき、有《あ》り。また、花ならで、ただ、柴《しば》の戸《と》を鎖《さ》して、思ふも、有《あ》り。山賤《やまがつ》は、年年《としどし》に桜の木を移し植《う》うる事《こと》を生業《すぎはひ》として、身を扶《たす》け、心をも養《やしな》ふ活計《たづき》とするとなむ。

弥生《やよひ》の中頃《なかごろ》は、峯《みね》も谷も一様《いちやう》の春と成《な》りて、高嶺《たかね》の花とや、麓《ふもと》の雪とや、雲間《くもま》の月影《つきかげ》とや、木木《きぎ》の霞《かすみ》とや。山山《やまやま》の清浄身《しやうじやうしん》、色《いろ》も有《あ》り、香《か》も有《あ》り。渓毎《たにごと》の広長舌《くわうちやうぜつ》、形《かたち》も有《あ》り、声《こゑ》も有《あ》り。

吉野山雲井《くもゐ》に紛《まが》ふ桜花《さくらばな》余所《よそ》ならでのみ見るよしもがな

参《さん》は、須《すべから》く、実参《じつさん》なるべし。悟《ご》は、須《すべから》く、実悟《じつご》なるべし。

なべて世《よ》の花なるものを御吉野《みよしの》の雲井《くもゐ》と人のいかで見るらむ

親見一回《しんけんいつかい》は何時《いつ》ぞ、と言ふに、

吉野山分《わ》け誘《いざな》はむ道ぞ無《な》き如何《いか》に説《と》くべき法《のり》の友どち

這箇《しやこ》の胡子《こす》、この三年《みとせ》は、彼処《かしこ》に坐《いま》すと聞く。

山賤《やまがつ》の垣根《かきね》も春は訪《と》ひぞ寄《よ》る花咲く頃《ころ》の御吉野《みよしの》の里

第五則　香厳上樹《きやうげんじやうじゆ》

香厳《きやうげん》和上《をしやう》、云《いは》く、「人の、樹《き》に上《のぼ》るが如《ごと》し。口に樹枝《じゆし》を啣《ふく》み、手に枝を攀《よ》ぢず、脚《あし》に樹を踏まず。樹下に、人有《あ》りて、西来意《せいらいい》を問《と》はむに、対《こた》へざれば、即《すなは》ち、他の所問《しよもん》に違《そむ》く。若《も》し、対《こた》へば、また、喪身失命《さうしんしつみやう》せむ。恁麼《いんも》の時、作麼生《そもさん》か対《こた》へむ」。

飛騨《ひだ》の匠《たくみ》が、構《かま》へ成《な》して、三端四端《みつばよつば》に殿作《とのづく》りせし家居《いへゐ》も、楼《ろう》の上《うへ》は、物気疎《ものけうと》き心地《ここち》こそすれ。まして、高き梢《こずゑ》には、登らずとも有《あ》りなむ。誰《たれ》に苛《さいな》まれて、この梢に登《のぼ》り登《のぼ》りて、かく、危《あや》ふく辛《から》き目《め》を見る。従前《じゆうぜん》の死路頭《しろとう》、従前《じゆうぜん》の活路頭《くわつろとう》。この二道《ふたみち》を行《ゆ》き行《ゆ》きて、常盤《ときは》の山《やま》、霞《かすみ》の衣《ころも》、薄《うす》けれど、

春立《た》てば猶一入《なほひとしほ》の色添《いろそ》ひて千代《ちよ》の声《こゑ》有《あ》る松の鶯《うぐひす》

第六則　世尊拈華《せそんねんげ》

世尊《せそん》、昔、霊山《りやうぜん》の会上《ゑじやう》に在《おは》して、花を拈《ねん》じて、衆《しゆ》に示し給《たま》ふ。是《こ》の時、衆、皆、黙然《もくねん》たり。惟《ただ》、迦葉尊者《かせふそんじや》のみ、破顔微笑《はがんみせう》す。世尊、云《いは》く、「吾《われ》に、正法眼蔵《しやうぼふげんざう》、涅槃妙心《ねはんめうしん》、実相無相《じつさうむさう》、微妙《みめう》の法門《ほふもん》、有《あ》り。不立文字《ふりふもんじ》、教外別伝《けうげべつでん》。摩訶迦葉《まかかせふ》に付嘱《ふぞく》す」。

春の曙《あけぼの》、秋の夕間暮《ゆふまぐ》れ、霞《かすみ》に紛《まが》ふ山の気色《けしき》、露に濡《ぬ》れたる花の千種《ちぐさ》。皆《みな》、人《ひと》の心寄《こころよ》する中《なか》に、

菊は、花の隠逸《いんいつ》なる物《もの》にて、晋《しん》の陶淵明《たうえんめい》が、五斗米《ごとべい》の禄《ろく》を辞《じ》して、三径《さんけい》の中《なか》、東籬《とうり》の下《もと》に、老《お》いを扶《たす》けたるは、賎《しづ》が垣根《かきね》も、その匂《にほ》ひ深くなむ。

牡丹《ぼたん》は、花の富貴《ふうき》なる物《もの》とて、唐の世に、諸諸《もろもろ》の豪貴《がうき》の翫《もてあそ》びと成《な》り、沈香亭《ぢんかうてい》の北に、春風《しゆんぷう》、限り無《な》き恨みを解釈《かいしやく》せしは、げに、九重《ここのへ》の眺《なが》めとのみ。

梅は、雅《みやび》に過《す》ぎたりと言へど、消えやらぬ雪の窓に、さと匂《にほ》ひ来《く》るには、懐《なつ》かしき人の面影《おもかげ》も思ひ出《い》でらるる事《こと》と、昔より愛《め》で聞こゆ。

桃は、甚《はなは》だ俗《ぞく》なりとは言へど、岸を差し挟《はさ》みて、水に影を映《うつ》せるには、秦《しん》の時に、世を遁《のが》れし高き趣《おもむ》きを、千年《ちとせ》の後《のち》にも推《お》し量《はか》られぞする。

藤波《ふぢなみ》の、汀《みぎは》に寄せたる。橘《たちばな》の、簾《す》の中《うち》に薫《かを》れる。萩《はぎ》の、露重《おも》み、小牡鹿《さをしか》の声さへ添《そ》うたる。女郎花《をみなへし》の、艶《なまめ》き立《た》ちて、夕霧《ゆふぎり》に見え隠れせる。藤袴《ふぢばかま》は、誰《た》が脱《ぬ》ぎ掛《か》けて、巌《いはほ》の傍《かたは》らに、乱れ添《そ》うたる。山吹《やまぶき》は、井手《ゐて》の玉水《たまみづ》に、影《かげ》さへ濡れたる。折《をり》に触《ふ》れては、何《いづ》らを哀《あは》れ深しと定むべき。

また、無漏地《むろぢ》に、時《とき》を待ち得《え》たる三草二木《さんさうにもく》の品品《しなじな》。また、かの妙法《めうほふ》の蓮華《れんげ》、因果同時《いんぐわどうじ》の匂《にほ》ひ、殊《こと》に、大方広《だいはうくわう》の雑花《ざつけ》、主伴《しゆばん》を交《まじ》へて、色を添《そ》ふる。祇園精舎《ぎをんしやうじや》の門の外に、摩訶波闍波提《まかはじやはだい》の、五百の舎夷《しやい》、女人《によにん》と共《とも》に、蘇摩那華蔓《そまなけまん》、婆師華蔓《ばしけまん》、瞻蔔華蔓《せんぶけまん》を、いといみじう頂受《ちやうじゆ》し給《たま》へる。霊鷲山《りやうじゆせん》の巓《いただき》に、此土《しど》・他土《たど》の六瑞《ろくずい》として、曼荼羅華《まんだらけ》、摩訶曼荼羅華《まかまんだらけ》の雨、降《ふ》りし。藍毘尼国《らんびにこく》の無憂華《むうげ》より、跋提河《ばつだいが》の娑羅双樹《さらさうじゆ》まで、阿難尊者《あなんそんじや》の糸の貫《つらぬ》き止《と》めしも、五時八教《ごじはつけう》の数数《かずかず》、五教十宗《ごけうじつしゆう》の区《まち》区《まち》、浅きより深きに到り、麁《そ》なるに対して、その妙《めう》を解するは、らうたげなる小僧《こぞう》たちの、論議と言ふ事の、めでたく耳に留《と》まる事《こと》になむ。

然《さ》は言《い》へ、教外別伝《けうげべつでん》、不立文字《ふりふもんじ》。かの霊山《りやうぜん》に在《ましま》し時、大梵天王《だいぼんてんわう》の、いと恭《うやうや》しく献《けん》じ給《たま》ふ。世尊の、何《なに》となく拈《ねん》じ給ふ金色《こんじき》の婆羅華《ばらげ》は、いかに、匂《にほ》ひ、殊《こと》に、色《いろ》、妙《たへ》ならまし。「奈良の都の八《や》重桜《へざくら》今日《けふ》九重《ここのへ》に」と思ふ。げに、

花ならば花ならましを桜花《さくらばな》の色香《いろか》を花に任《まか》せて

八万《はちまん》の大衆《だいしゆ》の、徒《いたづら》に見過《みす》ぐし給《たま》ふ。迦葉尊者《かせふそんじや》の、一人《ひとり》、笑《ゑ》みを含み給へる。正法眼蔵《しやうぼふげんざう》、涅槃妙《ねはんめう》心《しん》。何《いづ》ら、春の曙《あけぼの》、秋の夕暮《ゆふぐ》れに、眺《なが》めを定《さだ》むべき。

第七則　趙州洗鉢《でうしうせんぱつ》

趙州《でうしう》、因《ちな》みに、僧、問ふ。「某《それがし》、乍入叢林《さにふそうりん》。乞《こ》ふ、師、指示し給《たま》へ」。趙州、云《いは》く、「喫粥了《きつしゆくれう》や、未《いま》だしや」。僧、云《いは》く、「喫粥了なり」。趙州、云く、「鉢盂《はつう》を、洗ひ去れ」。その僧、省有《せいあ》り。

この僧、「乍入叢林《さにふそうりん》」と、道将《だうしやう》し来《きた》る。句裡《くり》に、機《き》を呈《てい》したるにや。また、虚頭《ことう》ならで、出《い》で来《きた》りけるにや。

この老趙州《らうてうしう》、天《てん》の覆《おほ》ふが如《ごと》く、地の載《の》するが如《ごと》く、幾許《そこばこ》の計較《けいかう》・分別《ふんべつ》、無《な》し。また、得失《とくしつ》・是非《ぜひ》・伎倆《ぎりやう》・模様《もやう》、無《な》し。寛寛《くわんくわん》、地に摂取《せつしゆ》して、「喫粥了《きつしゆくれう》や、未《いま》だしや」と。その大《おほ》いさ、幾千《いくせん》里《り》と言ふべきならぬ大鯤魚《だいこんぎよ》も、大塊《たいくわい》の中に孕《はら》まれて、自《みづか》ら、その中なることを知らざるが如《ごと》し。遂《つひ》に、羽翼《うよく》を生《しやう》じ、化《くわ》して鳥と成《な》る。

答へて、言ふ、「喫粥了《きつしゆくれう》」と。大塊の噫気《あいき》、その大《だい》なるを、扶揺《ふえう》と言ふ。

再び、手を垂《た》れて、「鉢盂《はつう》を洗ひ去れ」と。げに、九万里《きうまんり》、飛び上《あ》がりしも、理《ことわり》にこそ有《あ》れ。

趙州《でうしう》和《を》尚《しやう》、世の常《つね》、喝《かつ》を下《くだ》し、棒《ぼう》を行《ぎやう》じ給《たま》はず。到《たう》も、喫茶去《きつさこ》。不到《ふたう》も、喫茶去《きつさこ》。「清浄伽《しやうじやうが》藍《らん》、いかなれば塵《ちり》ある」と問へば、「外来底《ぐわいらいてい》」。「いかなるか、道《だう》」と問へば、「墻外底《しやうぐわいてい》」。

石橋《しやくけう》は、驢《ろ》を渡《わた》し、馬を渡《わた》す。大道《たいだう》は、長安《ちやうあん》に通る。青州《せいしう》の布衫《ふさん》は、重さ七斤《しちきん》。鎮州《ちんしう》には、大《だい》蘿蔔頭《らふとう》を出《い》だす。

看《み》よ、かの築山《つきやま》・遣水《やりみづ》も、心殊《こころこと》に占《し》め置きしは、見所《みどころ》少なからねど、何某《なにがし》の中納言《ちゆうなごん》の「関吹《せきふ》き越ゆる」と詠《えい》じ給《たま》ひしは、須磨《すま》の浦《うら》なりとや。曲《くま》ごとに、立てる煙《けぶり》は、これや海人《あま》の塩焼《しほや》くならむと思《おも》ほへ、海の色の、空の緑と紛《まが》ひて、落霞《らくか》と孤鶩《こぼく》と斉《ひと》しく飛び、秋江《しうかう》、長天《ちやうてん》と共《とも》に一様《いちやう》なるに、明石《あかし》の浦も這《は》ひ渡る程《ほど》なむ。波の音も、唐櫓《からろ》の音も、雁《かり》の鳴く音《ね》も、いと寂しき浦風《うらかぜ》に通《かよ》ひたる。住み慣《な》れし山賤《やまがつ》だに、

藻塩《もしほ》焼く煙《けぶり》を雲の便《たよ》りにて時雨《しぐれ》を急ぐ須磨《すま》の浦風

第八則　奚仲造車《けいちゆうざうしや》

月庵和尚《げつたんをしやう》、僧に問ふ。「奚仲《けいちゆう》、車《くるま》を造《つく》る、一百輻《いつぴやつぷく》。両頭《りやうとう》を拈却《ねんきやく》し、軸《ぢく》を去却《こきやく》して、甚麼辺《なにへん》の事《じ》をか明《あき》らむ」。

輪扁《りんぺん》は、輪を斲《き》る事《こと》の、一人の子にも、伝へ侘《わ》びたるとや。奚仲《けいちゆう》は、然《さ》も無《な》くて、弥生《やよひ》の初《はじ》めに、両頭《りやうとう》を拈却《ねんきやく》し、卯月《うづき》の半《なか》ばに、軸《ぢく》を去却《こきやく》して、燈火《ともしび》の下《もと》に、寄り伏《ふ》したるに、

一声《ひとこゑ》はそれかあらぬか時鳥《ほととぎす》小夜《さよ》の枕に訪《おとづ》れて行《ゆ》く

第九則　大通智勝《だいつうちしよう》

興陽《こうやう》の譲和尚《じやうをしやう》、因《ちな》みに、僧、問ふ。「大通智勝仏《だいつうちしようぶつ》、十劫坐道場《じつこふざだうぢやう》、仏法不現前《ぶつぽふふげんぜん》、不得成仏道《ふとくじやうぶつだう》の時、如何《いかん》」。譲、曰《いは》く、「其《そ》の問《とひ》、甚《はなは》だ諦当《たいたう》なり」。僧、云《いは》く、「既に、これ坐道場。甚麼《なに》としてか、不得成仏道なる」。譲、曰く、「伊《かれ》が不成仏《ふじやうぶつ》なるが為《ため》なり」。

貧しき人の襟《えり》に納《をさ》めし宝《たから》は、我《われ》ながら知らで、惑《まど》ひ行《ゆ》くめる。卞和氏《べんくわし》が、璞《あらたま》を抱《いだ》きて、血《ち》の涙を流せしは、刖《あしき》られしの悲しみにはあらで、明玉《めいぎよく》の、石《いし》に紛《まが》ひ、烈士《れつし》の、誠顕《まことあら》はれぬ世《よ》を恨みけるとなむ。郁山主《いくざんしゆ》は、「今朝《けさ》、塵《ちり》尽《つ》き、光、生《しやう》じて、千朶万朶《せんだまんだ》を照らす」と喜び給《たま》ひ、巌頭禅師《がんとうぜんじ》は、沖《おき》つ白浪《しらなみ》の寄せ来《きた》りたるに、この珠《たま》の光を隠し得《え》ずして、荒磯《あらいそ》に打ち砕かれ給《たま》ふ。丹霞禅師《たんかぜんじ》は、常に翫《もてあそ》びて、手弛《てたゆ》きにも、捨て給《たま》はず。

げに、宝といふ物《もの》は、高き、賤《いや》しき、人の、愛《め》づる物《もの》にはあれど、故無《ゆゑな》うして前に到れば、夜《や》光《くわう》の珠《たま》にも、剱を按《あん》じて、睨《にら》み見る例《ためし》、昔、淀《よど》の渡《わた》りにて、太夫貞重《たいふさだしげ》が従者《ずさ》の、古水干《こすいかん》に替《か》へし玉《たま》は、考人《かうじん》の手に受け取りて、絹、六七千疋《びき》の料と成《な》りし、とや聞く。また、呉越《ごゑつ》の孫妃《そんぴ》、龍蕊簪と言ふ物《もの》を、龍興寺《りゆうこうじ》に施《ほどこ》し置《お》きし。その形、朽木《くちき》の筋《すぢ》の如《ごと》くなれば、寺僧《じそう》は宝とも知らざりけるに、胡人《こじん》、来《き》て、万二千緡《びん》に買ひ去りしと言へば、世に翫《もてあそ》ぶ宝も、ただ、知る人のみ知る事《こと》にや有《あ》らむ。

妙法華会上《めうほふげゑじやう》には、海龍王《かいりゆうわう》の娘の、まだ児《ちご》なりしが、世尊《せそん》に、ただ一つの玉を捧《ささ》げて、いと易《やす》う、成仏《じやうぶつ》し給《たま》ひき、とかや。女人《によにん》は、五障《ごしやう》とやらむ、世間《せけん》の道《みち》にも、出世間《しゆつせけん》の道《みち》にも、いと、障《さは》り多く、三従《さんじゆう》とやらむ、振分髪《ふりわけがみ》の初《はじ》めより、眉《まゆ》ひそみ、口広《ひろ》ごる果《は》てまで、身も心に任《まか》せず。画《ゑが》ける瓶《かめ》とかや、遠山《ゑんざん》の黛《まゆずみ》、梅花《ばいくわ》の妝《しやう》に、身の中《うち》の穢《けが》らはしきを隠し、巧《たく》みなる言《こと》の葉《は》、含める笑《ゑ》みに、心の拙《つたな》きを偽《いつは》り、色に染《そ》み、声に愛《め》でて、いと執念《しふね》き思ひ、深し。或《ある》いは、金夫《きんぷ》を見て、その身を保《たも》たぬも、有《あ》り。栄曜《えいえう》に誇りて、父を討《う》たせしも、有《あ》り。然《さ》ればこそ、一切衆生《いつさいしゆじやう》を羅睺羅《らごら》とも、慈《いつく》しみ思《おぼ》し召《め》させ給《たま》ふ御仏《みほとけ》の、常に柔軟語《にうなんご》をなさせ在《まし》ますだに、河《かは》の流れの曲《ま》がれるに喩《たと》へ、恐ろしき夜叉《やしや》・羅刹《らせつ》に、比《よそ》へ給《たま》へりとなむ。

然《さ》るに、かの、人にも有《あ》らぬ女《をんな》の、何故《なにゆゑ》、かく、刹那《せつな》の間に、南方無垢世界《なんぱうむくせかい》に行《ゆ》きて、無量《むりやう》の人民《にんみん》を救《すく》ひ給《たま》ひき。かくも、いと易《やす》き成仏《じやうぶつ》も有《あ》るに、大通智勝仏《だいつうちしようぶつ》は、十六王子《じふろくわうじ》の御父《おほんちち》として、転輪王《てんりんわう》の儲《まう》けの君《きみ》に在《まし》ませば、神珠宝《しんじゆほう》を手に捧《ささ》げて、威光《ゐくわう》、万国《ばんこく》を照らし給《たま》へる。その菩提樹下《ぼだいじゆか》に坐《ざ》し給《たま》ひし時、忉利諸天《たうりしよてん》、高さ、一由旬《いちゆじゆん》なる獅子座《ししざ》を敷き設《まう》けたる。かく、厳《おごそ》かなる装《よそほ》ひなるに、一劫《いちこふ》の間《あひだ》、結趺坐《けつふざ》し給《たま》ふに、仏法《ぶつぽふ》、現前《げんぜん》せず。二劫《にこふ》、三劫《さんこふ》、乃至《ないし》、十劫《じつこふ》までに、仏法《ぶつぽふ》、現前《げんぜん》せず。かの龍女《りゆうによ》が珠《たま》の光には、何故《なにゆゑ》に劣《おと》り給ふならむ。その時の祖父《そふ》・輪王《りんわう》、十六《じふろく》の王子達《わうじたち》、如何《いか》に待ち侘《わ》び給《たま》ふらむ。忉利諸天《たうりしよてん》も、かの童《わらはべ》に劣《おと》り給ふ事《こと》を、如何《いか》に恥《は》づかはしう、思ひ嘆き給《たま》ひ、葛城《かつらぎ》や高間《たかま》の山《やま》の雲と、余所《よそ》にのみ見てや止《や》みなむ。

常在霊山《じやうざいりやうぜん》と聞けば、仏《ほとけ》は常に、世《よ》に在《まし》ますならむ。如何《いか》にして、玉《たま》を捧《ささ》ぐる消息《せうそこ》もがな。龍女《りゆうによ》は、何処《いづち》より、拾《ひろ》ひ得給《えたま》ひけむ。世尊《せそん》は、その珠を受け取りて後《のち》、何処《いづこ》に納《をさ》め置き給《たま》ふならむ。三転《さんてん》土田《どてん》の御神力《おほんじんりき》ならば、ここも、その儘《まま》、鳴海潟《なるみがた》、潮干《しほひ》の折《をり》しも、

仏《ほとけ》には何《なに》か鳴海《なるみ》の潮干潟《しほひがた》ただその儘《まま》に沖《おき》つ白波《しらなみ》

仏には心鳴海《こころなるみ》の潮干潟身はその儘《まま》に沖つ白波

仏には心も成《な》らず身も成《な》らず成らぬ物《もの》こそ仏なりけれ

仏には心も成らず身も成らず成らぬ物こそ成らぬなりけり

宜《むべ》、心《こころ》有《あ》る海人《あまびと》の、瀬踏《せぶ》みせし跡《あと》を慕《した》ひ、浅き、深き、波間《なみま》の藻塩草《もしほぐさ》、掻《か》き集め、見るに付《つ》きて、

君《きみ》が袖に懸《か》けな留《とど》めそ浦風《うらかぜ》の涼しく通《かよ》ふ折《をり》は有《あ》るとも

第十則　清税孤貧《せいぜいこひん》

曹山和尚《さうざんをしやう》、因《ちな》みに、僧、問ひて云《いは》く、「清税《せいぜい》、孤貧《こひん》。乞《こ》ふ、師、賑済《しんさい》し給《たま》へ」。曹山、云く、「税闍梨《ぜいじやり》」。税、応諾《おうだく》す。曹山、曰《いは》く、「青原白家《せいげんはつけ》の酒、三盞《さんせん》、喫《きつ》し了《をは》つて、猶道《なほい》ふ、唇《くちびる》を沾《うるほ》さずと」。

孔子《こうし》、云く、「富と貴とは、人の羨《うらや》む所《ところ》。貧《まづ》しきと賤《いや》しきとは、世《よ》の嫌《きら》ふ事《こと》」とや。昔より、王侯《わうこう》も貧《ひん》に苦しむと聞けば、この税闍梨《ぜいじやり》が嘆き侘《わ》びて、賑済《しんさい》を乞《こ》ひしも、理《ことわり》ぞかし。これなる故《ゆゑ》に、「百金《ひやくきん》は、中民十家《ちゆうみんじつか》の産《さん》なり」と言へば、世に交《まじ》はりて人並《ひとな》みなるは、得難《えがた》きにも有《あ》らず。「安邑《あんいふ》の棗《なつめ》、渭川《ゐせん》の竹《たけ》、その数《すう》、千に満《み》つれば、富《とみ》、千戸侯《せんここう》に等《ひと》し」と聞けば、これも、類《たぐひ》少なきにも有《あ》らず。

もし、足《た》る事《こと》を知らば、一箪《いつたん》の食《し》、一瓢《いつぺう》の飲《いん》も、顔回《がんくわい》は、その楽しみを改めず。もし、その求め、止《とど》めねば、たとひ、須弥《しゆみ》の四洲《ししう》を領《りやう》ずるも、頂生王《ちやうしやうわう》は、更《さら》に、三十三天《さんじふさんてん》の栄《えい》を羨《うらや》みて、地に堕落《だらく》す。もし、然《さ》らば、春の花の遅《おそ》きを恨むるは、富《と》める人の、貧《まづ》しきにや。秋の月の隈無《くまな》きを愛《あい》するは、貧しき者も、富《と》めるにや。

徒然《つれづれ》なる儘《まま》に、古き絵物語《ゑものがたり》を取り集め、見るに、阿房宮《あばうきゆう》と須磨《すま》の浦《うら》と、何《いづ》ら、をかしき眺《なが》めならむ。「陶朱公《たうしゆこう》が、財《ざい》を山《やま》の如《ごと》く積み蓄《たくは》へて、親戚《しんせき》・朋友《ほういう》・隣里《りんり》・郷党《きやうたう》に分《わ》かち与《あた》へたる。子路《しろ》の、百里《ひやくり》の外《ほか》に、米を負《お》ひて、老《お》いたる母上《ははうへ》に、いとも濃《こま》やかに仕《つか》へ給《たま》ひし。その心の嬉《うれ》しさ、如何《いか》ばかりの区別《けぢめ》有《あ》る」と問へど、共《とも》に、答へ給はねば、皆《みな》、絵空事《ゑそらごと》とや言はむ。
劉伯倫《りうはくりん》が、従者《ずさ》に鋤《すき》を荷《にな》はせしは、まだ酔《ゑ》ひの飽《あ》き足《た》らで、死を忘れぬるらむ。杜子美《としび》が、「人生七十《じんせいしちじふ》、古来稀《こらいまれ》なり」と歌ひしは、尋常《じんじやう》の債家《さいか》や、酒を勧《すす》めざりけむ。生《い》ける人の、思《おも》ひ出《いで》ぞかし。もし、青原白家《せいげんはつけ》の罏《ろ》の辺《ほと》りに、共に盃《さかづき》の数の積もりなば、その酔中《すいちゆう》の趣《おもむ》き、醒者《せいしや》には伝《つた》へ難《がた》かるべし。無門禅師《むもんぜんじ》、云く、「しかも如是《によぜ》なりと雖《いへど》も、且《しばら》く、道《い》へ。那裏《なり》か、これ、税闍梨《ぜいじやり》、酒を喫《きつ》する処《ところ》」と。

盃《さかづき》に映《うつ》る真弓《まゆみ》の影《かげ》ならで露《つゆ》の託言《かごと》に酔《ゑ》ひ臥《ふ》すや何《なに》

第十一則　州勘庵主《しゆうかんあんじゆ》

趙州《でうしう》、一庵主《いちあんじゆ》の処《ところ》に至りて、問ふ。「有《あ》りや、有《あ》りや」。主、挙頭《けんとう》を竪起《じゆき》す。州、云《いは》く、「水浅《あさ》くして、船を泊《と》むる処《ところ》にあらず」と。便《すなは》ち、行《ゆ》く。又《また》、一庵主の処《ところ》に至りて、問ふ。「有《あ》りや、有《あ》りや」。主、また、挙頭を竪起す。州、云く、「能縦能奪《のうじゆうのうだつ》、能殺能活《のうせつのうかつ》」と。便《すなは》ち、作礼《さらい》す。

誰《た》が纜《ともづな》を解《と》きし、舟装《ふなよそほ》ひぞ。あふさきるさの浦波《うらなみ》を、此処《ここ》には、浅き瀬《せ》と厭《いと》ひ、彼処《かしこ》には、良《よ》き津《つ》とて、泊《とま》りを定むる。たとひ、一夜《いちや》、風吹《ふ》き去るとも、ただ、蘆花湘水《ろくわしやうすい》の間ならむ。

　渡《わた》つ海《うみ》の底の藻屑《もくづ》を人問《と》はば有《あ》らぬ海松布《みるめ》と指《さ》して答《こた》へよ

或《ある》いは、云く、「人渡《ひとわた》すの便《たよ》り、有《あ》り」と。或いは、云く、「風に任《まか》すの真帆《まほ》ならむ」と。この浦波、十万八千里《じふまんはつせんり》。

第十二則　巌喚主人《がんくわんしゆじん》

瑞巌彦和尚《ずいがんげんをしやう》、毎日、自《みづか》ら、「主人公《しゆじんこう》」と喚《よ》び、復《ま》た、自《みづか》ら、応諾《おうだく》す。乃《すなは》ち、云《いは》く、「惺惺著《せいせいぢやく》」。「諾《だく》」。「他時異日《たじいじつ》、人の瞞《まん》を受くること莫《なか》れ」。「諾《だく》、諾《だく》」。

鏡に映《うつ》る影も、笑《ゑ》みを含まぬにしも有《あ》らず。谷に応《こた》ふる響きも、声無《な》しと言ふべからず。六般《ろくはん》の神用《しんよう》は、空《むな》しからねど、一道《いちだう》の神光《しんくわう》は、目に見るべきものかは。

唐土《もろこし》にも、この国にも、妻《め》の、夫《つま》を恋《こ》ひて、石《いし》と化《な》りし有《あ》り、と聞けば、この主人公《しゆじんこう》は、音《おと》こそ無《な》けれ、香《か》こそ無《な》けれ、内《うち》に凝《こ》らせば、内《うち》に懲《こ》り、外《そと》に凝《こ》らせば、外《そと》に凝《こ》る物《もの》ならむ。雲井《くもゐ》の外《よそ》の月《つき》の国《くに》に、数論《すろん》といふ仙人《せんにん》の、二十五諦《にじふごたい》とやらむの法《ほふ》を、世に残す心の、これも、何時《いつ》しか石と化《な》りて、幾万代《いくよろづよ》を経《へ》ぬるに、陳那菩薩《ぢんなぼさつ》の因明《いんみやう》とやらむに、打ち砕《くだ》かれて、いと猛《たけ》う、泣き叫びしは、如何《いかに》に忠実忠実《まめまめ》しき契《ちぎ》りの、末遂《すゑと》げず成《な》りけむ。

善妙女《ぜんめうによ》の、義湘法師《ぎしやうほふし》の舟を恋《こ》ひて、袂《たもと》を絡《から》げて、海に飛び入《い》り、生きながら龍と成《な》りて、新《しら》羅《ぎ》の国に御法《みのり》を守《まも》り給《たま》ふは、いと艶《えん》なる心の、何《なに》しに、かくまで、尊《たふと》き契《ちぎ》りとは成《な》りし。また、昔、六条《ろくでう》の御息所《みやすどころ》の、賀茂《かも》の物見《ものみ》の折《をり》しも、車《くるま》の榻《しぢ》を折《を》られしより、いみじう妬《ねた》しと思ふ心の、「鬼《おに》」と言ふ物に成《な》り、世を隔《へだ》てても、何某《なにがし》の宮《みや》とや言ふ人の心を乱し、年もまだ盛りの頃《ころ》に、花の袂《たもと》を墨染《すみぞめ》の色に窶《やつ》させ、御仏《みほとけ》の忌《い》むと言ふ事《こと》を受けさせ給《たま》ひし。良《よ》しとや言はむ、悪《あ》しきとや言はむ。よしあしの難波《なには》の事も、この、主人公とやらむ、目も鼻も無《な》き女鬼《めおに》の、成《な》さしむる事《こと》にこそ。

瑞巌《ずいがん》の呼び出《い》だし給《たま》へる、よく答へ給《たま》ひし。誠《まこと》に、惺惺著《せいせいぢやく》。

九《ここの》つの尾《を》も隠《かく》し得《え》ぬ石の上《うへ》に怪《あや》し狐《きつね》の友呼《よ》ばふ声《こゑ》

第十三則　徳山托鉢《とくざんたくはつ》

徳山《とくざん》、一日、托鉢《たくはつ》して堂《だう》に下る。雪峯《せつぽう》に、「この老漢《らうかん》。鐘、未《いま》だ鳴らず。皷《く》、未《いま》だ響かざるに、何《いづ》れの処《ところ》に向かひてか去る」と、問はれて、徳山、便《すなは》ち、方丈《はうぢやう》に回《かへ》る。雪峯、巌頭《がんとう》に挙似《こじ》す。巌頭、云く、「大小《だいせう》の徳山、未《いま》だ『末後《まつご》の句《く》』を会《ゑ》せず」。徳山、これを聞きて、侍者《じしや》をして、巌頭を喚《よ》び来《きた》らしめて、問ひて曰《いは》く、「汝《なんぢ》、老僧《らうそう》を、肯《うけが》はざるな」。巌頭、密《みつ》に、その意を啓《けい》す。徳山、乃《すなは》ち、休《きう》し去る。明日《みやうにち》、陞座《しんぞ》。果《は》たして、尋常《じんじやう》と同じからず。巌頭、僧堂前に至りて、拊掌《ふしやう》、大笑して云く、「且喜《しやき》すらくは、老漢、『末後の句』を会《ゑ》することを得たり。他後《たご》、天下の人、これを奈何《いかん》ともせじ」。

末後《まつご》の句《く》と言ふ事は、物言《ものい》ふ善知識《ぜんちしき》の中《なか》に、ただ、この巌頭師《がんとうし》の伎倆《ぎりやう》なりや。無業和尚《むごふをしやう》の莫妄想《まくまうざう》、臨済宗師《りんざいしゆうし》の喝《かつ》と共《とも》に、その家家《いへいへ》の宝《たから》にて、世に許せる勲《いさをし》なるべし。師なる徳山和尚には、人伝《ひとづて》ならで告げ給《たま》ひけるが、その翌日《つとめて》、僧堂《そうだう》の前《まへ》にて、怪《け》しからぬ喜び、有《あ》りしとなむ。弟なる雪峯禅師には、如何《いか》に慎《つつ》ましう思《おぼ》しけむ。そのかみ、言はざりし事《こと》を、悔《く》い給《たま》ふとかや。

この末後《まつご》の句《く》は、如何《いか》なる言《こと》の葉《は》ならむ。昨日《きのふ》まで、然《さ》も有《あ》らざりしに、今日《けふ》の御法《みのり》の妙《たへ》なる。名《な》も面白《おもしろ》き和歌の浦の満潮《みつしほ》に、蘆辺《あしべ》を指《さ》して鳴き渡る鶴《たづ》の声《こゑ》に、千年《ちとせ》の春の曙《あけぼの》の景色《けしき》を、

眺《なが》め来《こ》し人の言葉《ことば》に色添《そ》ひて共《とも》に千代《ちよ》経《へ》む和歌の浦松《うらまつ》

かく、長閑《のど》けき春と見えしに、ただ三年《みとせ》と言ふに、はかなく成《な》り給《たま》ひしは、如何《いか》に。

第十四則　南泉斬猫《なんせんざんめう》

南泉和尚《なんせんをしやう》、因《ちな》みに、東西の両堂《りやうだう》、猫児《めうじ》を争ふ。南泉、乃《すなは》ち、提起《ていき》して云《いは》く、「大衆《だいしゆ》、道《い》ひ得《え》ば、即《すなは》ち、救《すく》はむ。道《い》ひ得《え》ずば、即《すなは》ち、斬却《ざんきやく》せむ」。衆《しゆ》、対《こたへ》なし。南泉、遂《つひ》に、これを斬《き》る。晩に、趙州《でうしう》、外より帰る。南泉、趙州に挙似《こじ》す。趙州、乃《すなは》ち、履《くつ》を脱《だつ》して頭上《づじやう》に安《あん》じて出《い》づ。南泉、云《いは》く、「子《なんぢ》、若《も》し在《あ》らば、即《すなは》ち、猫児《めうじ》を救ひ得《え》む」。

猫《ねこ》と言ふ物《もの》は、手馴《たな》るる獣《けもの》なり。昔より、高きにも、賤《いや》しきにも、愛《あい》せられて、簾《すだれ》の中《うち》、几《き》帳《ちやう》の下《もと》まで、参上《まうのぼ》り、衣《きぬ》の裾《すそ》に纏《まつ》はれ、寄り伏《ふ》し、睦《むつ》るるにつけて、何時《いつ》しか、己《おの》が賤《いや》しき容貌《かたち》も疎《うと》ましく、猫又《ねこまた》と言ふ物《もの》に成《な》りて、人をも欺《あざむ》かむとするも有《あ》ると、世に言ひ伝へたり。

然《しか》は有《あ》れど、生《い》けるを愛するは、天の道《みち》なり。死を憎むは、物《もの》の情《なさけ》なり。網《あみ》を開きて、鳥を放《はな》ち給《たま》ふは、聖《ひじり》の帝《みかど》の、世を慈《いつく》しむ御心《みこころ》とぞ。鐘《かね》に血塗《ちぬ》る牛を憐《あは》れみ、羊以《ひつじも》て、替《か》へ給《たま》ふは、賢き国の守《かみ》の仁《じん》の術《じゆつ》とかや。

世の中の道さへ、かかる例《ためし》いみじきに、南泉禅師《なんせんぜんじ》、一刀両断《いつたうりやうだん》の消息《せうそこ》は、誰《たれ》を恨むる託言《かごと》ならむ。仏弟子《ぶつでし》の御習《おほんなら》ひは、浄《じやう》を守《まも》ると言ふ事の、いと細《こま》やかなると聞くに、趙州和尚《でうしうをしやう》の沓《くつ》を戴《いただ》きて退《しぞ》き出《い》で給《たま》ふ、如何《いか》なる水に誘《さそ》はれし萍《うきくさ》ならむ。この父有《あ》りて、この子有《あ》り。箕作《みつく》り、箕《み》を教《をし》ゆ。家《いへ》の風《かぜ》、然有《しかあ》る。然《さ》れど、この猫を救ひ得給《えたま》はぬぞ、鼠《ねずみ》や嬉《うれ》しかるらむ。

禅宗《ぜんしゆう》の僧《そう》と言ふ者《もの》、尼《あま》と言ふ者、その道を信じ、尊《たふと》む。居士《こじ》などと言ふ者の、言ひもて行《ゆ》く事を聞く中に、帰宗《きす》の蛇を斬《き》り、蜆子《けんす》の海老《えび》を釣《つ》り、丹霞《たんか》の木仏《きぶつ》を焼き、宗道者《そうだうしや》の袈裟《けさ》に草鞋《わらぢ》を包むと宣《のたま》ひし事《こと》など、耳を驚かす事《こと》の、いと多くなむ。皆、如何《いか》なる事《こと》にや有《あ》らむ。

「これらは皆、末《すゑ》の世に成《な》りて、言ひ流行《はや》らせし事《こと》か」と問へば、教者《けうしや》と言ふ者、律者《りつしや》と言ふ者、或《ある》いは言ふ、「仏在世《ぶつざいせ》、跋難陀釈子《ばつなんだしやくし》、烏《からす》を憎み給《たま》ふ。ある時、弓箭《きゆうせん》を携《たづさ》へて、祇園精舎《ぎをんしやうじや》の法堂《はつたう》の前に立つ。居士《こじ》、来《きた》り、問ひて云く、『尊者《そんじや》、何《なに》の法用《ほふよう》ぞ』。跋難陀《ばつなんだ》、仰《あふ》ぎ射《い》て、烏《からす》、一双《いつさう》を射《い》落《お》とす。居士、再び問ふ、『尊者、戒法《かいほふ》を破るや』。跋難陀、云く、『この肉舎利《にくしやり》、汝《なんぢ》に付《ふ》して、供養《くやう》せしむ』。また、一時《あるとき》、六群比丘《ろくぐんびく》、外国より還《かへ》り来《きた》りて、祇園《ぎをん》の門に入《い》る。諸諸《もろもろ》の比丘《びく》、これを迎へて、告げて云く、『大徳《だいとく》、薄福《はくふく》なり。未曾有《みぞう》の事を見ず』。六群《ろくぐん》、云く、『何等《なにら》か、これ、未曾有《みぞう》の事』。比丘、云く、『前日、舎利弗尊者《しやりほつそんじや》、諸諸《もろもろ》の外道《げだう》を降伏《がうぶく》せり。数百千の人、同時に発《ほつ》心出家《しんしゆつけ》す』。六群、云く、『尊者は、これ、第一の法将《ほふしやう》。その外道《げだう》を降伏《がうぶく》する、尋常《じんじやう》の事なり。我ら、外国に在《あ》りて、身業説法《しんごふせつぽふ》して外道を降伏する、同時六十人なり』。比丘、云く、『如何《いか》なるか、これ、身業説法』。六群、云く、『棒下《ばうか》の法眼《ほふげん》、彼《かれ》が死活《しくわつ》を知らず。げに、手に任《まか》せて拈《ねん》じ来《き》て、模《も》より脱出《だつしゆつ》す。銕餕餡《てつしゆんたう》』。

年《とし》のうちに春は来《き》にけり一年《ひととせ》を去年《こぞ》とや言はむ今年《ことし》とや言はむ

六条院《ろくでうゐん》にて、この唐猫《からねこ》に付《つ》けし緒《を》の、簾《すだれ》の端《つま》を引き開《ひら》きしに、柏木《かしはぎ》の衛門督《ゑもんのかみ》、有《あ》られぬ物思《ものおも》ひ付《つ》きて、果《は》て果《は》ては、身を空《むな》しく成《な》し給《たま》ふは、そのかみの刀、鈍《にぶ》かりきや。また、さすがに、出家《しゆつけ》の御手《おほんて》にて、常々《つねづね》、馴《な》れ給はぬに、斬《き》り損《そこ》なひ給《たま》ふにや有《あ》らん。

第十五則　洞山三頓《とうざんさんとん》

雲門《うんもん》、因《ちな》みに、洞山参《とうざんさん》ずる次《つい》で、雲門、問ひて曰《いは》く、「近離《きんり》、甚《いづれ》の処《ところ》ぞ」。洞山、云く、「査渡《さど》」。雲門、曰く、「夏《げ》、甚《いづれ》の処《ところ》にか在《あ》る」。洞山、云く、「湖南報慈《こなんほうず》」。雲門、曰く、「幾時《いくとき》か、彼《かしこ》を離る」。

洞山、云く、「八月二十五」。雲門、曰く、「汝《なんぢ》に放《はう》ず、三頓《さんとん》の棒《ぼう》」。洞山、明日《みやうにち》に至りて、却《かへ》り上《のぼ》りて、問訊《もんじん》す。「昨日、和尚《をしやう》に、三頓の棒を放《はう》ずることを蒙《かうぶ》る。知らず。過《とが》、甚麼《いづれ》の処《ところ》にか在《あ》る」。雲門、云く、「飯袋子《はんたいす》。江西《かうせい》、湖南《こなん》、便《すなは》ち、恁麼《いんも》に去るか」。洞山、此《ここ》に於《お》いて大悟《たいご》す。

浦伝《うらづた》ふ、棚無《たなな》し小舟《をぶね》の、此処《ここ》ぞ泊《とま》りと頼《たの》み来《こ》しに、かく激しき山颪《やまおろし》に吹き惑《まど》はされ、楫枕《かぢまくら》も定《さだ》かならで、一夜《ひとよ》を明《あ》かし兼《か》ねて、涙の海の千尋《ちひろ》の底に、身を沈《しづ》め給《たま》ふ。明《あ》け離《はな》れて、猶凝《なほこ》りずまの恨《うら》みに、海人《あま》の栲縄《たくなは》、繰《く》り返《かへ》し、共《とも》に尽《つ》きせぬ契《ちぎ》りと成《な》りしは、初《はじ》めより、つれなき心には有《あ》らざりけるとなむ。

思ひ侘《わ》び濡《ぬ》るる袂《たもと》をそれかとも問《と》はぬぞ辛《つら》き夕暮《ゆふぐ》れの空
夕暮《ゆふぐ》れは何《いづ》れの色のながめぞと問《と》はでぞ濡《ぬ》るる袖を知りきや

第十六則　鐘声七条《しようせいしちでう》

雲門《うんもん》、曰《いは》く、「世界、恁麼《いんも》に広闊《くわうくわつ》たり。甚《なん》に因《よ》りてか、鐘声裏《しようせいり》に向《む》かひて、七条《しちでう》を披《き》る」。

火《ひ》を、炎上《えんじやう》と言ひ、水《みづ》を、潤下《じゆんか》と名付《なづ》く。獣《けもの》は、空を翔《かけ》らず。魚《うを》は、陸《をか》を行《ゆ》かず。ここに、鳰《にほ》と言ふ鳥《とり》、有《あ》り。水に、いと安《やす》らかに入《い》り、巣《す》をも食《く》ふと言ふ。

衲僧家《なふそうけ》は、声《こゑ》に騎《うまのり》し、色《いろ》を蓋《きぬがさ》にし、頭頭上《づづじやう》に明《めい》に、着着上《ぢやくぢやくじやう》に妙《めう》なるとかや。しかも、かくの如《ごと》くなりと雖《いへど》も、声、耳の辺《ほと》りに来《く》るか。耳、声の辺《ほと》りに行くか。

影流《かげなが》る鈴鹿河原《すずかがはら》の秋の月振《ふ》り捨て難《がた》き眺《なが》めなりけり

第十七則　国師三喚《こくしさんくわん》

国師《こくし》、三《み》たび、侍者《じしや》を喚《よ》ぶ。侍者、三《み》たび、応《こた》ふ。国師、云く、「将《まさ》に謂《おも》へり、吾《われ》、汝《なんぢ》に辜負《こふ》すと。元来《ぐわんらい》、却《かへ》りて、是《これ》、汝《なんぢ》、吾《われ》に辜負《こふ》す」。

南陽忠国師《なんやうちゆうこくし》、人も通《かよ》はぬ山の中《なか》に、懶山禅師《らんざんぜんじ》と共《とも》に、世を遁《のが》れ居給《ゐたま》ふ時、降《ふ》り敷《し》く木《こ》の葉《は》を集めて敷物《しきもの》と成《な》し、寒さを凌《しの》ぎ給《たま》へば、懶山禅師、これを見て、「君はまだ、我《わ》が身世《みよ》に降《ふ》るながめの、尽《つ》きせざりける」と。

されぱこそ、鳥《とり》の音《ね》も聞こえぬ住家《すみか》と、自《みづか》ら思ひ上《あ》がり給《たま》ふに、世《よ》の憂《う》き事《こと》の訪《た》ね来《き》て、九重《ここのへ》の春の気色《けしき》を、三十三天《さんじふさんてん》の目移《めうつ》しならずも、見過《みす》ぐし給《たま》ふとかや。三度《みたび》、呼び、三度《みたび》、答へ給《たま》ふは、げに、親《おや》に背《そむ》ける子《こ》にもや有《あ》る。また、怪《け》しからぬ親の心にや。

山深《ふか》みいとど哀《あは》れを添《そ》へよとや柴《しば》の戸《と》近き小牡鹿《さをしか》の声《こゑ》

第十八則　洞山三斤《とうざんさんきん》

洞山和尚《とうざんをしやう》、因《ちな》みに、僧、問ふ、「如何《いか》なるか、是《これ》、仏」。洞山、云く、「麻三斤《まさんきん》」。

前三三《ぜんさんさん》、後三三《ごさんさん》。

隅田川《すみだがは》は東路《あづまぢ》なれど、都鳥《みやこどり》の名《な》も懐《なつ》かしう、道薀《だううん》・太真《たいしん》と聞けば、法気《ほふけ》めきたれど、艶《えん》なる人々《ひとびと》の名ぞ、と聞く。猪《ゐのしし》は、山に棲《す》む獣《けもの》の中《なか》にも、いと猛《たけ》う、恐《おそ》ろしき物《もの》とは聞けど、「伏《ふ》す猪《ゐ》の床《とこ》」と言へば、和歌の詠《なが》めとも成《な》りぬ。
女郎花《をみなへし》は、名こそ徒《あだ》なれ、高野《かうや》の山《やま》に登《のぼ》りて、五仏《ごぶつ》の御前《みまへ》近く、

差し向《む》かふ花や知るらむ目離《めか》れせず色香《いろか》に愛《め》でし人の心を
山桜《やまざくら》外《よそ》に漏《も》らさぬ色と香《か》の主《あるじ》や八重《やへ》の霞《かすみ》ならまし

或《ある》いは、云く、「呼べば、答ふる。寒ければ、衣を着る。今日の作用《さよう》、その儘《まま》に是《ぜ》」と。或いは、云く、「大死一番《だいしいちばん》、活《くわっ》し来《きた》りて、大自在《だいじざい》を得《う》る」と。或いは、云く、「活《くわっ》し来《きた》れば、二におち、三におつ。大死底《だいしてい》を取りも直《なほ》さず、蓋天蓋地《がいてんがいち》」と。或いは、云く、「天外《てんぐわい》に出頭《しゆっとう》し、看《み》よ」と。或いは、云く、「喫茶去《きっさこ》」。
或る人は、両袖《りやうそで》をあげて舞《ま》ふ。冷地《れいち》に看来《みきた》れば、由無《よしな》き物狂《ものぐる》ひぞかし。

門《かど》の外《と》に敲《たた》く水鶏《くひな》も音《おと》絶えて日《ひ》も夕暮《ゆふぐ》れの軒《のき》の糸水《いとみづ》

下巻

第十九則　平常是道《びやうじやうぜだう》

南泉《なんせん》、因《ちな》みに、趙州《でうしう》、問ふ、「如何《いか》なるか、是《これ》、道《だう》」。泉、云く、「平常心《びやうじやうしん》、是《これ》、道《だう》」。州、云く、「還《かへ》りて、趣向《しゆかう》すべきや、否《いな》や」。泉、云く、「向かはむと擬《ぎ》すれば、即ち、乖《そむ》く」。州、云く、「擬《ぎ》せずんば、争《いか》でか、是《これ》、道《だう》なることを知らむ」。泉、云く、「道、知《ち》にも属せず、不知《ふち》にも属せず。知は、是《これ》、妄覚《まうかく》、不知は、是《これ》、無記。若《も》し、真に、不疑《ふぎ》の道に達せば、猶《なほ》、大虚《たいきよ》の廓然《くわくねん》として、洞豁《とうくわつ》なるが如《ごと》し。豈《あ》に、強《し》ひて、是非《ぜひ》すべけんや」。州、言下《ごんか》に於《お》いて、頓悟《とんご》す。

平常《びやうじやう》は、心無《こころな》し。心無《こころな》ければ、法《のり》も無《な》し。道《みち》の道《みち》とすべきは、常《つね》の道《みち》にしも有《あ》らず。求むれば、転《うた》た違《たが》ひ、求めざれば、目前《もくぜん》に有《あ》り。

「春立《た》つ」と告《つ》ぐるには、早《はや》、妻戸《つまど》を押《お》し開《ひら》きて、霞《かす》みも敢《あ》へぬ山《やま》の端《は》を、眺《なが》め出《い》でられ、「秋来《き》ぬ」と聞けば、風の音《おと》も、物寂《ものさび》しう、打《う》ち驚《おどろ》かれて、草葉《くさば》にあらぬ閨《ねや》の内《うち》も、いとど露置《お》き添《そ》ふる心地《ここち》なむ、する。

星合《ほしあひ》の空《そら》の気色《けしき》には、昔、筏《いかだ》に乗る人の趣《おもむ》きも羨《うらや》ましく、「天《あま》の川原《かはら》に我《われ》は来《き》にけり」と言ふ言《こと》の葉《は》も、「交野《かたの》の御狩《みかり》狩《か》り暮《く》らし返《かへ》り水無瀬《みなせ》の山《やま》の端《は》」と言ふも、思《おも》ひ比《よそ》へられ、秋も最中《もなか》の月の気色《けしき》には、姨捨山《をばすてやま》をも、明石《あかし》の浦《うら》をも、見ぬ唐土《もろこし》の洞庭《どうてい》の湖《みづうみ》も、詩客《しかく》・歌人《かじん》の興《きよう》に入《い》り来《きた》り、籬《まがき》の菊《きく》の、初霜《はつしも》に惑《まど》へる色の艶《あで》やかなる。末枯《うらが》るる草葉《くさば》の下《もと》に、虫の音《ね》の弱《よわ》り果《は》てたる。

早《はや》、冴《さ》え渡《わた》る冬の気色《けしき》、枕に響く砧《きぬた》の声《こゑ》には、旅の空《そら》を推《お》し量《はか》り、やがて寝覚《ねざめ》がちなる床《とこ》の寒さも、思ひやられて、何《なに》となく袖を濡らす便《たよ》りとなる。訪《とぶら》ふ人も無《な》き燈火《ともしび》の下《もと》に、千里《ちさと》の外《ほか》をも、千年《ちとせ》の昔の事《こと》をも、かくぞと聞くに、何とやら思ひ比《よそ》へらるる節《ふし》も有《あ》り。

げに、外なる物《もの》に使はれ、来《きた》れる縁《えん》に随《したが》ひて、誰《た》れ主《あるじ》と言ふ事だに無《な》く、念念《ねんねん》に滅《めつ》し、新新《しんしん》に生《しやう》じ、はかなき夢路《ゆめぢ》にも自《みづか》ら誇《ほこ》り、他を嫉《そね》む事を忘れやらぬは、我《われ》ながら、如何《いか》なる心にや有《あ》らむ。

色深き深山《みやま》の紅葉《もみぢ》見ても知れ分《わ》きて時雨《しぐれ》の袖濡らす頃《ころ》

第二十則　大力量人《だいりきりやうにん》

松源和尚《しようげんをしやう》、云く、「大力量《だいりきりやう》の人《ひと》、甚《なん》に因《よ》りてか、脚《あし》を擡《もた》げ起《お》こさざる」。又、云く、「口を開くこと、舌頭上《ぜつとうじやう》に在《あ》らざる」。

この大力量人《だいりきりやうにん》は、身《み》の丈《たけ》、八尺《はつしやく》、腰《こし》の回《まは》り、十囲《とをかかへ》、眉《まゆ》の間《あひだ》、一尺。怒《いか》れば、髪《かみ》、冠《かんむり》を衝《つ》き、叱咤《しつた》の声《こゑ》、万人《ばんにん》、色を失《うしな》ふ。攻《せ》むれば、必ず取り、戦《たたか》へば必ず勝つ。力《ちから》、山を抜《ぬ》き、気、世《よ》を蓋《おほ》ふ、とかや。

或《ある》いは、云く、「それは、血気《けつき》の勇《ゆう》、匹夫《ひつぷ》の力なり。真《まこと》の大人《たいじん》は、然《さ》には有《あ》らじ。温良恭倹《をんりやうきようけん》譲《じやう》、声《こゑ》は律《りつ》に適《かな》ひ、身《み》は度《ど》に当たる。言葉を吐《は》けば経《きやう》と成《な》り、足を上《あ》ぐれば法《はふ》と成《な》る」と。これぞ、世《よ》の大人なるべし。

或いは、云く、「然《さ》れど、その備《そな》へ、少なし。世に所謂《いはゆる》『賢人《けんじん》・君子《くんし》』なれど、無常変壊《むじやうへんゑ》の身《み》にして、遂《つひ》に枯骨《ここつ》と成《な》りける。その言ひ置きし言教《ごんけう》は、皆、糟粕《さうはく》にして、真《まこと》を伝《つた》ふべきならず。自在天《じざいてん》、有《あ》り。日《にち》・月《ぐわち》は、両《りやう》の眼なり。草木は、髪毛なり。風は、息なり。衆生《しゆじやう》は、かの腹中《ふくちゆう》の虫なり。その姿、常なり。遍《へん》せり。よく一切《いつさい》を生《しやう》ず。その意に適《かな》ふ人々は、かの天《てん》に生《しやう》じて、常に安楽《あんらく》を受け、背《そむ》く者《もの》は沈淪《ちんりん》して、種種の苦悩《くなう》有《あ》り」と。

或いは、云く、「それも、真《まこと》には有《あ》らじ。既に、憎愛《ぞうあい》、有《あ》れば、貪欲《とんよく》と瞋恚《しんい》と凡徳の集まれる姿なり。この大力量《だいりきりやう》の人《ひと》は、来《きた》りし道も無《な》く、去《さ》る方《かた》も有《あ》らじ。無相《むさう》に即《そく》して相《さう》なれば、微妙《みめう》常法身《じやうほつしん》、三十二相《さんじふにさう》、八十随形好《はちじふずいぎやうがう》の具《そな》うたる。相《さう》に即《そく》して無相《むさう》なれば、白毫相《びやくがうさう》も無見頂相《むけんちやうさう》も、その辺際《へんさい》を得《う》べからず」と。

或いは、云く、「これもまた、夢幻《ゆめまぼろし》の影《かげ》を弄《もてあそ》ぶ如《ごと》にや有《あ》らむ」。

かく、人々の言ふを聞くに、垣間見《かいまみ》もせぬ前《さき》は、何処《いづく》を何《いづ》れと思ひ定《さだ》むべきならじ。この中《なか》に、足を擡《もた》げたらぬとは、いとおほどかに、艶《なま》めきて、羅綺《きら》にも耐《た》へぬ粧《よそほ》ひぞかし。舌《した》も有《あ》らぬ口を開《ひら》きなば、げに、思ひ深見草《ふかみぐさ》、「解語《かいご》の花《はな》」とや。また、磐手《いはて》の森《もり》に、何時《いつ》しか生《お》ひし山吹《やまぶき》とや。何《いづ》ら。

夕《ゆふ》されば誰松虫《たれまつむし》に思ひ出《い》づる音《ね》をのみ泣きし妹《いも》が面影《おもかげ》

第二十一則　雲門屎橛《うんもんしけつ》

雲門《うんもん》、因《ちな》みに、僧、問ふ。「如何《いか》なるか、是《これ》、仏」。門、云く、「乾屎橛《かんしけつ》」。

白《しろ》うるり。黒《くろ》うるり。明石《あかし》の浦《うら》に、月影《つきかげ》、な見《み》そ。

嬉《うれ》しさを何《なに》に包《つつ》まむ唐衣《からころも》 袂《たもと》豊《ゆた》かに裁《た》てと言《い》はましを

第二十二則　迦葉刹竿《かせふせつかん》

迦葉《かせふ》、因《ちな》みに、阿難《あなん》、問ひて云《いは》く、「世尊《せそん》、金襴《きんらん》の袈裟《けさ》を伝《つた》ふる外《ほか》、別に何物《なにもの》をか伝《つた》ふ」。葉《せふ》、喚《よ》びて曰く、「阿難」。難《なん》、応諾《おうだく》す。葉、云く、「門前《もんぜん》の刹竿《せつかん》を、倒却著《たうきやくぢやく》せよ」。

兄《けい》たり難《がた》く、弟《てい》たり難《がた》し。答へは、問ふ所《ところ》に従ひて、高く問へば、答へを得て、深し。

昔、唐国《からくに》にて、囲炉裡《ゐろり》に、焚《た》き止《さ》したる桐《きり》の木も、蔡邕《さいよう》が手を得《え》ては、妙《たへ》なる音《おと》を出《い》だし、近《ちか》頃《ごろ》も、錆《さ》びたる鈍鉄条《どんてつぜう》を高麗人《こまうど》の見て、価《あたひ》を増《ま》し、買《か》ひ帰《かへ》りしと聞く。

山《やま》の端《は》を洗《あら》ひ洗《あら》ひて見るうちに過《す》ぎ行《ゆ》き難《がて》の夕立《ゆふだち》の空《そら》

金縷《きんる》の僧伽梨《そうぎやり》、迦維羅衛宮《かゐらゑぐう》、大愛道《だいあいだう》、右《みぎ》の御手《みて》より出《い》でて、鶏足山《けいそくざん》の峰《みね》、迦葉尊者《かせふそんじや》の御頂《おほんいただき》に隠れ、朝《あした》には雲と成《な》り、夕《ゆふ》べには雨と成《な》る。

第二十三則　不思善悪《ふしぜんあく》

六祖《ろくそ》、因みに、明上座《みやうじやうざ》、趁《お》ひて、大庾嶺《たいゆれい》に至る。祖《そ》、明《みやう》の至るを見て、即《すなは》ち、衣鉢《えはつ》を石上《せきじやう》に擲《なげう》ちて、云く、「此《こ》の衣《え》は、信を表《あらは》す。力《ちから》もて、争ふべけむや。君《きみ》が将《も》ち去るに任《まか》す」。明、遂《つひ》に、之《これ》を挙《あ》ぐるに、山の如《ごと》くにして、動ぜず。踟蹰悚慄《ちちゆうそくりつ》す。明、曰く、「我《われ》、来《きた》りて、法を求む。衣《え》の為《ため》にするにあらず。願はくは、行者《あんじや》、開示し給《たま》へ」。祖、云く、「不思善《ふしぜん》・不思悪《ふしあく》、正与麼《しやうよも》の時、那箇《なこ》か、是《これ》、明上座が本来《ほんらい》の面目《めんもく》」。

明、当下《たうか》に、大悟す。遍体《へんたい》、汗《あせ》流る。泣涙《きふるい》作礼《さらい》して、問ひて曰く、「上来《じやうらい》の密語・密意の外《ほか》、還《かへ》りて、更《さら》に、意旨《いし》有《あ》りや、否《いな》や」。祖、曰く、「我、今、汝《なんぢ》が為《ため》に説くは、即ち、密《みつ》にあらず。汝、若《も》し、自己の面目を返照《へんせう》せば、密は、却《かへ》りて、汝が辺《へん》に在《あ》らむ」。明、云く、「某甲《それがし》、唯《ただ》、黄《わう》梅《ばい》に在《あ》りて、衆に随ふと雖《いへど》も、実に、未《いま》だ、自己の面目を省《せい》せず。今、入処《につしよ》を指授《しじゆ》することを蒙《かうむ》りて、人の水を飲みて、冷暖《れいだん》を自知《じち》するが如《ごと》し。今、行者《あんじゃ》は、即ち、某甲《それがし》が師なり」。祖、云く、「汝、若《も》し、是《か》くの如《ごと》くならば、則ち、我と汝と、同じく、黄梅を師とせむ。善《よ》く、自《みづか》ら護持《ごぢ》せよ」。

堯《げう》の子《こ》の、堯《げう》ならぬ例《ためし》は、世に有《あ》る事《こと》なれど、七百の、いとも賢《かしこ》き人々の中に、神秀禅師《じんしうぜんじ》とやらむ、その容貌《かたち》より心まで、いみじう尊《たふと》かりける。誰《たれ》も誰《たれ》も、黄梅《わうばい》の跡《あと》を継《つ》ぎ給《たま》へるは、外《ほか》ならじと頼《たの》みしに、怪《け》しかる山賤《やまがつ》の、御法《みのり》の証《しるし》、取り去りしは、賢き人々の心にも、気疎《けうと》く、むくつけに思《おぼ》しけむも、理《ことわり》ぞかし。

その中に、明上座《みやうじやうざ》と言ふ、いと猛《たけ》う、心早《こころはや》りかなるが、人より先《さき》に見初《みそ》め給《たま》ひしは、いかに契《ちぎ》りし縁《えにし》ならむ。不思善悪《ふしぜんあく》の答《いら》へに、己《おの》が心を遍照《へんぜう》して、

面目《めんもく》は長し短《みじか》し色白《いろしろ》しそよや何《いづ》れと人の問《と》ふまで

第二十四則　離却語言《りきやくごごん》

風穴和尚《ふけつをしやう》、因《ちな》みに、僧、問ふ。「語黙《ごもく》は、離微《りび》に渉《わた》る。如何《いか》にせば、通じて不犯《ふぼん》なる」。穴《けつ》、云

く、「長《とこ》しなへに憶《おも》ふ、江南《かうなん》、三月の裏《うち》、鷓鴣《しやこ》啼《な》く処《ところ》、百花《ひやくか》、香《かんば》し」。

「天《てん》、何《なに》をか言《い》ふや。四時《しじ》行《おこな》はれ、百物《ひやくぶつ》、成《な》る」と聞けば、言《い》はで思ふぞ、言《い》ふに増《ま》さりやする。終日《ひねもす》、食《しよく》せず、竟夜《よすがら》、寝《い》ねずしても、益無《やくな》しとならば、思ふも甲斐《かひ》有《あ》るまじや。昔より、文字《もんじ》の法師《ほふし》、闇證《あんしよう》の禅師《ぜんじ》の間に、是非《ぜひ》し給《たま》ふ事《こと》の有《あ》ると聞けば、誠《まこと》の道は、いと分《わ》き難《がた》き事《こと》か。

滅尽定《めつじんぢやう》の中《なか》の威儀《ゐぎ》は、世に見る者《もの》や有《あ》る。刹説《せつせつ》・衆生説《しゆじやうせつ》の法門《ほふもん》は、聞き得《う》る底《てい》の人もがな。

かの江南《かうなん》の春の曙《あけぼの》、海棠《かいだう》の眠《ねぶ》りの、まだ覚《さ》めやらぬに、梅《うめ》が香《か》は誰《た》が袖触《そでふ》れし名残《なごり》やと、いと懐《なつ》かしう。揚子江《やうすかう》の汀《みぎは》に、萍《うきくさ》の髪洗《かみあら》ふぞ、水増《みづま》さる便《たよ》りになむ。柳塘《りうたう》の柳《やなぎ》は、霞《かすみ》の隙《ひま》に眉《まゆ》を描《ゑが》ける。

そのかみ、煬帝《やうだい》の御時《おほんとき》、行幸《みゆき》を待《ま》ちし人々をも、哀《あは》れと思《おも》ほえて、

　行《ゆ》く舟も揺蕩《たゆた》ふ岸《きし》の添柳《そひやなぎ》緑の糸や影留《かげとど》むらむ　智月女

第二十五則　三座説法《さんぞせつぽふ》

仰山和尚《ぎやうざんをしやう》、夢に、弥勒《みろく》の所に往《ゆ》いて、第三座《だいさんぞ》に安《あん》ぜらるるを見る。一尊者《いちそんじや》、有《あ》り。白槌《びやくつい》して、

云く、「今日、第三座の説法に当たる」。山、乃《すなは》ち、起《た》ちて、白槌して云く、「摩訶衍《まかえん》の法《ほふ》は、四《し》句《く》を離れ、百非《ひやつぴ》を絶《ぜつ》す。諦聴《たいちやう》。諦聴」。

人間世界《にんげんせかい》より仰《あふ》ぎ見上《みあ》ぐる、日《にち》・月輪《ぐわちりん》の行度《ぎやうど》近き所《ところ》に、四王天《しわうてん》、有《あ》り。この四王天《しわうてん》を過《す》ぎて、忉利天《たうりてん》、有《あ》り。忉利天《たうりてん》を過ぎて、夜摩天《やまてん》、有《あ》り。夜摩天《やまてん》を過ぎて、兜率天《とそつてん》、有《あ》り。この所に、弥《み》勒大士《ろくだいし》、在《まし》ますとなむ。かく、遙《はる》けき雲井《くもゐ》の外《ほか》の外《ほか》まで、攀《よ》ぢ上《のぼ》りに上《のぼ》り給《たま》ふ。如何《いか》に、夢路《ゆめぢ》たどたどしう。

盧生《ろせい》が五十年《ごじふねん》の栄衰《えいすい》も、淳于棼《じゆんうふん》が南柯郡《なんかぐん》の守《まも》りも、なかなか、比《たぐ》ふべきならず。この時、松風《まつかぜ》の枕に通《かよ》ふ無《な》くば、如何《いか》ばかり、寝穢《いぎたな》う、乱《みだ》りがはしう、疎《うと》ましき鼾《いびき》さへ添《そ》ひなむ。

説法《せつぽふ》はそれか有《あ》らぬか年経《としふ》れどまだ覚《さ》めやらぬ夢の小夜中《さよなか》
はかなくも夢路《ゆめぢ》に結《むす》ぶ草枕《くさまくら》天《あま》つ空《そら》なる心のみして

第二十六則　二僧巻簾《にそうけんれん》

清涼《しやうりやう》の大法眼《だいほふげん》、因みに、僧、斎前《さいぜん》に上参《じやうさん》す。眼《げん》、手を以《もつ》て、簾《すだれ》を指《さ》す。時に、二僧有《あ》り。同じく去りて、簾を巻《ま》く。眼、云く、「一得一失《いつとくいつしつ》」。

天は高く、地は低《ひき》し。竹は直《なほ》く、棘《いばら》は曲《ま》がれり。孔雀《くじやく》は、雷《かみなり》を聞きて舞《ま》ひ、兎《うさぎ》は、月を見て孕《はら》む。龍《りゆう》、吟《ぎん》ずれば、雲、起《お》こり、虎《とら》、嘯《うそぶ》けば、風、生《しやう》ず。

智有《あ》る人は、智に迷ひ、才《ざえ》有《あ》る人は、才《ざえ》に誤《あやま》る。さらに、得失裡《とくしつり》に活計《くわつけい》する人も、有《あ》り。無得《むとく》失《しつ》の所に、慶快《けいくわい》する人も有《あ》るとぞ。

巻《ま》き上《あ》ぐる小簾《こす》や千里《ちさと》の春ならむ流れの緑《みどり》山の紅《くれなゐ》

薄《うす》く濃《こ》き色に分《わ》かれて春霞立ち隔てたる遠近《をちこち》の山

第二十七則　不是心仏《ふぜしんぶつ》

南泉和尚《なんせんをしやう》、因みに、僧、問ひて、云く、「還《かへ》りて、人の与《ため》に説かざる底《てい》の法《ほふ》、有《あ》りや」。泉《せん》、云く、「有《あ》り」。僧、云く、「如何《いか》なるか、是《これ》、人の与《ため》に説かざる底の法」。泉、云く、「不是心《ふぜしん》、不《ふ》是仏《ぜぶつ》、不是物《ふぜもつ》」。

不是心《ふぜしん》、不是仏《ふぜぶつ》、即心即仏《そくしんそくぶつ》、非心非仏《ひしんひぶつ》、即俗而真《そくぞくにしん》、真妄不二《しんまうふに》、不二摩訶衍《ふにまかえん》とやらむは、尊《たふと》き聖《ひじり》に問《と》へ。

裁《た》ち縫《ぬ》はぬ衣着《きぬき》る人も無《な》きものを何山姫《なにやまひめ》の布晒《ぬのさら》すらむ

再び、云く、不是物《ふぜもつ》。

我妹子《わぎもこ》を我《われ》待ち居《を》れば我《わ》が宿《やど》の簾《すだれ》動かし秋の風吹《ふ》く

第二十八則　久嚮龍潭《きうきやうりようたん》

龍潭《りようたん》、因みに、徳山請益《とくざんしんえき》して、夜《よる》に抵《いた》る。潭、云く、「夜《よ》、深《ふ》けぬ。子《なんぢ》、何《なん》ぞ、下《くだ》り去らざる」。山、遂に、珍重《ちんちよう》して、簾《すだれ》を掲《かか》げて出《い》づ。外面《げめん》の黒きを見て、却回《きやうい》して云く、「外面《げめん》、黒し」。潭、乃《すなは》ち、紙燭《しそく》を点《てん》じて、度与《どよ》す。山、接《せつ》せむと擬《ぎ》す。潭、便《すなは》ち、吹滅《すいめつ》す。山、此《ここ》に於《お》いて、忽然《こつねん》として、省有《せいあ》り。便《すなは》ち、作礼《さらい》す。潭、云く、「子《なんぢ》、箇《こ》の甚麼《なん》の道理《だうり》をか見る」。山、云く、「某甲《それがし》、今日より、去りて、天下の老和尚の舌頭《ぜつとう》を疑はず」。

明日《みやうにち》に至りて、龍潭、陞堂《しんだう》して、云く、「もし、箇《こ》の漢有《あ》り、牙《げ》は劔樹《けんじゆ》の如《ごと》く、口は血盆《けつぼん》に似て、一棒に打てども頭を回《めぐ》らさざれば、他時異日《たじいじつ》、孤峯頂上《こほうちやうじやう》に向かひて、君が道《だう》を立《りつ》すること在《あ》らむ」。山、遂に、疏抄《そせう》を取りて、法堂《はつたう》の前に於《お》いて、一炬火《いちこくわ》を将《も》ちて、提起《ていき》して云く、「諸《もろもろ》の玄弁《げんべん》を窮《きは》むるも、一毫《いちがう》を大虚《たいきよ》に致《お》くが若《ごと》く、世の枢機《すうき》を竭《つ》くすも、一滴を巨壑《こがく》に投《とう》ずるに似たり」。疏《そ》抄《せう》を将《も》ちて、便《すなは》ち焼く。是《ここ》に於いて、礼辞《らいじ》す。

西蜀《せいしよく》は、唐土《もろこし》にも、鄙《ひな》の住家《すみか》なれど、いと興有《きようあ》る事《こと》の多かりけるとなむ。錦江《きんかう》の水《みづ》は、我が国《くに》の龍田川《たつたがは》の流れの裾《すそ》にや有《あ》らむ。峨眉山《がびさん》の片輪《かたわ》の月《つき》は、姨捨山《をばすてやま》の心慰《こころなぐさ》め難《がた》き影《かげ》を、分《わ》かちやはする。五月の軒《のき》の、いと、しめやかなる夜《よ》、燈火《ともしび》も暗《くら》う、夢も結《むす》ばぬ転寝《うたたね》に、一声《ひとこゑ》訪《おとづ》るる郭公《ほととぎす》も、かの望帝《ばうてい》の御霊《みたま》とかや。

「鳳《ほう》の、四海《しかい》に遊ぶ」と言ふ琴《こと》の音《ね》に、耳留《と》まりて、卓文君《たくぶんくん》の誘《いざな》はれ給《たま》へる。『白頭《はくとう》の吟《ぎん》』は、如何《いか》に情《なさ》け情《なさ》けしうや。相如《しやうじよ》の秋の空《そら》なる心を、常盤《ときは》の松の緑に取り返《かへ》し給へる。邛竹《きようちく》の杖《つゑ》、枸《く》杞《こ》の醤《ひしほ》は、遂《つひ》に、西域に道を通《かよ》はす媒《なかだち》と成《な》り、芋頭《いもがしら》と、銅《あかがね》の洞《ほら》は、寡婦清《くわふせい》・卓王孫《たくわうそん》が、富《と》み栄《さか》ふる基《もとゐ》と成《な》る。

かの山深《やまふか》み、谷巡《めぐ》れる里には、馴《な》れ合ふべう事《こと》とも思《おも》ほえずなむ。周金剛《しうこんがう》の名さへ、事々《ことごと》しう言ひ慣《なら》はしたるに、南の方《かた》に、魔師《まし》の禅《ぜん》とやらむ、「是心是仏《ぜしんぜぶつ》、外《ほか》に求むまじ」と説《と》き教《をし》ゆと、伝へ聞き給《たま》ひて、憤《いきどほ》りの心、出《い》で来《き》て、自《みづか》ら謂《おも》へらく、「大因大果《だいいんだいくわ》を感ずる理《ことわり》、声聞《しやうもん》の果《くわ》すら、三生六十劫《さんしやうろくじつこふ》の久《ひさ》しきを経《ふ》べし。況《いは》んや、この一大事因縁《いちだいじいんえん》をや。いと易《やす》からぬ事《こと》を、かく難《かた》からぬ様《やう》に心得違《こころえたが》へるは、世に物知《ものし》る人こそ無《な》けれ。この良《よ》からぬ法を戒《いまし》めて、誠《まこと》の道を教《をし》へむ」とて、棟《むね》に充《み》つるばかりの御法《みのり》の文《ふみ》を、牛《うし》も汗《あせ》するばかり、車に積《つ》み、もて出《い》で行《ゆ》きて、剱閣《けんかく》の険《さが》しきをも、梯《かけはし》の危《あや》ふきをも、立《た》ち煩《わづら》ひ給《たま》ふ事無《ことな》く、名さへ万里《ばんり》の橋《はし》の面《おも》に、千里《せんり》をも遠《とほ》しとせぬ志《こころざし》こそ、いと猛《たけ》う、尊《たふと》きや。

行《ゆ》き行《ゆ》きて、澧州路上《れいしうろじやう》に至りて、点心《てんじん》の求め有《あ》りしは、誠《まこと》に縁《えん》より起《お》こる仏種子《ぶつしゆうじ》ならむ。道《みち》の辺《べ》の賤《しづ》の女《め》は、何事《なにごと》をか聞き置きけむ。いと、慎《つつ》ましからで、「大徳《だいとく》は、何《いづ》れの所《ところ》より来《き》て、何処《いづく》に去り給ふ」。答へて、云く、「我は、蜀人《しよくひと》なり。この地に来《き》て、仏法《ぶつぽふ》を教《をし》ゆべし」。婆《ば》、云く、「かの御車《みくるま》の中《うち》には、何物《なにもの》をか積《つ》み来《きた》り給ふ」と。誇りかにて、「これ、金剛経《こんがうきやう》の疏抄《そせう》なり。言《こと》葉《ば》、典拠《てんきよ》無《な》ければ、君子《くんし》ならず。我《わ》が言ふ所《ところ》、皆、経論《きやうろん》・祖録《そろく》なる事《こと》を證《しよう》せむ為《ため》なり」。

婆《ば》、云く、「我《われ》、一つの問《と》ひ、有《あ》り。大徳《だいとく》、良く答へ得《え》給《たま》はば、油饌《ゆせん》を供養《くやう》すべし。もし、その答へ、滞《とどこほ》り給《たま》はば、他処《たしよ》に買ひ去れ」と、婆子《ばす》、誠《まこと》に問へば、「この程《ほど》なる、良《よ》からぬ法を戒めて、真《まこと》の道を教《をし》へむにぞ」。

婆子《ばす》、「いで、その御経《おきやう》の中とかや、『過去心《かこしん》も不可得《ふかとく》、未来心《みらいしん》も不可得《ふかとく》、現在《げんざい》、共に、不可得《ふかとく》なり』。大徳《だいとく》は、那箇《なこ》の心をか、点《てん》じ給《たま》ふ」と。かく問はれて、言《こと》の葉《は》の出《い》づべうも無《な》く、その口《くち》、賤《しづ》の男《を》が担《にな》ひもて行《ゆ》く荷担子《かたんす》の如《ごと》くなりき。遂《つひ》に、問ふ、「遠からぬ程《ほど》に、如何《いか》なる宗師《しゆうし》在《ましま》す」と。婆子、云く、「五里《ごり》の外《ほか》に、龍潭《りようたん》和尚、有《あ》り」と。この聖《ひじり》は、餅《もち》売る人の子なれば、この賤《しづ》の女《め》が知り初《そ》めけむも、その所縁《ゆかり》や有《あ》らむ。

ひたぶるに辿《たど》り給ふ道も覚束無《おぼつかな》う、潭《ふち》も無《な》く、龍《たつ》も現《あらは》れぬ住家《すみか》にて、夕月夜《ゆふづくよ》も、早《はや》、山《やま》の端《は》に隠れぬるまで、物語《ものがたり》有《あ》りしに、夜《よ》、更《ふ》けぬ。「汝《なんぢ》、何《なん》ぞ、下り去らざる」の教《をし》へに従ひて、簾《すだれ》を掲《かか》げ給《たま》ふに、いと暗《くら》う、物《もの》の文目《あやめ》も見え分《わ》かねば、還《かへ》り来《き》て、云く、「前面《ぜんめん》、暗し」。龍潭和尚、「これよ」とて、紙燭《しそく》注《さ》して、出《い》だし給ふ。手を差し伸《の》べて、取らむとし給ふを、いと早《はや》う、吹《ふ》き消《け》ち給ふ。

熟《じゆく》せる廱《よう》とかや、従前《じゆうぜん》の文字解《もんじかい》は、雪に湯を注《そそ》ぐ如《ごと》、更《さら》に留《とど》むべき伎倆《ぎりやう》も無《な》く、これより、更《さら》に疑はじとて、拝《はい》を成《な》し給ふとぞ。泥裏《でいり》に土塊《どくわい》を洗ふ。龍潭和尚、翌朝《つとめて》、「我《わ》が道を立てむ」と許《ゆる》し有《あ》りしは、如何《いか》なる道にや有《あ》らむ。従来《じゆうらい》、亀《かめ》を證《しよう》して、鼈《べつ》と成《な》す。明日《みやうにち》、御堂前にて一炬《いつこ》を献げては、什麼《なん》とか、云ふ。蝦《えび》、跳《をど》れども、斗《と》を出《い》でず。

焼《や》かずとも草は萌《も》えなむ春日野《かすがの》をただ春の日に任《まか》せたらなむ

未《いま》だ透得《とうとく》せざる已前《ゐぜん》は、一に、銀山鉄壁《ぎんざんてつぺき》に似たり。已《すで》に、透得《とうとく》し了《を》はれば、自己《じこ》、元来《ぐわんらい》、鉄壁《てつぺき》銀山《ぎんざん》なり。或いは、人有《あ》りて、且《しばら》く、作麼生《そもさん》と問はば、但《ただ》、他に向きて、道《い》へ。もし、箇裏《こり》に向きて、一機《いつき》を表《あらは》し得《う》るも、一境《いつきやう》を看得《かんとく》するも、要津《えうしん》を坐断《ざだん》して、凡聖《ぼんしやう》を通ぜず。分外《ぶんぐわい》とせず。もし、或いは、未《いま》だしからずば、

葛城《かつらぎ》や久米路《くめぢ》の橋《はし》のなかなかに渡さぬ儘《まま》の名にし負《お》ふてふ

第二十九則　非風非幡《ひふうひばん》

六祖《ろくそ》、因みに、風、刹幡《せつばん》を颺《あ》ぐ。二僧有《あ》り、対論《たいろん》す。一《いつ》は、云く、「幡《はた》、動く」。一は云く、「風、動く」。往復《わうふく》して、曾《かつ》て、未《いま》だ理《り》に契《かな》はず。祖、云く、「是《これ》、風の動くにあらず。是《これ》、幡《はた》の動くに

あらず。仁者《にんじや》の心、動く」。二僧、悚然《しようぜん》たり。

古《いにしへ》より、「孝《かう》は、百行《ひやつかう》の本《もと》」と言へり。岫《しう》として、雲を出《い》ださぬは無《な》く、草《くさ》として、風に延《の》べ伏《ふ》さぬは有《あ》らじ。この孝《かう》、国を治《をさ》め、家《いへ》を興《おこ》す基《もとゐ》と成《な》りて、人の懐《なつ》く、名《な》の立つ、皆、この道《みち》より外《ほか》に、その例《ためし》無《な》きと聞く。

天竺《てんぢく》には、慈童女《じどうによ》の昔、その菩薩《ぼさつ》の行《ぎやう》とやらむも、この道に因《よ》りてこそ、成仏《じやうぶつ》し給ふ。唐国《からくに》には、虞舜《ぐしゆん》の、この徳故《とくゆゑ》に、帝位《ていゐ》にも昇《のぼ》り給《たま》ふ。我《わ》が国《くに》に、近き世まで、人々の語り伝ふるぞ多き。君《きみ》たる人の、良《よ》き臣《しん》を挙《あ》げ選《えら》ぶにも、この門より求め、下《しも》の下《しも》の家《いへ》にも、その友の交《まじ》はりを選ぶ。男子《なんし》有《あ》る家の、女子《ぢよし》選ぶ、女子《ぢよし》有《あ》る者の、男子《なんし》を選ぶ、皆、この門ならでは、と言ひ教《をし》へたり。また、何経《なにきやう》とやらむ、蓮華台蔵世界盧舎那仏《れんげたいざうせかいるしやなぶつ》の、此土《しど》の教主《けうしゆ》、釈迦如来《しやかによらい》に伝へ給ふも、「父母《ぶも》、師僧《しそう》、三宝《さんばう》に孝順《かうじゆん》せよ。孝順は、至道《しだう》の法なり。または、制止《せいし》と名付《なづ》く」と。

かく、聞けば、世の教《をし》へにも、出世間《しゆつせけん》の法《ほふ》にも、この一筋《ひとすぢ》の道《みち》、始めとして、万《よろづ》の道、皆、備《そな》はる事《こと》に有《あ》らむ。世に語り伝ふる中《なか》に、黄檗禅師《わうばくぜんじ》の道を求め給ふに、子《こ》たる道にも違《たが》ひ給ふと言ふは、跡無《あとな》き空言《そらごと》と、賢《かしこ》き人は言ふめる。陳尊宿《ちんそんしゆく》の蒲鞋《ほあい》を折《を》りて、その母を養《やしな》ひ給《たま》ふ。良弁僧《らうべんそう》正《じやう》の、道の辺《ほと》りに尋《たづ》ね会《あ》ひ給《たま》ふ。誠《まこと》に、御法《みのり》の司《つかさ》たる人は、異道《ことみち》は有《あ》らじかし。

古人《こじん》の言ひ置《お》きし如《ごと》く、孝《かう》と言ふ事《こと》は、然《さ》まで難《かた》きにも有《あ》らず成《な》して、また、人も笑はぬなれど、徒徒《あだあだ》しき事《こと》には、身を忘れ、命を顧《かへり》みぬなるに、この道には、暫《しば》しの身の労《いたつき》を思ひ憚《はばか》るこそ、返《かへ》す返《がへ》す、疎《うと》ましき人心《ひとごころ》なれ。

この師、嶺南《れいなん》に在《まし》し時、朝《あさ》な朝《あさ》な、木樵《きこ》りて、その母上《ははうへ》に、いとも細《こま》やかに仕《つか》へ給ふは、げに、千年《ちとせ》の後《のち》までも、その御法《みのり》絶えせぬ基《もとゐ》にや有《あ》らむ。「木樵《きこ》り水汲《みづく》み仕《つか》へてぞ得《え》し」と言ふ言《こと》の葉《は》を聞けば、林の中の斧《をの》の音《おと》も、元《もと》より、曇《くも》り無《な》き鏡の台《うてな》にも有《あ》らぬならずや。

客店の休《やす》らひに、応無所住《おうむしよぢゆう》の悟りとやらむは、好肉上《かうにくじやう》の瘡《きず》なるべし。黄梅《わうばい》の下《もと》にて、「仏性《ぶつしやう》、南北無《なんぼくな》し」の答《いら》へは、雪上《せつじやう》に、猶《なほ》、置き添《そ》ふる霜《しも》にや有《あ》らむ。碓坊《たいばう》に、米、既に熟せり。ただ、篩《ふるひ》を欠《か》くの求めは、笠上《りふじやう》に更《さら》に戴《いただ》くの笠《かさ》ぞかし。屈眴布《くつじゆんふ》の御袈裟《おほんけさ》は、誰《た》が脱《ぬ》ぎ捨てし唐衣《からころも》ぞ。あたら、本来無一物《ほんらいむいちもつ》の鏡《かがみ》も、この古着《ふるぎ》の影を映《うつ》して、その曇《くも》りとや成《な》らむ。九江駅《きうかうえき》に、渡《わた》し守《もり》も有《あ》らで、自《みづか》ら楫《かぢ》を動かし給《たま》ふに、「心迷へば、師、弟子を度《ど》す。心悟れば、弟子、自《みづか》ら度《ど》す」の註脚《ちゆうきやく》は、蛇を描くの足《あし》ならむ。大庾嶺《たいゆれい》の山颪《やまおろし》は、激しくも有《あ》らぬに、恵明《ゑみやう》上座《じやうざ》の延《の》べ伏《ふ》し給《たま》ふは、如何《いか》なる露《つゆ》の託言《かごと》ならむ。

その、年経給《としへたま》へる網《あみ》の守《まぼ》りは、見る者からの理《わり》無《な》さも、心の花の春の日、うらうらの霞《かす》み渡りたる。遠近《をちこち》の舟の帆掛《ほか》けたる、曲毎《くまごと》に見え紛《まが》ふ。棹《さを》の唄《うた》の仄聞《ほのぎ》こふる。幾群《いくむれ》とも無《な》き鷗《かもめ》の、波間《なみま》に揺られて見ゆるには、昔の翁《おきな》が事《こと》も思ひ出《い》だされて、良《よ》き遊び敵《がたき》と、捨て難《がた》うもや。

春過《す》ぎて、夏来《き》にけらし。夕間暮《ゆふまぐ》れ、浦風《うらかぜ》の涼しき折《をり》しも、汀《みぎは》の螢《ほたる》だに、窓《まど》に集むる思ひ無《な》ければ、己《おの》が儘《まま》に、飛び行《ゆ》く。水に映《うつ》る影も、をかし。かく、年月《としつき》を経《へ》て、海人《あま》の漁火《いさりび》も物寂《ものさび》しう、肉辺《にくへん》の菜《さい》も、いと疎《うと》ましう、何時《いつ》しか門田《かどた》の稲も色付《いろづ》く頃《ころ》、印宗禅師《いんしゆうぜんじ》の法《のり》の庭《には》に、刹幡《せつぱん》を吹き上《あ》げしは、例《れい》ならぬ野分《のわき》とかや。今ぞ、穂《ほ》に出《い》でて招く尾花《をばな》も、紐解《ひもと》き渡《わた》る千種《ちぐさ》の花も、一様《いちやう》に延《の》べ伏《ふ》しぬるは、千年《ちとせ》の後《のち》までも、いみじき徴《しるし》ぞかし。九重《ここのへ》の庭《には》の女郎花《をみなへし》には、露《つゆ》の徒名《あだな》も、避《よ》きさせ給《たま》へど、江西《かうせい》・湖南《こなん》の撫子《なでしこ》こそ、げに、らうたげに、雨に濡《ぬ》れ、風に戯《たは》るる様《さま》、いと見過《みす》ぐし難《がた》うて、

花薄《はなすすき》また露《つゆ》深し穂《ほ》に出《い》でば眺《なが》めじと思ふ秋の盛《さか》りを

第三十則　即心即仏《そくしんそくぶつ》

馬祖《ばそ》、因みに、大梅《たいばい》、問ふ、「如何《いか》なるか、是《これ》、仏」。祖、云く、「即心是仏《そくしんぜぶつ》」。

逢《あ》はで止《や》みにし契《ちぎ》りを託《かこ》ち、浅茅《あさぢ》が原《はら》に昔を思ふは、世《よ》に、人の言ひもて行《ゆ》く事《こと》なれど、互《かた》みに忍《しの》ぶの乱れと言ふ事《こと》も無《な》う、共《とも》に老《お》いなむ事《こと》こそ、有《あ》らまほしけれ。

明《みん》の世《よ》なる、何某《なにがし》の后《きさき》の夢の中《うち》に、『甚深一乗経《じんしんいちじやうきやう》』とやらむ言ふを、得給《えたま》ひしは、妙《たへ》なる御事《おほんこと》にも有《あ》るべきなれど、曹大家《さうたいこ》が『七章《しちしやう》』、阿仏《あぶつ》が『庭の訓《にはのをしへ》』などこそ、短《みじか》き心にも、身《み》を守り、

人に仕《つか》ふる道の便《たよ》りと思《おぼ》えて、緑《みどり》の窓《まど》の内《うち》に、親しき友どちと、打《う》ち捨《す》て難《がた》うなむ。

女《をんな》は、言葉《ことば》、少《すく》なかるべし。静《しづ》かなるより静《しづ》なるこそ、良《よ》けれ。物の才《ざえ》も、拙《つたな》う、顔《かほ》・容貌《かたち》の、人並《ひとなみ》ならぬは、然《さ》も有《あ》らば有《あ》れ、心は、など、良《よ》きよりも、猶良《なほよ》きに、移さば、移らざらめや。髪梳《かみけづ》る折《をり》なむ、心の乱れぬ事《こと》を思ひ、湯浴《ゆあ》みの時しも、心の穢《けが》らはしきを恥《は》ぢ、良《よ》きにも悪《あ》しきにも、己《おの》が才《ざえ》を用《もち》ゆる事無《ことな》く、心の隈《くま》も無《な》う、打《う》ち靡《なび》かむに、自《おの》づから、罪《つみ》許さるる事《こと》もや。

上来《じやうらい》は、世《よ》の常の習《なら》ひ。作麼生《そもさん》か、超仏越祖《てうぶつをつそ》の談《だん》。

浅《あさ》からず思ふ心を貴船川下《きぶねがはした》に絶《た》えじと猶祈《なほいの》るぞよ

第三十一則　趙州《でうしう》勘婆《かんば》

趙州《でうしう》、因みに、僧、婆子《ばす》に問ふ、「台山《たいざん》の路《みち》、甚《いづれ》の処《ところ》に向かひてか去る」。婆《ば》、云く、「驀直去《まくぢきこ》」。僧、纔《わづ》かに行《ゆ》くこと、三、五歩。婆、云く、「好箇《かうこ》の師僧《しそう》、又《また》、恁麼《いんも》にし去る」。

後《のち》に、僧、有《あ》りて、州に挙似《こじ》す。州、云く、「我《わ》が去りて、你《なんぢ》の与《ため》に、這《こ》の婆子《ばす》を勘過《かんくわ》するを待て」。明日《みやうにち》、便《すなは》ち、去りて、亦《また》、是《かく》の如《ごと》く問ふ。婆、亦《また》、是《かく》の如《ごと》く答ふ。州、帰《かへ》りて、衆に謂《い》ひて曰《いは》く、「台山の婆子、我《われ》、你《なんぢ》の与《ため》に勘破《かんぱ》し了《をは》れり」。

仮初《かりそめ》ならぬ琴《こと》の調《しら》べに、心惹《こころひ》かれ給《たま》ふや。端山《はやま》の繁《しげ》きを、分《わ》け入《い》り給《たま》ひしは、「百年《ももとせ》に一年《ひととせ》足《た》らぬ九十九髪我《つくもがみわれ》を恋ふらし」とや、思《おも》ほしけむ。人伝《ひとづて》ならで、有《あ》りし様《やう》に模倣《まね》び給《たま》ひしは、大方《おほかた》ならぬ、好《す》き心《ごころ》にや。

かく、遥《はる》けき道の程《ほど》を、憧《あくが》れ惑《まど》ひ給《たま》ふ甲斐《かひ》も有《あ》らで、つれなう帰し参《まゐ》らせし九十九髪《つくもがみ》は、我《われ》はと、思ひ上《あ》がりたるか。

覚束無其処《おぼつかなそこ》とも分《わ》かぬ小牡鹿《さをしか》の声吹《ふ》き送る松の夕風《ゆふかぜ》

第三十二則　外道問仏《げだうもんぶつ》

世尊《せそん》、因みに、外道《げだう》、問ふ、「有言《うごん》を問《と》はず、無言《むごん》を問《と》はず」。世尊、拠座《こざ》す。外道、賛歎《さんだん》して云く、「世尊の大慈《だいじ》・大悲《だいひ》、我《わ》が迷雲《めいうん》を開いて、我《われ》をして得入《とくにふ》せしめ給《たま》ふ」。乃《すなは》ち、礼を具《ぐ》して、去る。阿難《あなん》、尋《つ》いで、仏に問ふ、「外道、何《なん》の所證《しよしよう》有《あ》りてか、賛歎して去る」。世尊、云く、「世《よ》の良馬《りやうめ》の、鞭影《べんえい》を見て、行《ゆ》くが如《ごと》し」。

有言《うごん》は、名句《めいく》に属し、無言《むごん》は、唖法《あほふ》に帰《き》す。問ふ者は失《しつ》し、答ふる者は違《たが》ふ。鷲《わし》の御山《みやま》の鳥《とり》の音《ね》、鹿《しか》の園生《そのふ》の虫の声声《こゑごゑ》、何《いづ》ら劣《おと》れる区別《けぢめ》ならねど、鄙《ひな》の果《は》てなる牧《まき》の野《の》に、千里の駒《こま》や生《お》ひ出《い》でにけむ。

萌《も》え出《い》づる野辺《のべ》の若草踏《ふ》みしだき己《おの》が時《とき》とや駒嘶《こまいば》ふらむ

第三十三則　非心非仏《ひしんひぶつ》

馬祖《ばそ》、因みに、僧問ふ、「如何《いか》なるか、是《これ》、仏」。祖、曰く、「非心非仏《ひしんひぶつ》」。

江西《かうせい》と言ふは、奈良山《ならやま》の事《こと》なりや。児手柏《このてがしは》の裏表《うらおも》に、非心非仏《ひしんひぶつ》の答《いら》へは、「とにもかくにも」とや言《い》はまほしう。「他《ほか》は、然《さ》も有《あ》らば有《あ》れ、我《われ》は、ひたぶるに、即心即仏《そくしんそくぶつ》」との安《やす》らひは、山田守《やまだも》る庵《いほ》、雲巻《くもま》く軒《のき》の五月雨《さみだれ》に、梅子《ばいし》、熟《じゆく》するの折《をり》ぞかし。

経《きやう》、云く、「諸仏菩薩《しよぶつぼさつ》に、仏性無《ぶつしやうな》し。闡提《せんだい》の衆生《しゆじやう》に、有《あ》り。闡提《せんだい》の衆生《しゆじやう》に、無《な》し。諸仏菩薩《しよぶつぼさつ》に、有《あ》り」と。

仏《ほとけ》にも有《あ》らぬ心のその儘《まま》に心にも有《あ》らず衆生《しゆじやう》にも有《あ》らず

第三十四則　智不是道《ちふぜだう》

南泉《なんせん》、云く、「心は、是《これ》、仏にあらず。智は、是《これ》、道にあらず」。

趙州《でうしう》の茶《ちや》は、一碗《いちわん》も神《しん》に通ずべし。雲門《うんもん》の糊餅《こへい》は、三《み》つが一《ひと》つか。盧陵《ろりよう》の米を爨《かし》ぎ、鎮州《ちんしう》の蘿蔔《ら ふ》を羹《あつもの》にし、蜆子《けんす》の海老《えび》を膾《なます》にし、青原白家《せいげんはつけ》の酒《さけ》を買ひ来《きた》らば、昔、藤原《ふぢはら》の瑠璃君《るりぎみ》とやらむ、初瀬《はつせ》に詣《まう》で給《たま》ふに、海石榴市《つばいち》の里《さと》にて、右近《うこん》の御許《おもと》が巡《めぐ》り合ひて、珍《めづら》しく音信《おとづ》れたるに、田舎《ゐなか》びたる人々の食物《くひもの》に心《こころ》入《い》れて、頓《とみ》にも出《い》でずなむ有《あ》りしも、理《ことわり》とぞ。

明《あ》けばまた越《こ》ゆべき山の峰なれや空行《そらゆ》く月の末《すゑ》の白雲《しらくも》

第三十五則　倩女離魂《せいぢよりこん》

五祖《ごそ》、僧に問ひて、云く、「倩女離魂《せいぢよりこん》、那箇《なこ》か、是《これ》、真底《しんてい》」。

無門禅師、云く、「若《も》し、者裏《しやり》に向かひて、真底《しんてい》を悟《さと》り得《え》ば、殻《かく》を出《い》でて、殻《かく》に入《い》ること、旅舎《りよしや》に宿《しゆく》する如《ごと》し。それ、或《ある》いは、然《しか》らずば、地《ち》・水《すい》・火《くわ》・風《ふう》、一時に解《と》け散らむ時、蟹《かに》の熱湯に投《とう》ぜられて、七手八脚《しちしゆはつきやく》なるが如《ごと》し。那時《なじ》、言ふ事莫《ことなか》れ。道《い》はず、と」。

げに、来《こ》し方《かた》の作りし罪《つみ》、深う、行《ゆ》く先《さき》の、いと暗き闇路《やみぢ》に惑《まど》ふ有様《ありさま》、今はと、待ち付《つ》けなむ夕《ゆふ》べの詮方無《せんかたな》さを、よくもよくも、喩《たと》へ給《たま》ふ教《をし》へぞかし。

世の習《なら》ひとて、昨日《きのふ》と過《す》ぎ、今日《けふ》と暮《く》らし、百年《ももとせ》の後《のち》の事《こと》まで、図《はか》り営《いとな》むこそ、浅《あさ》ましう、はかなけれ。その中に、女《をんな》の性《しやう》の僻《ひが》みに僻《ひが》みたる、今更《いまさら》に、模倣《まね》ぶべうも有《あ》らざめるなれど、由無《よしな》し事《ごと》を託《かこ》ち、及《およ》ばぬ事《こと》を思ひ、我《われ》を誇《ほこ》り、人を妬《ねた》み、果《は》ては、身《み》をも失《うしな》ひ、国《くに》をも滅ぼす事《こと》も、出《い》で来《き》にけるとなむ。まして、仙人《せんにん》も通《つう》を失《うしな》ひ、帝釈《たいしやく》も争《あらそ》ひを起《お》こし、象王《ざうわう》も絆《ほだ》され、三悪趣《さんあくしゆ》の門《かど》を開き、三乗《さんじやう》の道果《だうくわ》を障《さは》る。皆《みな》、女《をんな》に因《よ》るとかや。

然《さ》れば、日本《やまと》の物語《ものがたり》にも、唐土《もろこし》の小説様《せうせつやう》の書《ふみ》にも、怪《あや》しき世語《よがた》り多く、離魂《りこん》とやらむも、少《すく》なからず見え聞こえけるとなむ。倩女《せいぢよ》の、離魂《りこん》有《あ》りしは、然《さ》も有《あ》らば有《あ》れ。事《こと》は、屢屡《しばしば》起《お》きて、目の見る、耳の聞く、手《て》の挑提《てうてい》、足《あし》の運奔《うんぽん》、舌《した》の甘苦《かんく》、身《み》、寒熱《かんねつ》。これ、一か。これ、二か。万《ばん》福《ぷく》、万福《ばんぷく》。

四《よ》つの蛇《へみ》五《いつ》つの鬼《もの》の我《われ》ならで余所《よそ》にも見えじ夢の面影《おもかげ》

第三十六則　路逢達道《ろほうたつだう》

五祖《ごそ》、曰く、「路《みち》に、達道《たつだう》の人に逢《あ》はば、語黙《ごもく》を将《も》ちて対《たい》さざれ。且《しば》らく、道《い》へ。甚麼《なに》を将《も》ちてか、対《たい》せむ」。

渡《わた》りに、舟有《あ》る、嬉《うれ》し。硯箱《すずりばこ》に、良《よ》き筆有《あ》る、嬉《うれ》し。道《みち》に、達道《たつだう》の人に逢《あ》ふ、嬉《うれ》し。国に、宝《たから》多き、家《いへ》に、争《あらそ》ひ無《な》き、嬉《うれ》し。

うたてなる物《もの》は、家貧《いへまづ》しきに、客人得《まらうどえ》たる。夜《よる》、物訪《ものたづ》ぬるに、燈火《ともしび》の消《き》えたる。法説《のりと》く師《し》の弁《べん》の、解《わか》らぬ。坐禅《ざぜん》の僧《そう》の、眠《ねぶ》り深《ふか》き。男《をのこ》の、物言《ものい》ひ甲斐《がひ》無《な》き。女《をんな》の、酒《さけ》に酔《ゑ》ひたる。博士《はかせ》の、文《もん》字《じ》読《よ》み誤《あやま》りたる。法《のり》の縁《えん》に侍《はべ》りて、聞《き》き得《う》る事《こと》の難《かた》き。

これなる語黙《ごもく》、共《とも》に塞《ふさ》がらば、古《ふる》きによりて、盧公《ろこう》に付《ふ》すべし。

盧公《ろこう》とは木曾《きそ》の山人《やまびと》立《た》ち出《い》でて夕霧渡《ゆふぎりわた》す谷の梯《かけはし》

第三十七則　庭前柏樹《ていぜんはくじゅ》

趙州《でうしう》、因みに、僧、問ふ、「如何《いか》なるか、是《これ》、祖師西来《そしせいらい》の意《い》」。州、云く、「庭前の柏樹子《はくじゅし》」。

這般《しゃはん》の消息《せうそこ》、誤《あやま》り解《かい》する者、多し。或《ある》いは、云く、「非情成仏《ひじゃうじゃうぶつ》の理《ことわり》」と。或いは、云く、「庭《には》の面《おも》に、柏樹子《はくじゅし》の有《あ》りければにや」。或いは、云く、「柏樹子《はくじゅし》、直に、是《これ》、外に求むべからず」。或いは、云く、「手に信《まか》せ、拈《ねん》じ来《き》て、看《み》よ、看《み》よ、不是無《ふぜな》し」。或いは、云く、「驀直《まくぢき》に、打たむ」と。

いかに、偸心《ちうしん》の死《し》し遣《や》らで、脚下《きゃくか》の紅糸線《こうしせん》の断《だん》じ難《がた》うや。鉄觜覚《てつしかく》、云く、「先師《せんし》に、この語無《な》し。先師を譏《そし》る事勿《ことなか》れ」と。

忘《わす》れ草種《ぐさたね》の限りや果《は》てななむ人の心に蒔《ま》かせざるべく
春の花《はな》秋の紅葉《もみぢ》の折折《をりをり》を誰《た》が訪《おとづ》れの軒《のき》の夕風《ゆふかぜ》

第三十八則　牛過窓櫺《ぎうくわさうれい》

五祖《ごそ》、云く、「譬《たと》へば、水牯牛《すいこぎう》の窓櫺《さうれい》を過ぐるが如《ごと》し。頭角《づかく》、四蹄《したい》、都《すべ》て過ぎ了《をは》るに、甚麼《なん》に因《よ》りてか、尾巴《びは》、過ぐることを得《え》ざる」。

角《つの》、有《あ》り。足、有《あ》り。頭、有《あ》り。尾、有《あ》り。黒し。赤し。犛牛《れいぎう》の子なり。鼻木《びぼく》を拈得《ねんとく》せば、三《さん》界《がい》に独歩《どつぽ》すべし。もし、尾巴《びは》に取り滞《とどこほ》りなば、失銭遭罪《しつせんさうざい》。

朝《あさ》ぼらけ棚引《たなび》く雲の絶《た》え絶《だ》えに己《おの》が姿《すがた》の染色《そめいろ》の山《やま》

第三十九則　雲門話堕《うんもんわだ》

雲門、因みに、僧、問ふ、「光明寂照遍河沙《くわうみやうじやくせうへんがしや》」。一句《いつく》、未《いま》だ絶《ぜつ》せざるに、門、遽《には》かに曰く、「豈《あ》に、是《これ》、張拙秀才《ちやうせつしうさい》の語にあらずや」。僧、云く、「是《ぜ》」。門、云く、「話堕《わだ》なり」。後来《こうらい》、死心《ししん》、拈《ねん》じて云く、「且《しばら》く道《い》へ。那裏《なり》か、是《これ》、者《こ》の僧、話堕《わだ》の処《ところ》」。

岩《いは》に堰《せ》かるる瀧川《たきがは》に、餌《ゑ》を下《おろ》すの消息《せうそこ》は、金鱗《きんりん》なる魚《うを》の得《え》まほしきにこそ。この中《なか》、流れに逆《さか》ひ、瀧《たき》を攀《よ》づるの鯉《こひ》有《あ》らば、禹門《うもん》の三級《さんきふ》に雷《かみ》も鳴《な》り、誘《さそ》ひぬべし。もし、口を開き、餌《ゑ》に付《つ》きなば、いと早《はや》も、鮑魚《はうぎよ》の肆《いちぐら》に曝《さら》されなむ。

話堕了《わだれう》は浜《はま》の苫屋《とまや》の板庇《いたびさし》霰《あられ》を誘《さそ》ふ宵《よひ》の浦風《うらかぜ》

第四十則　趯倒浄瓶《てきたうじんびん》

潙山和尚《ゐさんをしやう》、始《はじ》め、百丈《ひやくぢやう》の会中《ゑちゆう》に在《あ》りて、典座《てんぞ》に充《あ》たる。百丈、将《まさ》に大潙《だいゐ》の主人を選ばむとす。乃《すなは》ち、請《しやう》じて、首座《しゆそ》と同じく衆《しゆ》に対して、下語《あぎよ》せしめ、出格《しゆつかく》の者、往《ゆ》くべし、と。百丈、遂《つひ》に、浄瓶《じんびん》を拈《ねん》じて、地上《ちじやう》に置き、問《とひ》を設《まう》けて、云く、「喚《よ》びて、浄瓶と作《な》すことを得《え》ず。汝《なんぢ》、喚《よ》びて、甚麼《なん》とか作《な》さむ」。首座《しゆそ》、乃《すなは》ち、云く、「喚《よ》びて、木椞《ぼくとつ》と作《な》すべからず」。百丈、却《かへ》りて、山に問ふ。山、乃《すなは》ち、浄瓶を趯倒《てきたう》して去る。百丈、笑ひて云く、「第一座《だいいちぞ》、山子《さんす》に輸却《ゆきやく》せらる」。因《よ》りて、之《これ》に命じて、開山《かいさん》と為《な》す。

獣《けもの》は、鼷鼠《けいそ》より、象王《ざうわう》・獅子《しし》に到《いた》り、鳥《とり》は、燕雀《えんじやく》より、鸞《らん》・丹鳳《たんぽう》に到《いた》り、魚《うを》は、鰌魚《しうぎよ》より、鯨《げい》鯢《げい》・鮫龍《かうりよう》に到《いた》るまで、己《おの》が技倆《ぎりやう》の品《しな》、異《こと》なれば、猫児《べうじ》も鼠《ねずみ》を捕《とら》へる事《こと》は、虎よりも勝《まさ》るべし。首座《しゆそ》の木椞《ぼくとつ》の答《いら》へも、見所《みどころ》無《な》きには有《あ》らねど、典座《てんぞ》の趯倒《てきたう》して出《い》で去り給ふは、押《をり》を出《い》づるの猛虎《まうこ》とかや。かの肉山《にくざん》の隈《くま》に寄《よ》せ掛《か》けたる、如何《いか》なる馮婦《ひようふ》有《あ》りとも、臂《ひぢ》を掲《かか》げて、向《む》かふべくは有《あ》らじ。

深山路《みやまぢ》や道《みち》の泥濘《ぬかり》の谷伝《たにづた》ひ行《ゆ》くも小瓶《こがめ》の水《みづ》の雫《しづく》に

或いは、云く、「大小《だいせう》の潙山《ゐさん》、この浄瓶《じんびん》の中に頭出《とうしゆつ》・頭没《とうぼつ》して、出頭《しゆつとう》の分無《ぶんな》し。住山《ぢゆうさん》の後《のち》、一千七百人の善知識《ぜんちしき》と成《な》るも、境致《きやうち》を以《もつ》て、宗とする事《こと》を免《まぬか》れず」と。潙山《ゐさん》云く、「上座は、讃嘆を謝す」。仰山《ぎやうざん》、云く、「ただこれ、年代深遠《ねんだいしんゑん》なり。挙似《こじ》せむと欲《ほつ》せず」。

第四十一則　達磨安心《だるまあんじん》

達磨《だるま》、面壁《めんぺき》す。二祖《にそ》、雪に立《た》つ。臂《ひぢ》を断《き》りて、云く、「弟子は、心《こころ》、未《いま》だ安《やす》からず。乞《こ》ふ、師、安心《あんじん》せしめよ」。達、云く、「心を将《も》ち来《きた》れ。汝《なんぢ》が為《ため》に安《やす》んぜむ」。祖、云く、「心を覓《もと》むるに、了《つひ》に、不可得《ふかとく》なり」。達、云く、「汝《なんぢ》が為《ため》に、安心《あんじん》し竟《をは》りぬ」。

神光禅師《じんくわうぜんじ》の、年《とし》は経《ふ》れども色変《か》へぬ、求め有《あ》りし、春待月《はるまちづき》の九日《ここのか》の夜《よ》、いと深《ふか》う積《つ》もれる雪に立ちて、暁《あかつき》まで、退《しぞ》き給《たま》はぬ。猶《なほ》も、軽心《けいしん》・慢心《まんしん》の御疑《おほんうたが》ひの遣《や》る方無《かたな》さに、臂《ひぢ》斬《き》りて、差《さ》し出《い》だし給《たま》ふ。

げに、六出《りくしゆつ》の華《はな》は、五葉《ごえふ》の匂《にほ》ひ殊《こと》に、脳血《のうけつ》の穢《けが》れは、髄《ずい》を得《う》るの徴《しるし》とかや。

谷《たに》の戸《と》のさしてそれとも分《わ》かぬ間《ま》に隙無《ひまな》く埋《うづ》む雪の白妙《しろたへ》

第四十二則　女子出定《ぢよししゆつぢやう》

世尊《せそん》、昔、因みに、文殊《もんじゆ》、諸仏《しよぶつ》の集まる処《ところ》に至りて、諸仏の各《おのおの》、本処《ほんじよ》に還《かへ》るに値《あ》ふ。惟《ただ》、一《ひとり》の女人《によにん》、有《あ》りて、彼《か》の仏坐《ぶつざ》に近づきて、三昧《ざんまい》に入《い》る。文殊、乃《すなは》ち、仏に白《まう》さく、「云何《いかん》ぞ、女人《によにん》は、仏坐に近づくことを得《え》て、我は、得ざる」。仏、文殊に告ぐ、「汝《なんぢ》、但《ただ》、此《こ》の女《をんな》を覚《さ》まして、三昧より起《た》たしめて、汝《なんぢ》、自《みづか》ら、之《これ》を問《と》へ」。文殊、女人を遶《めぐ》ること、三匝《さんさふ》、指を鳴らすこと、一《いち》下《げ》。乃《すなは》ち、托《たく》して、梵天《ぼんてん》に至りて、其《そ》の神力《じんりき》を尽くせども、出《い》だすこと能《あた》はず。

世尊、云く、「仮使《たと》ひ、百千の文殊も、亦《また》、此《こ》の女人《によにん》を定《ぢやう》より出《い》だすことを得《え》ず。下方、一十二億河沙《がしや》の国土を過ぎて、罔明菩薩《まうみやうぼさつ》、有《あ》り。能《よ》く、此《こ》の女人《によにん》を定《ぢやう》より出《い》ださむ」。須臾《しゆゆ》に、罔明大士、地より湧出《ゆうしゆつ》して、世尊を礼拝《らいはい》す。世尊、罔明に勅《ちよく》す。却《かへ》りて、女人の前に至りて、鳴を指らすこと、一下。女人、是《ここ》に於《お》いて、定《ぢやう》より出《い》づ。

垂《た》れ込《こ》めたる簾《すだれ》の中《うち》も、時し有《あ》れば、いと慎《つつ》まし。御仏《みほとけ》の数多《あまた》集まり居《ゐ》させ給《たま》ふ道場《だうぢやう》は、掛《か》けまくも忝《かたじけな》う、不動尊《ふどうそん》の恐《おそ》ろしきも、御座《おは》しましけむ。金剛力士《こんがうりきし》は、猛《たけ》く勇《いさ》みて、御背後《おほんうしろ》に立たせ給《たま》ひてや。七仏《しちぶつ》の師たる文殊菩薩《もんじゆぼさち》だに、隔《へだ》て在《まします》すに、女人《によにん》の御身《おほんみ》にて、近く差し寄りて、定《ぢやう》に入《い》り給《たま》ふは、如何《いか》なる心誇《こころほこ》りぞや。

維摩居士《ゆいまこじ》の室なる天女《てんによ》の、「他《ほか》の、我《われ》を指《さ》して、『女人なり』と言ふに付《つ》きて、『我は、女人なりや』と、十二年を経《へ》て、頭の髪の端《はし》より、足の爪先《つまさき》に到るまで、女性を求むるに、今に微塵《みぢん》ばかりも、見付《みつ》け得《え》ぬ」と、自《みづか》ら託《かこ》ち給《たま》ふとや聞けば、男《をとこ》・女《をうな》と言ふ事《こと》も、世の中の夢幻の姿《すがた》のみにて、真《まこと》には有《あ》らぬにや有《あ》らむ。

そも、入《い》り給ふ定《ぢやう》は、如何《いか》なる名の三昧《ざんまい》ならむ。文殊菩薩《もんじゆぼさち》の托《たく》して、梵天《ぼんてん》に至り給ふは、労《らう》して功もなく、罔明大士《まうみやうだいし》の、一弾指《いちだんし》に出《い》だし得《え》給《たま》ふは、禄《ろく》も無《な》き宮仕《みやづか》へぞかし。げに、羽有《はねあ》る物《もの》は、空を翔《かけ》り、鱗有《いろこあ》る物《もの》は、水《みづ》に潜《ひそ》まる。

　　そのかみの契りしままを標《しるべ》にて法《のり》の道芝《みちしば》踏《ふ》みも迷はず

第四十三則　首山竹篦《しゆざんしつぺい》

首山和尚《しゆざんをしやう》、竹篦《しつぺい》を拈《ねん》じて、衆《しゆ》に示して、云く、「汝等諸人《なんぢらしよにん》、若《も》し、喚《よ》びて竹篦《しつぺい》と作《な》さば、則《すなは》ち、触《ふ》る。喚《よ》びて、竹篦《しつぺい》と作《な》さざれば、則《すなは》ち、背《そむ》く。汝《なんぢ》、諸人《しよにん》、且《しばら》く道《い》へ。喚《よ》びて、甚麼《なん》とか作《な》さむ」。

仁者《じんしや》は、これを見て、仁《じん》と言ひ、智者《ちしや》は、これを見て、智《ち》と言ふ。鷺《さぎ》は、これに沐《もく》して、白《しろ》く、烏《からす》は、これに染《そ》みて、黒《くろ》し。耳もて聞く者は、聾《みみし》ひ、目にて見る者は、盲《めし》ゆ。

古人《こじん》、云く、「三世《さんぜ》の諸仏《しよぶつ》、有《あ》る事《こと》を知らず。狸奴《りど》・白牯《はくこ》、有《あ》る事《こと》を知る」。

照《て》る月の心《こころ》も知らで窓の外《と》に己《おの》が影《かげ》とや靡《なび》く弱竹《なよたけ》

第四十四則　芭蕉拄杖《ばせうしゆぢやう》

芭蕉和尚《ばせうをしやう》、衆《しゆ》に示して、云く、「你《なんぢ》に、拄杖子《しゆぢやうす》、有《あ》らば、我《われ》、你《なんぢ》に、拄杖子《しゆぢやうす》を与《あた》へむ。你《なんぢ》に、拄杖子《しゆぢやうす》、無《な》くんば、我、你《なんぢ》が拄杖子《しゆぢやうす》を奪《うば》はむ」。

鳶《とび》、飛んで天に戻《いた》り、魚《うを》、淵《ふち》に躍《をど》る。南山《なんざん》に鼓《つづみ》打てば、北山《ほくざん》に舞《まひ》、舞《ま》ふ。

世尊《せそん》、世《よ》に在《まし》まし時、老《お》いたる人の、鷲《わし》の御山《みやま》に攀《よ》ぢ登《のぼ》り給《たま》ふに、半《なか》ばにもや、巌《いはほ》の苔生《こけむ》したる下《もと》に、躓《つまづ》き倒《たふ》れ伏《ふ》しぬ。阿難尊者《あなんそんじや》、この因縁《いんえん》をもて、世尊に告げ給《たま》ふに、世尊、宣《のたま》はく、「今より、老病《らうびやう》の比丘《びく》は、拄杖《しゆぢやう》を許《ゆる》す」と。げに、一つ有《あ》れば、二つ増《ま》す習《なら》ひ、無辺身菩薩《むへんしんぼさち》は、限り有《あ》るをもて、限り無《な》きを量《はか》り見むと、思ひ給《たま》ふ。或《あ》る外道《げだう》は、竹杖《たけづゑ》の中に、剣《つるぎ》を隠して、「沙門《しやもん》こそ、恐ろしき心、有《あ》なるなれ」と、偽《いつは》りし。

百丈禅師《ひやくぢやうぜんじ》の潙山《ゐさん》の主に与《あた》へ給《たま》ふは、子を思ふ闇路《やみぢ》、たどたどしう。蓮華峯庵主《れんげほうあんじゆ》の横様《よこさま》に携《たづさ》へ、去り給《たま》ひしは、いと心短《こころみじか》う。

扶《たす》けられては、断橋《だんきやう》の水《みづ》を過《す》ぎ、伴《ともな》うては、無月《むげつ》の村に帰《かへ》る。

有無《あるなし》を肩も休《やす》めず担《にな》ひ持て朸《も》をそれと知らぬ山路《やまぢ》に

第四十五則　他是阿誰《たぜあた》

東山演師祖《とうざんえんしそ》、曰く、「釈迦《しやか》・弥勒《みろく》は、猶《なほ》、是《これ》、他《かれ》の奴《ぬ》。且《しばら》く、道《い》へ。他《かれ》は、是《これ》、阿誰《あた》ぞ」。

この「誰殿《たどの》」に逢《あ》ひなば、なづさはれぬる袖の匂《にほ》ひの、外《よそ》なる色に紛《まが》ふべきかは。

誰《た》そ殿《どの》を誰《たれ》知り初《そ》めて誰《たれ》にまた他《た》はこれ誰《た》そと問《と》ひぞ侘《わ》びぬる
亡《な》き影の有《あ》りし恵《めぐ》みをその儘《まま》に袂《たもと》に宿《やど》す露《つゆ》の言《こと》の葉《は》

第四十六則　竿頭進歩《かんとうしんぽ》

石霜和尚《せきさうをしやう》、云く、「百尺竿頭《ひやくしやくかんとう》、如何《いか》が歩《ほ》を進めむ」。又、古徳《ことく》、云く、「百尺竿頭に坐《ざ》する底《てい》の人、得入《とくにふ》すと雖《いへど》も、未《いま》だ、真と為《な》さず。百尺竿頭、須《すべから》く歩《ほ》を進めて、十方世界《じつぱうせかい》に、全身を現《げん》ずべし」。

我《わ》が法《のり》は縮《ちぢ》み頭《がしら》に然《さ》も似《に》たりとくにとかれずいふにいはれず
我が法は朝夕撫《あさゆふな》づる妹《いも》が髪《かみ》解くも解かるるいふもいはるる
我が法は障子《しやうじ》の引き手に峰《みね》の松燧袋《ひうちぶくろ》に鶯《うぐひす》の声《こゑ》
峰《みね》よりも諸一切種《しよいつさいしゆ》と上《あ》げたれば谷より応《こた》ふ入相《いりあひ》の鐘《かね》
法性《ほつしやう》の室戸《むろと》と聞きて我住《われす》めば有為《うゐ》の波風《なみかぜ》立たぬ日も無《な》し
迦維羅衛《かゐらゑ》の共に契《ちぎ》りし甲斐《かひ》有りて文殊《もんじゆ》の御顔《みかほ》相《あひ》見つるかな
斑鳩《いかるが》や富《とみ》の小川《をがは》の絶《た》えばこそ我《わ》が大君《おほきみ》の御名《みな》は忘れめ

さらに、一歩を進めて、

茜《あかね》さす紫野《むらさきの》行《ゆ》き標野《しめの》行《ゆ》き野守《のもり》は見ずや君が袖振《そでふ》る

第四十七則　兜率三関《とそつさんくわん》

兜率悦和尚《とそつえつをしやう》、三関《さんくわん》を設《まう》けて、学者に問ふ。

「撥草参玄《はつさうさんげん》は、只《ただ》、見性《けんしやう》を図《はか》る。即今《そつこん》、上人《しやうにん》の性《しやう》、甚《いづ》れの処《ところ》にか在《あ》る」。

「自性《じしやう》を識得《しきとく》すれば、方《まさ》に、生死《しやうじ》を脱《だつ》す。眼光《がんくわう》、落つる時、作麼生《そもさん》か脱《だつ》せむ」。

「生死《しやうじ》を脱得《だつとく》すれば、便《すなは》ち、去処《きよしよ》を知る。四大分離《しだいぶんり》して、甚《いづ》れの処《ところ》に向かひてか去る」。

「兜率悦和尚《とそつえつをしやう》、三関《さんくわん》を…………甚《いづ》れの処《ところ》にか在《あ》る」。

見性《けんしやう》とは、何事《なにごと》をか言ふ。絵《ゑ》に描《か》く竹《たけ》の共擦《ともずれ》の声に、さらに、己《おの》が羽風《はかぜ》を添《そ》へて、飛び騒《さわ》ぐ群《むら》雀《すずめ》は、如何《いか》に、静心《しづごころ》無《な》うぞよ。

生まれぬ前《さき》の父と言ふ。狩人《かりうど》の、無陰陽《むいんやう》の地《ち》とやらむに、網《あみ》を張りてや待つ。闇《やみ》の夜《よ》に、鳴かぬ烏《からす》の嘴《くちばし》を研《と》ぎ、羽《はね》を調《ととの》へて、影なき木とやらむの梢《こずゑ》に、群《む》れ集まるも、いと恐ろしきや。

身を思ふ心こそまづこの世より身を苦しむる心なりけれ
思ふべき我が後《のち》の世は有《あ》るか無《な》きか無《な》ければこそはこの世には住め

「自性《じしやう》を………作麼生《そもさん》か脱《だつ》せむ」。

久方《ひさかた》の光長閑《のど》けきと、頼《たの》みし春の日も、四方《よも》の山、弥高《いやたか》う立ち重《かさ》なりて、そことも分《わ》かぬ旅《たび》衣《ごろも》の、いとはかなく立ち初《そ》むる折《をり》なむ、六《むつ》の巷《ちまた》、雲・霧、いと暗う、三瀬《みつせ》の川波《かはなみ》、風静《しづ》かならで、暫《しば》し休《やす》らふ木陰《こかげ》も無《な》く、まして、道問《みちと》ふべき人も有《あ》らで、一人《ひとり》行く方《かた》のたどたどしきに、曠曠《くわうくわう》として、果《は》てし無《な》う、冥冥《めいめい》として見え分《わ》かぬは、二つの海にこそ。

始《はじ》め無《な》く終《を》はり渚《なぎさ》も白波《しらなみ》の寄せては返《かへ》る風の海面《うみづら》
澄《す》めば見ゆ濁《にご》れば隠《かく》る定《さだ》め無《な》きこの身や水に映《うつ》る月影《つきかげ》

「生死《しやうじ》を………」。

朝顔《あさがほ》の花に白露《しらつゆ》の置きし、何《いづ》ら、遅《おく》れ先立《さきだ》つ世の習《なら》ひならむ。然《さ》れど、朝顔は、朝《あさ》な朝《あさ》なに栄《さか》え、草葉《くさば》の露も、夕《ゆふ》な夕《ゆふ》なに置《お》き添《そ》ふる例《ためし》有《あ》れば、人の命の徒《あだ》なる事《こと》、世に喩《たと》ふべき事も有《あ》らじ。経《きやう》、云く、「一息来《いつそくきた》らざれば、早《はや》、後世《こうせい》に属す」とかや。

この身《み》のみならじ。天地《てんち》もまた、壊滅《くわいめつ》有《あ》れば、二十増減《にじふぞうげん》の後《のち》、七つの陽《ひ》、並《なら》び照《て》らし、劫火《ごふくわ》、

洞然《とうぜん》として、梵天《ぼんてん》の宮居《みやゐ》まで、灰《はひ》だにも残らぬ時、

伝《つた》へても如何《いか》に知らせむ同じ野《の》の尾花《をばな》が下《もと》の草《くさ》の所縁《ゆかり》に

道《（不明）》し道。国の護《まも》りは、それながら捨て、これ、三関《さんくわん》。第一関《だいいつくわん》を透《とほ》り得《え》て、第二関《だいにくわん》に向かひ、第《だい》二関《にくわん》を透《とほ》り得《え》て、第三関《だいさんくわん》に至るか。或る一時に、透過《とうくわ》し得《う》るか。答へて、云く、「一・二・三・七・六・八。達者《たつしや》は、数量の外《ほか》に遊ぶ。今に鎖《とざ》さぬ御代《みよ》の関《せき》の戸《と》、行《ゆ》かんと要《えう》せば、行《ゆ》け。七通八達《しちつうはつたつ》」。

第四十八則　乾峯一路《けんぽういちろ》

乾峯和尚《けんぽうをしやう》、因みに、僧、問ふ、「十方薄伽梵《じつぱうばぎやぼん》、一路涅槃門《いちろねはんもん》。未審《いぶか》し、路頭《ろとう》、甚麼《いづれ》の処《ところ》にか在《あ》る」。峯、拄杖《しゆぢやう》を拈起《ねんき》して、画一画《かくいつかく》して、云く、「者裏《しやり》に、在《あ》り」。後《のち》に、僧、雲門に請益《しんえき》す。門、扇子《せんす》を拈起《ねんき》して、云く、「扇子、踍跳《ぼつてう》して、三十三天《さんじふさんてん》に上《のぼ》り、帝釈《たいしやく》の鼻孔《びくう》に築著《ちくぢやく》す。東海の鯉魚《りぎよ》、打つこと一棒《いちぼう》すれば、雨、盆《ぼん》を傾《かたむ》くるに似たり」。

既に、これ一筋《ひとすぢ》の道。紛《まが》ふべきかは。行旅《かうりよ》、糧《かて》を包《つつ》まず。また、遺《お》ちたるを、拾《ひろ》はず。

八隅知《やすみし》る君が恵みの雨に猶《なほ》分《わ》きて潤《うるほ》ふ身こそ嬉《うれ》しき

春の夜《よ》の月に伴《ともな》ひ、昔を偲《しの》ぶ袖の色も、何時《いつ》しか、床近《ゆかちか》き蟋蟀《きりぎりす》の鳴く音《おと》に、絞《しぼ》り兼《か》ねつつ、亡《な》きは数添《かずそ》ふ人々の面影《おもかげ》の、忘れも遣《や》られぬめるに、海山逃《うみやまのが》れにし跡《あと》も、そこはかと無《な》く、思ひ出《い》でられてなむ。

げに、此処《ここ》に死《し》し、彼処《かしこ》に生《しやう》じ、我を愛し、他を嫉《そね》む思ひも、花の香《か》に実相《じつさう》を悟り、落つる木《こ》の葉《は》に無常《むぢやう》を知るの心も、皆《みな》、昨日《きのふ》の夢と聞けば、第二の月の影《かげ》を捕《とら》へ、空華《くうげ》の色《いろ》を尋《と》むる事《こと》の、うたてしさとのみ。

まして、古《ふ》りにし機縁《きえん》とやらむに、古《いにしへ》の、今の、数々《かずかず》の言《こと》の葉《は》を添《そ》へて、冬枯《ふゆがれ》の庭《には》に、法《のり》の道の枝折《しを》りとも辿《たど》り辿《たど》るは、如何《いか》なる思《おも》ひ出《いて》ぞや。

木枯《こがらし》の吹き敷《し》く儘《まま》に掻《か》きぞ集《あつ》む名のみありその森の言《こと》の葉《は》

跋文・1

智月《ちげつ》優婆夷《うばい》、所著《あらはすところ》、『鳥野曾良音《とりのそらね》』の一書、或る人、「一見《いつけん》せよ」と言ふ。これを閲《えつ》するに、辞句《じく》、清雅《せいが》、旨趣《ししゆ》、通達《つうたつ》す。予《よ》、その道に疎《うと》しと雖《いへど》も、不堪感誦《かんしようするにたへず》。これが為《ため》に、聊《いささ》か走禿筆耳《とくひつをはしらするのみ》。

安永癸巳夏《あんえいきしなつ》

入道前大納言（花押）

跋文・2

此《こ》の『鳥の空音《とりのそらね》』は、大坂・柏屋《かしはや》、知月と申し候《さうら》ふ優婆夷《うばい》の著述《ちよじゆつ》にて、故大和上様《こだいわじやうさま》、御手《おほんて》を入《い》れられ候《さうらふ》せ。

あとがき

日本文化が二十一世紀の世界に貢献しつつ、さらなる発展を遂げるためには、源氏文化を活用することが必要ではないだろうか。なぜならば、複数の異文化を一つに統合しつつ、それぞれの個性と価値観を維持させるのが、源氏文化の力だからである。

その源氏文化を近世の元禄時代に復活させた恩人が、『源氏物語湖月抄』の著者・北村季吟と、彼を抜擢した柳沢吉保である。ここに、源氏文化の最も大きな支流の一つであり、明治の文明開化の基礎ともなった柳沢文化が確立した。これと対決することで、本居宣長の国学も興ったのである。

二十一世紀の日本文化を活性化させるためには、国学よりも柳沢文化の方が、明るく、開かれた視界があるように私には感じられる。宣長に戻って、そこから歩み始めるよりも、その一つ前の柳沢文化、すなわち宣長の思想的遺伝子の基盤までいったん立ち戻り、そこから文化の進化をやり直した方がよい。そうすれば、二十一世紀にふさわしい源氏文化が生まれるのではないだろうか。そう考えて、ここ十年近く、私は柳沢文化の生命力に迫ろうとしてきた。

本書は、柳沢吉保の側室の一人で、嗣子・吉里（大和郡山藩の初代藩主）の実母である飯塚染子の「幻の書」である『鳥の空音』を発掘したものである。本当に、『鳥の空音』が飯塚染子の著作であるか。その確証はない。

また私は、染子の原作に慈雲尊者が大幅に加筆したのが、現在残っている『鳥の空音』であると推測している。だが、どのくらい慈雲尊者の加筆がなされたのかは、まだ証明しきれない問題点が残っている。

さらには、染子の実人生に関しても、いくつかの謎が残っている。

だが私は、『鳥の空音』の大胆な口語訳を「心訳」と称して進めるうちに、染子の思想が慈雲尊者の思想に大きな影響を与えたのではないかと思う気持ちが強くなった。慈雲尊者の著作を読むと、飯塚染子が『鳥の空音』で繰り広げた柳沢文化的な思索が息づいているのが感じられる。だから、今こそ『鳥の空音』を復活させたい。

これからも、柳沢文化の生命力を探ることで、源氏文化の現代的可能性を探究してゆくつもりである。

本書を執筆中、ずっと腱鞘炎に苦しめられた。まだ、痛みは続いている。そのことで執筆のスピードは遅くなったけれども、その分、思索を熟成させることができたと思う。

たくさんの方々のお世話になった。

最初に、『鳥の空音』という書物の存在を教えてくれた廣園寺の丹羽慈祥老師と、困難な翻刻に挑んでいてくれた河原笙子氏。

『国書総目録』に記載のある『鳥の空音』の修禅寺本の現物を発見してくださった伊豆市立修善寺郷土資料館の田中之博館長。その田中氏に話を繋いでくれた、放送大学静岡学習センターの今井清隆氏と植田質氏。この時ほど、人の繋がりのありがたさを痛感したことはなかった。

飯塚染子の出身地である東金市の実地踏査では、東金市教育委員会生涯学習課の稗田利恵子氏と、東金市郷土研究愛好会の山口英利氏と布留川貞夫氏が同行してくださった。染子の妹の智善を調査する過程では、長野県立長野図書館資料情報課と、長野商工会議所のお世話になった。

『鳥の空音』の翻刻に際し、東京女子大学准教授の高橋修氏の御意見を窺うことがあった。高橋氏とは、山梨県立博物館で開催された「柳沢吉保と甲府城」展以来の御縁である。

本書に掲載した写真のほとんどは私自身が撮影したものだが、素人の悲しさで映像がゆがんでしまったものがある。それらの画像矯正に関しては、プロのカメラマンである中川喜代治氏の手を煩わせた。なお、修禅寺蔵『鳥の空音』の写本の写真は、田中之博氏の撮影を使わせていただいた。

柳沢家の江戸（東京）における菩提寺である月桂寺と、飯塚染子の菩提寺である龍興寺には、写真の掲載等で格別の御配慮をいただけた。御礼申し上げます。

源氏文化のすばらしさは、異なる価値観を持つ文化と文化を繋ぐことが可能な点にある。なぜかと言えば、源氏文化の双生児である和歌文化が、人と人とを繋ぎ合わせる「和」の思想を体現しているからである。『鳥の空音』が和歌・儒教・禅宗を立体化させているように、私も本書の執筆を通してさまざまの領域での専門家の人たちの教えを受けることができた。それを、すべて一つに統合できたかどうかは、読者の判断に待ちたい。

ところで、私が禅に関心を持った一つの契機として、沼津市にある大中寺の下山光悦師との交流がある。下山師とは、永い「歌の友」である。何度も大中寺を訪ねるうちに、禅だけでなく、茶道や華道についても、私の認識が深まっていった。二〇一二年、大中寺が夢窓疎石による開創七〇〇年を記念して、『夢窓疎石』（春秋社）を刊行した際にも、「和歌から見た夢窓疎石の思想」という論文を分担執筆させてもらった。この大中寺での思索が、本書にも投影している。

公益財団法人郡山城史跡・柳沢文庫保存会の柳澤とも子理事長、吉井保孝理事、平出真宣学芸員には、柳沢文化の研究に際して、一級資料の閲覧でお世話になった。これからも、どうぞよろしくお願いします。

また、笠間書院の池田つや子社長と、橋本孝編集長には、前著『柳沢吉保と江戸の夢』に引き続き、本書の出版を引き受けていただき、お礼の言葉もない。橋本孝氏とは、編集者と著者という関係を越え、友情のような絆を感じている。笠間書院から、コレクション日本歌人選の一冊として刊行した拙著『塚本邦雄』が、私の代表作と言える会心の著作となったのも、うれしい限りである。

最後になりましたが、御所蔵の『鳥の空音』の写本の翻刻と紹介を快くお許しいただけました修禅寺の吉野真常老師に、心からお礼を申し上げます。修禅寺を初めて訪れた時の緑の鮮やかさが、忘れられません。飯塚染子は、自分の心を深く凝視した思索の文章が慈雲尊者の加筆で見事に完成し、自然豊かな修禅寺に保管されていることを、心から喜んでいると思います。そして吉野老師のお許しを得て、私が彼女の長い眠りを覚ましたことも、きっと喜んでくれると確信いたします。

私はまだ修行も思索も足りず、『無門関』の四十八の公案の関所を一つも越えられずにいる。けれども、飯塚染子の生きた柳沢文化、そして源氏文化に導かれて、自分なりの人生観と文明観を深めてゆきたい。この書物が私なりの「鳥の空音」であり、私個人の人生の関門と、現代文化の閉塞という大きな関門を透過しようとした挑戦であると、読者に受け止めてもらえたら、望外の喜びである。

平成二十五年六月　島内景二

【著者略歴】

島内景二（しまうち・けいじ）
1955年、長崎県に生まれる。
1979年、東京大学文学部国文科卒業
1984年、東京大学大学院博士課程修了
現在、電気通信大学教授、博士（文学）

【主要著書】

『御伽草子の精神史』（ぺりかん社、1988）
『短歌の話型学』（書肆季節社、1988）
『日本人の旅』（NHK ブックス、1989）
『源氏物語の話型学』（ぺりかん社、1989）
『小説の話型学』（書肆季節社、1989）
『エンデのくれた宝物』（福武ブックス、1990）
『剣と横笛』（新典社、1991）
『文学の回廊』（新典社、1992）
『初期物語話型論』（新典社、1992）
『源氏・後期物語話型論』（新典社、1993）
『日本文学の眺望』（ぺりかん社、1994）
『光源氏の人間関係』（新潮選書、1995）
『読む技法・書く技法』（講談社現代新書、1995）
『源氏物語と伊勢物語』（PHP 新書、1997）
『伊勢物語の水脈と波紋』（翰林書房、1998）
『漱石と鷗外の遠景』（ブリュッケ、1999）
『源氏物語の影響史』（笠間書院、2000）
『歴史小説真剣勝負』（新人物往来社、2002）
『文豪の古典力』（文春新書、2002）
『楽しみながら学ぶ作歌文法・上下』（短歌研究社、2002）
『歴史を動かした日本語 100』（河出書房新社、2003）
『北村季吟』（ミネルヴァ書房、2004）
『教科書の文学を読みなおす』（ちくまプリマー新書、2008）
『源氏物語ものがたり』（新潮新書、2008）
『光源氏の人間関係』（ウェッジ文庫、2008）
『柳沢吉保と江戸の夢』（笠間書院、2009）
『中島敦「山月記伝説」の真実』（文春新書、2009）
『三島由紀夫』（ミネルヴァ書房、2010）
『塚本邦雄』（笠間書院、2011）
『夢の遺伝子』（短歌研究社、2011）

心訳『鳥《とり》の空音《そらね》』
—— 元禄の女性思想家、飯塚染子、禅に挑む

2013年10月15日　初版第１刷発行

著　者　島　内　景　二

装　幀　笠間書院装幀室

発行者　池　田　つ　や　子
発行所　有限会社　笠間書院
東京都千代田区猿楽町2-2-3［〒101-0064］
NDC分類：915.5　電話 03-3295-1331　Fax 03-3294-0996

ISBN978-4-305-70702-4　組版：CAPS　印刷／製本：モリモト印刷
落丁・乱丁本はお取りかえいたします。　（本文用紙・中性紙使用）
出版目録は上記住所までご請求下さい。

http://kasamashoin.jp